Internet der Dinge

Volker P. Andelfinger · Till Hänisch
(Hrsg.)

Internet der Dinge

Technik, Trends und Geschäftsmodelle

 Springer Gabler

Herausgeber

Volker P. Andelfinger
Palatinus Consulting
Annweiler
Deutschland

Till Hänisch
DHBW Heidenheim
Heidenheim
Deutschland

ISBN 978-3-658-06728-1
DOI 10.1007/978-3-658-06729-8

ISBN 978-3-658-06729-8 (eBook)

Die Deutsche Nationalbibliothek verzeichnet diese Publikation in der Deutschen Nationalbibliografie; detaillierte bibliografische Daten sind im Internet über http://dnb.d-nb.de abrufbar.

Springer Gabler
© Springer Fachmedien Wiesbaden 2015

Lektorat: Ulrike M. Vetter

Gedruckt auf säurefreiem und chlorfrei gebleichtem Papier

Springer Gabler ist eine Marke von Springer DE. Springer DE ist Teil der Fachverlagsgruppe Springer Science+Business Media
www.springer-gabler.de

*Fortschreibung der Vergangenheit ergibt noch
keine Zukunft.*
Willy Brandt

Vorwort

Dieses Buch zeichnet sich durch zwei Besonderheiten aus: Zum einen befassen sich die Autoren mit einer Thematik, die das Potenzial hat, zu einer der größeren Veränderungen der bisherigen Geschichte der Menschheit zu werden, dem Internet der Dinge. Zum anderen haben Studierende der Dualen Hochschule Baden-Württemberg im Rahmen von im Jahr 2014 erstmals durchgeführten Integrationsseminaren das Buch mitgestaltet und mitgeschrieben.

Das Internet der Dinge wird unser Leben vollständig verändern. Es wird Auswirkungen haben auf unsere Arbeit, unser Zusammenleben, auf Transport, Produkte und deren Herstellungsprozesse, Dienstleistungen, auf Gesellschaft und Politik gleichermaßen. Nichts bleibt ausgenommen, alles wird vernetzt. Das Internet der Dinge bedeutet, dass viele Milliarden von Gegenständen um uns herum vernetzt werden. Die Nutzung von Smartphones und Tablets – oder der Nachfolgegenerationen unserer technischen Begleiter – spielt dabei sicher eine zentrale Rolle, zumindest auf absehbare Zeit. Aber diese Geräte sind nur ein kleiner Teil, wenn von der Lampe über die Heizung bis zum Auto alles vernetzt wird und jedes Ding in unserer Umgebung über eine eigene Internetadresse verfügt, wenn Sensoren, Aktoren und Supercomputer unser Leben umkrempeln. Wie dies möglich wird, welche Technologien dazu bereits heute verfügbar sind und welche im Entstehen sind, das beschreiben die Herausgeber und Autoren umfassend.

Für eine Gruppe von Studierenden der Dualen Hochschule Baden-Württemberg in Heidenheim bietet dieses Buch die Chance zu zeigen, wie Theorie und Praxis in einer qualifizierten Ausbildung zusammengeführt werden. Das Bachelor-Studium hat genau diesen Aspekt im Fokus, und das neu eingeführte Konzept der Integrationsseminare macht es möglich, aus dem vermittelten Wissen ganz konkrete Ideen und sogar Ansätze für Geschäftsmodelle entstehen zu lassen. Drei Gruppen von Studierenden haben drei Themenfelder herausgearbeitet und konkrete Ideen für Produkte und Geschäftsmodelle entwickelt. Die drei Aufsätze sind in diesem Buch integriert.

Freuen Sie sich auf eine spannende und zukunftsweisende Lektüre!

Prof. Dr. Hans Jürgen Ott

Duale Hochschule Baden-Württemberg, Heidenheim

Inhaltsverzeichnis

Über die Herausgeber und Autoren

 **Volker P. Andelfinger** ist Unternehmensberater. Er befasst sich seit einigen Jahren vorrangig mit Trend- und Zukunftsforschung, modernen Technologie-, Produkt- und Dienstleistungs-Innovationen. Er arbeitet außerdem als freier Fachjournalist und Buchautor, Vortragsredner bei Kongressen und ist Dozent an der Dualen Hochschule Baden-Württemberg Heidenheim und Karlsruhe, sowie an der FH Zweibrücken/BA des Saarlandes. Am EI-QFM, dem Europäischen Institut für Qualitätsmanagement finanzmathematischer Produkte und Verfahren, leitet er die Arbeitsgruppe Beratungsprozesse und engagiert sich für Transparenz und Qualität in der Beratung von Versicherungs- und Finanzprodukten.

Weitere Informationen finden Sie unter: www.palatinus-consulting.eu

 **Prof. Till Hänisch** ist von Haus aus Physiker und lehrt an der DHBW Heidenheim im Studiengang Wirtschaftsinformatik. Seine Schwerpunkte in Forschung und Lehre sind Internet-Technologien, Softwareentwicklung und flexible Datenmodelle.

Weitere Informationen finden Sie unter: http://www.tillh.de

Gastautor

Dominik Mai ist Diplom-Ingenieur Maschinenbau (FH) und Partner bei ZM-Technik in Heidenheim. Dort ist er zuständig für Forschung und Entwicklung, Technologie, Service und Optimierung, Produkt- und Projektmanagement, Anlagen- und Energieaudits (Schwerpunkt: Papierindustrie). Dabei orientiert er sich an flexiblen kundenspezifischen Lösungen.

Weitere Informationen finden Sie unter: http://www.zm-technik.de

Einleitung

1

Volker P. Andelfinger und Till Hänisch

Die menschliche Geschichte war stets begleitet von technologischen Entwicklungen. Die Erfindung des Faustkeils und anderer Steinwerkzeuge markiert einen der wesentlichen Punkte auf dieser Zeitschiene. Das Rad wurde vermutlich an mehreren Orten mehr oder weniger zeitgleich entwickelt. Im Laufe der Geschichte lernte der Mensch, Metalle zu verarbeiten und damit auch sehr viel bessere und haltbarere Werkzeuge zu bauen. Menschen in frühen Hochkulturen waren schon vor Jahrtausenden in der Lage, gigantische Gebäude zu errichten, die bis in unsere Zeit erhalten geblieben sind. Viele der damals benutzten Methoden sind in ihren Grundzügen bis heute unverändert geblieben. Bis zur Industrialisierung hatten Technologien die Menschheit stets über lange Strecken hinweg in weitgehend unveränderter Form begleitet. Seit der Industrialisierung jedoch beschleunigt sich die Entwicklung immer stärker. Die Erfindung von Dampfmaschinen, Maschinen zur industriellen Fertigung von Gütern sowie zur Fortbewegung der Menschen, führten zu einer Revolution, der industriellen Revolution. Das Leben der Menschen veränderte sich dramatisch. Die Arbeit in Fabriken, der Zuzug in die Städte bedeuteten massive Einschnitte in die Lebensweise.

Alles Alte, soweit es Anspruch darauf hat,
sollen wir lieben, aber für das Neue sollen wir recht eigentlich leben.
Theodor Fontane

V. P. Andelfinger (✉)
Berwartsteinstraße 21, 76855 Annweiler, Deutschland
E-Mail: volker.p.andelfinger@googlemail.com

T. Hänisch
Ziegelstrasse 17, 89518 Heidenheim, Deutschland
E-Mail: haenisch@dhbw-heidenheim.de

© Springer Fachmedien Wiesbaden 2015
V. P. Andelfinger, T. Hänisch (Hrsg.), *Internet der Dinge*,
DOI 10.1007/978-3-658-06729-8_1

Seit der Industrialisierung leben wir in einer zunehmend beschleunigten Welt
Technologien werden inzwischen in immer kürzeren Abständen durch neue Erfindungen abgelöst. Besonders dramatisch zeigt sich dies seit der Erfindung des Computers. Während früher diese Rechner noch ganze Gebäude füllen konnten, wird deren Leistungsfähigkeit heute auf kleinstem Raum möglich. Diejenigen Rechner, die heute noch ganze Räume füllen, sind regelrechte „Superhirne", auch wenn dieser Vergleich nicht so ganz stimmt. Sie funktionieren ganz anders als unser menschliches Gehirn. Allerdings sind sie zu unglaublichen Rechenleistungen fähig. Supercomputer sind die schnellsten Rechner ihrer jeweiligen Zeit. Sie nutzen eine große Zahl an Rechenkernen, Prozessoren, die auf einen gemeinsamen Hauptspeicher zugreifen. Der im Sommer 2013 leistungsfähigste Rechner [1] schafft fast 34.000 TeraFLOPS als Rechenleistung, heißt Tianhe-2 und steht in China. FLOPS steht dabei für Floating Point Operations Per Second und bezeichnet die Anzahl der ausführbaren (Gleitkomma-) Rechenoperationen pro Sekunde. Zum Vergleich: Ein moderner Desktop-Prozessor, wie der Intel Core i7 Sandy Bridge Quadcore 3,4 GHz, kommt auf eine Rechenleistung von ungefähr 0,1 TeraFLOPS. Und auch er ist ja nicht gerade langsam.

Ende der 1960er- Jahre schickten die Amerikaner die ersten Menschen zum Mond. Die meisten Berechnungen, die dazu nötig waren, wurden noch mit dem Rechenschieber erledigt. Die vorhandenen Computer und Bordrechner hatten ein Leistungsniveau, welches man vielleicht mit einem Commodore 64 vergleichen könnte. Ein modernes Smartphone besitzt ein Vielfaches dieser Leistungsfähigkeit, hat oft vier oder gar acht Rechenkerne. Und diese Geräte begleiten die meisten von uns heute rund um die Uhr.

Die Entwicklung des Internets ist bezeichnend für die enorme Geschwindigkeit, mit der inzwischen Innovationen erfolgen. Der Ursprungsgedanke wurde bereits mehrfach revolutioniert. Ging es zunächst darum, auf Informationen an verteilten Orten zugreifen zu können, was anfangs nur einem elitären Kreis möglich war, erlaubten es später die verschiedenen Suchmaschinen wie AltaVista oder heute in erster Linie Google – als Synonym für Suchmaschinen schlechthin– jedem Nutzer eines Internetzugangs, auf eine Menge von Informationen zuzugreifen, die kaum noch beherrschbar ist. AltaVista wurde übrigens im Sommer 2013 vom Netz genommen. Wer die Suchmaschine heute aufruft, wird zum Suchdienst von Yahoo umgeleitet.

Die Informationsflut des Internets
Eigentlich war die Entwicklung des World Wide Web auf Basis des sogenannten HTTP-Protokolls gar nicht für diesen Zweck gedacht. Der Erfinder, Tim Berners-Lee, der sich ab 1989 mit dem Aufbau dieser Technologie befasste, wollte im Grunde ein plattformübergreifendes Kommunikations- und Informationsnetzwerk für Forscher bereitstellen, um die Informationsfülle verschiedener Institute bequemer zugänglich zu machen. Allerdings wurde vielen sehr schnell klar, welches Potenzial in dieser Entwicklung steckte. Die Zahl der Webserver in aller Welt stieg. Suchmaschinen entwickelten sich zu einem täglichen Werkzeug für die Menschen und der Einsatz dieses Werkzeugs hat sich längst auf alle Lebensbereiche ausgeweitet. Google versteht sich selbst im Übrigen nicht als Suchmaschine,

sondern als MatchingMachine, wie ein führender Mitarbeiter des Unternehmens sagte, also als eine Technologie, die Angebote, Informationen und diejenigen, die danach suchen oder einen Bedarf haben, zusammenführt.

Die Entwicklung des Internets blieb jedoch nicht bei der Suche nach Informationen und deren Strukturierung sowie Sortierung nach Relevanz stehen. Der nächste Schritt, das sogenannte Web 2.0, fokussiert sich auf die Menschen, die das Internet nicht mehr nur nutzen, um Informationen zu finden und auszuwerten, sondern mit diesem Schritt war es nun möglich, dass die Anwender des Internets dieses auch gestalten konnten. Soziale Medien sind hier das wichtigste Stichwort. Der Mensch in seiner Eigenschaft als soziales Wesen hat mit dieser Technologie ein Werkzeug erhalten, mit dem er sich in vielfältiger Art und Weise artikulieren kann. Der Mensch ist vom Konsumenten zum Gestalter geworden.

Im April 2013 meldet die amerikanische Computerworld [2], dass der durchschnittliche Amerikaner ganze 16 min von jeder Stunde seiner Tätigkeit an digitalen Geräten wie PC oder Mobiles online im Internet in sozialen Medien verbringt. Die Zahlen für andere industrialisierte Länder sind davon nicht weit entfernt. In Großbritannien verbringen die Menschen 13 min, in Australien 14 min von jeder digital gelebten Stunde im Internet.

Das moderne Multikanal-Dasein

Bemerkenswert ist, dass die Menschen häufig mehrere Nachrichtenkanäle und Technologien gleichzeitig benutzen. Eine Studie [3], ebenfalls veröffentlicht im April 2013, zeigt auf, dass 43 % der Tablet-Benutzer heute sogar mehr fernsehen als noch vor fünf Jahren. Die meisten von ihnen nutzen ihren Tablet-PC und Fernseher parallel. Wer sich bei Veranstaltungen der Finanzbranche umschaut, wird beobachten, dass viele Kolleginnen und Kollegen nicht nur schon beim Frühstück ihr Smartphone mit am Tisch haben, sondern häufig auch auf zwei Geräte zugreifen. Wobei wir dabei nie vergessen dürfen, dass es kein Multitasking gibt, wie Studien mittlerweile belegen. Der Mensch kann nur permanent zwischen Aktivitäten wechseln. Und dabei wird die Aufmerksamkeit verteilt, also jede Teilaufgabe bekommt weniger als 100 % der maximalen Aufmerksamkeit. Mit den entsprechenden Folgen in Form von Fehlern und Oberflächlichkeiten. Aber das nur am Rande – und wenn es um das Fernsehen geht, wohl meist auch kein Schaden.

Der Anteil, zu dem der Zugriff auf das Internet mit mobilen Geräten geschieht, steigt dramatisch an. Ende 2014, davon gehen Schätzungen aus, wird es auf dieser Welt erstmals mehr Smartphones als Menschen geben. Der Absatz von Tablet-PCs, Smartphones und sogenannten Phablets, also Geräten zwischen fünf und sieben Zoll Bildschirmdiagonale, steigt drastisch an, während gleichzeitig der Absatz von herkömmlichen PCs und auch Notebooks sinkt. Das zeigen beispielsweise die von Bitkom [4] veröffentlichten Zahlen.

140 Petabyte mobiles Datenvolumen

Dabei steigt auch das Datenvolumen in den deutschen Handynetzen enorm an. Dies stellte zuletzt im Mai 2014 der Branchenverband BITKOM fest. Der Datenumsatz stieg überproportional zur wachsenden Anzahl der Nutzer. Im Jahr 2011 waren in Deutschland 28,6 Mio. Mobilfunkverträge mit einer Datenoption versehen. 2012 waren es bereits

33,6 Mio., das entspricht einem Anstieg um 17,5 %. In der gleichen Zeit stieg jedoch das Datenvolumen, welches über die Handynetze übertragen wurde, um 40 % an. In Zahlen: Es stieg von 100 auf 140 Petabyte, im Jahr 2013 verdoppelte es sich nochmals beinahe auf knapp 270 Petabyte. Ein Petabyte entspricht einer Million Gigabyte.

Es wird spannend zu beobachten sein, was passiert, wenn um das Jahr 2020 herum der nächste schnellere Mobilfunk-Standard in Betrieb geht. 5G [5] wird atemberaubende Downloadgeschwindigkeiten bieten, ganze Filme in nur einer Sekunde soll man damit herunterladen können. Von welchem Datenvolumen wir dann wohl sprechen werden?

Auch im Urlaub nimmt die Nutzung der Smartphones zu. Trotz der meist noch recht hohen Kosten. 67 % der Nutzer von Smartphones und Tablets nutzen laut einer Forsa-Umfrage 2013 das mobile Internet auch während der Ferien.

Die Zahl der Applikationen für die unterschiedlichen Smartphone-Betriebssysteme steigt ebenso in schwindelerregende Höhen. Die wenigsten Apps werden jedoch regelmäßig genutzt. Auch gibt es bisher noch kaum Interaktion zwischen den einzelnen Anwendungen. Jede App hat ihren eigenen Zweck, zu dem sie genutzt wird. Die Informationen werden bisher zwischen den einzelnen Apps noch nicht ausgetauscht. Das Internet der Dinge, die nächste dramatische Evolutionsstufe, wird dies ändern.

Smartphones als digitale Assistenten
Trendforscher sagen bereits seit Jahren voraus, dass Smartphones – oder deren Nachfolgegeräte – die digitalen Assistenten der Zukunft sein werden. Sie werden von unserem Verhalten, unseren Vorlieben, lernen, und sie werden Daten unterschiedlichster Herkunft zueinander in Beziehung setzen und somit neue Daten und Informationen – und Entscheidungen – erzeugen. Im Idealfall bedeutet dies eine deutliche Entlastung für den Anwender. Während er sich heute noch um alle Entscheidungen selbst kümmern muss, wofür er selbstverständlich Informationen und Applikationen nutzen kann, werden die digitalen Assistenten der Zukunft uns zunehmend Entscheidungen abnehmen.

Dies wird dadurch ermöglicht, dass über das Internet der Dinge nicht nur Menschen miteinander vernetzt werden, sondern auch Applikationen, Informationen, Sensoren, die Messwerte der Sensoren, Geräte und eben alle möglichen Dinge des täglichen Lebens, wie beispielsweise die komplette Haustechnik eines Gebäudes oder unsere Fahrzeuge. Aus all diesen Informationen, die manuell oder automatisch erzeugt werden, werden wiederum neue Informationen generiert und zur Verfügung gestellt. Genau hier liegt der Nutzen des Internets der Dinge. Experten sprechen von einem neuen Fachbegriff: Big Data.

Sensor-Tattoo
In dieser Welt kann es beispielsweise sein, dass ein Mensch ein Armband mit Sensorik trägt, welches seine Vitalfunktionen überwacht. Diese Wearables werden immer besser, wie ein aktuelles Beispiel aus Israel zeigt, der Angel [6] Sensor.

Und zukünftig wird es nicht einmal notwendig sein, Sensorik in Gegenstände zu integrieren. Die Sensoren können ähnlich wie ein Tattoo aufgebracht werden. Oder sie gleichen einer Folie. Im Juli 2013 wurde beispielsweise von aktuellen Ergebnissen der Forscher der

Universität Berkeley berichtet. Sie stellten eine Art elektronischer Haut her. Diese wurde in der Fachzeitschrift „Nature Materials" vorgestellt. Die Folie ist dünn wie Papier und sie ist flexibel, sie reagiert nicht nur direkt auf Berührungen, sondern auch auf unterschiedlichen Druck. Das dafür nötige Rechenwerk steckt nicht in einem externen Chip, sondern direkt in der Folie. Die Wissenschaftler gehen davon aus, dass die Massenfertigung bereits bald kein Problem mehr sein wird.

Bereits heute gibt es Sensoren, die in der Lage sind, zu erkennen, in welcher Schlafphase der Träger sich befindet oder wie aktiv er gerade ist. Die Daten, die so erzeugt werden, können für unterschiedlichste Zwecke genutzt werden, beispielsweise zur Überwachung eines Fitnessprogramms oder für medizinische Zwecke. Zukünftig können diese Informationen jedoch auch mit dem Kalender des Anwenders verbunden werden.

Über den Kalender stehen Informationen über den gesamten Tagesablauf bereit, also auch über die ersten Termine des Tages und wo diese stattfinden. Zusammen mit den vorgegebenen oder erlernten Informationen über den Anwender und den ebenfalls verfügbaren Informationen über die Wegstrecke zum Termin sowie das Verkehrsaufkommen kann demnach der Anwender in einer optimalen Schlafphase rechtzeitig geweckt werden, um in Ruhe frühstücken und mithilfe des Navigationssystems das in der jeweiligen Situation bestmögliche Verkehrsmittel wählen zu können und so rechtzeitig am Zielort anzukommen. Fährt er mit dem Auto, dann wird er in Zukunft in der Lage sein, während der Fahrt noch Vorbereitungen für den Termin zu treffen.

Fahrzeuge, die bis zu einer gewissen Geschwindigkeit autonom fahren, sind von Volvo für 2017 und von Audi für 2016 angekündigt. Mercedes ist mit der neuen S-Klasse inzwischen vorgeprescht. 2013 hat das Zeitalter autonomen Fahrens begonnen. Heute ist die Technik bereits reifer als die rechtlichen Rahmenbedingungen. Ab 2020 ist damit zu rechnen, dass durch die Vernetzung der Fahrzeuge autonomes Fahren über weite Distanzen möglich sein wird. Sensoren in der Fahrbahn, rund um die Fahrbahn und in den Fahrzeugen werden Informationen erzeugen und austauschen und dies ermöglichen.

Knotenpunkt Smartphone

Eine zentrale Rolle wird dabei mit größter Sicherheit der digitale Assistent, das Smartphone oder sein Nachfolgeprodukt, spielen. Denn über dieses Gerät werden alle Informationen zusammengeführt, koordiniert. Es ist der ständige Begleiter des Menschen. Und dieser integriert sich immer besser in unseren Alltag.

Seit 2014 ist die Datenbrille Google Glass in beschränkter Menge auch für Endkunden in den USA als sogenannte Open Beta Version erhältlich. Sie bringt viele der Leistungsmerkmale eines Smartphones an den Körper und zeigt wichtige Informationen direkt im Blickfeld des Anwenders. Bis zu einer breiten Markteinführung müssen allerdings Tester und Entwickler noch dafür sorgen, dass ausreichend viele und attraktive Nutzungsmöglichkeiten vorhanden sind. Während die Technologie also bisher vom Rechenzentrum zum Schreibtisch, von dort als Smartphone in die Hosentaschen und Handtaschen gewandert ist, ist der nächste logische Schritt, die Technologie direkt am Körper zu tragen. Das zuvor erwähnte Armband ist für wenig mehr als 100 € bereits käuflich zu erwerben, die

Google-Brille ist aktuell zu einem Preis von 1500 $ zu haben. Andere Anbieter intelligenter Brillen werden nicht nur nachrücken, sondern auch beim Preis Druck erzeugen.Der nächste Schritt ist die Integration der Technologie in den Körper. Auch wenn dies vielen Menschen heute noch einen kalten Schauer den Rücken herunterlaufen lässt, es wird Realität werden. Als medizinische Anwendungen werden viele diesen Fortschritt sogar sehr begrüßen.

An unterschiedlichen Forschungsinstituten auf dieser Welt wird an elektronischen Kontaktlinsen gearbeitet [7]. Diese Kontaktlinsen sind in der Lage, sogar mehr zu leisten als eine Google-Brille. Und sie werden einfach wie eine herkömmliche Kontaktlinse auf dem Auge fast unsichtbar getragen. Aktuelle Ergebnisse wurden beispielsweise im Juni 2013 veröffentlicht, berichtet wurde von Forschungsergebnissen aus Korea. Wieder andere Kontaktlinsen sollen übrigens in der Lage sein, den Blutzucker des Trägers permanent zu messen.

Smarte Uhren
Auch die Liebhaber von Uhren werden demnächst vermehrt auf ihre elektronischen Kosten kommen. Bereits heute sind einzelne Smartwatches erhältlich, die jedoch noch deutlich an Leistungsfähigkeit zulegen werden. Seit Langem in Diskussion ist die iWatch [8] von Apple. Es kursieren bereits die unterschiedlichsten Bilder und Videos im Internet, die angeblich zeigen, wie diese Uhr aussehen wird. Den Namen iWatch ließ sich Apple in mehreren Ländern schützen. Eine ganze Reihe von Funktionen des Smartphones wird dann einfach am Handgelenk verfügbar sein. Wie üblich bei Apple-Produkten werden vermutlich auch hier die Menschen in den Geschäften Schlange stehen.

Pebble, ein Pionier auf dem Markt von Smartwatches, verkündete anlässlich der CES 2014 in Las Vegas eine Zusammenarbeit mit Mercedes. Zukünftige Mercedes-Fahrer können wohl ausgewählte Funktionen ihrer Wagen über die Smartwatch steuern oder überwachen.

Daraus lässt sich ableiten, dass zukünftig alle Kommunikationswege über diese smarten Technologien laufen werden, aber auch alle Produkte und Dienstleistungen über das mobile Gerät, wie auch immer es dann konkret aussehen wird, abrufbar sein müssen, um nicht komplett aus dem Fokus des Anwenders herauszufallen.

Das Internet verändert das Kundenverhalten
Für das Verhalten der Kunden wird dies ebenfalls relevant sein. Es besteht kein Grund, warum sämtliche Dienstleistungen nicht über den digitalen Assistenten verfügbar sein sollten. Menschen, die sich an die allgegenwärtige Technologie des Internets und zukünftig des Internets der Dinge soweit gewöhnt haben, dass sie sie quasi gar nicht mehr bewusst wahrnehmen, werden sich auf ihren digitalen Assistenten so sehr verlassen, dass Anbieter von Produkten und Dienstleistungen, die dieses Medium nicht nutzen, nicht mehr im Leben der Anwender vorkommen werden. Wer andererseits dabei ist, nimmt seine Chancen wahr, auch an zukünftigem Wachstum teilzunehmen.

Wachstum – Deutschland denkt um

Was das zukünftige Wachstum angeht, hat Deutschland bereits begonnen, umzudenken. 2011 und 2012 initiierte das Bundeskanzleramt einen sogenannten „Dialog über Deutschlands Zukunft". Dabei setzt man auf eine Mischung aus Bürgerdialog und Expertenhearing. Es sollen dabei auch Antworten gefunden werden auf die Frage, was wir als Gesellschaft unter Wohlstand, Lebensqualität und Fortschritt zukünftig verstehen werden. Horst W. Opaschowski geht in seinem aktuellen Buch „Deutschland 2030, wie wir in Zukunft leben" bereits im Vorwort auf diese Thematik ein. Die Wirtschafts- und Sozialwissenschaftler kommen weitgehend übereinstimmend zu denselben Zukunftsprognosen. In der nahen Zukunft wird es ein geringeres wirtschaftliches Wachstum geben. Neue Wachstumsmotoren entwickeln sich im sozialen und ökologischen Bereich. Wachstum könnte demnach eine völlig neue Bedeutung bekommen: Wirtschaftlichkeit durch Sozial- und Umweltverträglichkeit.

Wachstum durch Innovation

Aus Sicht von Opaschowski zeichnen sich Entwicklungen ab, die in den nächsten 20 Jahren zu einer neuen Wohlstandsökonomie mit mehr sozialen, ökologischen und individuellen Zügen führen werden. Dabei werden Werte, nicht nur Waren, sowie Zeit und nicht nur Geld unverzichtbare Ressourcen sein. Auch das immaterielle Kapital, zum Beispiel Know-how und Ideen, bekommt mehr Gewicht.

Dieses Buch soll zeigen, welche Rolle das Internet der Dinge dabei spielen wird, neue Märkte zu entdecken, und welches Potenzial sich mithilfe der neuen Technologien und des sich verändernden Kundenverhaltens nutzen lässt.

Dazu ist es zunächst notwendig, sich die Historie und die Entwicklung des Internets bewusst zu machen. Das Buch wird Sie durch die Entwicklungsgeschichte des Internets bis hin zum Internet der Dinge begleiten und Ihnen nicht zuletzt durch praktische Beispiele aufzeigen, welche Technologien bereits heute vorhanden sind und welche wir morgen und übermorgen nutzen werden.

Eine Besonderheit dieses Buches: Junge Menschen, Studierende der Studienrichtung Wirtschaftsinformatik der Dualen Hochschule Baden-Württemberg in Heidenheim, die Anfang 2014 ein Integrationsseminar zum Thema Internet der Dinge belegten, bringen in drei Aufsätzen ihre Sicht und im Seminar erarbeitete Ergebnisse mit ein und ergänzen so die Beispiele, die wir hier zusammengetragen haben.

Zu den zukünftigen Technologiethemen, die in den nächsten zehn Jahren zunehmend die Diskussionen prägen werden, gehört auch die Robotik. Nicht mehr neu ist die Erkenntnis, dass unsere alternde Bevölkerung zunehmend ein Problem mit der Pflege alter Menschen bekommen wird. Die Wahrscheinlichkeit ist sehr groß, dass davon auch Sie betroffen sind. Qualifiziertes Pflegepersonal steht nicht in ausreichender Zahl zur Verfügung. Die Politik bemüht sich um Lösungen, auch über Pflegepersonal aus fremden Ländern. Das Geld wird auf Dauer knapp werden. Eine Herkulesaufgabe. Die Robotik wird in der Lage sein, in diesem Umfeld zu unterstützen, Pflegepersonal zu entlasten und zu ergänzen. Auch die Robotik ist in das Internet der Dinge integriert.

Die Rückseite der Medaille

Bei all der Euphorie und Faszination, die von diesen modernen Technologien ausgehen, darf nicht vergessen werden, dass jegliche technologische Entwicklung auch ihre Schattenseiten hat. Die zunehmende Nutzung und das Vertrauen auf Internet-Technologien verändern das Verhalten und das Denken der Menschen. Professor Manfred Spitzer schildert dies in seinem Buch „Digitale Demenz, wie wir uns und unsere Kinder um den Verstand bringen" auf sehr drastische Art und Weise und blendet die zweifelsohne ebenfalls vorhandenen Vorteile nach unserem Eindruck gänzlich aus. In eine ähnliche Richtung geht das Buch „The Shallows, What the Internet is doing to our Brains" von Nicholas Carr.

Der Technikfolgen-Forschung kommt daher größte Bedeutung zu. Ihre Aufgabe ist es, die zukünftigen technologischen Möglichkeiten in ein Gesamtkonzept einzubetten, welches auch durch die Prüfung sozialer, moralischer, ethischer und philosophischer Fragen sicherzustellen versucht, dass die Entwicklungen zum Vorteil der Menschen genutzt werden. Nicht alle Beobachter [9] sind hier guten Mutes und befürchten eine massive Gefahr für viele – auch qualifiziertere – Arbeitsplätze.

Nachdem Technologien immer weiter in die menschlichen Fähigkeiten vordringen und die Arbeitsleistung von Menschen vielfach übernehmen, gehen sie davon aus, dass selbst die Jobs von Experten zunehmend gefährdet sind. Auch diesem Aspekt soll in diesem Buch Rechnung getragen werden.

Technik besser als Menschen

Wobei Technologie tatsächlich vieles besser kann als wir Menschen. Würden nur 5 % aller Autos über das Internet der Dinge gesteuert, sagen Forscher, dann würde es keine Staus mehr geben. Was Ameisen wie selbstverständlich können, nämlich staufrei enge Routen zu Tausenden nutzen, dafür haben wir Menschen keinerlei Talent. Wir werden also möglicherweise die Fähigkeiten der Ameisen kopieren und sie über das Internet der Dinge nutzbar machen.

Literatur

1. http://de.statista.com/statistik/daten/studie/193104/umfrage/rechenleistung-der-leistungsstaerksten-supercomputer-weltweit/
2. http://www.computerworld.com/s/article/9238469/Americans_spend_16_minutes_of_every_hour_online_on_social_nets
3. http://www.presseportal.de/meldung/2440347
4. http://www.bitkom.org/de/presse/8477_75153.aspx
5. http://www.theguardian.com/technology/2014/jan/23/south-korea-intenet-download-speeds-5g
6. http://www.angelsensor.com/
7. http://www.technologyreview.com/news/515666/contact-lens-computer-like-google-glass-without-the-glasses/
8. http://www.heise.de/newsticker/meldung/Apple-arbeitet-aggressiv-an-neuer-Smartwatch-1917392.html
9. http://techcrunch.com/2013/02/16/this-time-is-different/

Volker P. Andelfinger und Till Hänisch

Den lieb ich, der Unmögliches begehrt.
Johann Wolfgang von Goethe

Es ist ein gewaltiges Netz, das sich da gerade aufbaut. Das Internet der Dinge (Internet of Things, IoT) wird in wenigen Jahren nach Schätzungen von Experten des IEEE (Institute of Electrical and Electronics Engineers), der internationalen Organisation, die sich um die Schaffung von Normen und Standards in der Internet-Technologie kümmert, über 50 Mrd. Dinge miteinander verbinden. Das wird nicht das Ende der Entwicklung sein. Bis 2020 soll es schon rund 100 Mrd. vernetzte Gegenstände geben. Verbunden sind darüber aber auch Menschen, die Technologie nutzen, allen voran Smartphones. Dinge, die vernetzt werden, sind Maschinen, Fahrzeuge, Haustechnik, mithin also Beleuchtung, Rollläden, Fernseher, PCs, Kühlschränke, Warenverpackungen, Sensoren aller Art, Kameras, so ziemlich alles, was Sie sich vorstellen können.

100 Mrd. vernetzte Dinge – oder mehr
Die Miniaturisierung von elektronischen Bauteilen, die besonders durch die Entwicklung der Smartphones vorangetrieben wurde, macht es möglich, alle Gegenstände, die vernetzt werden sollen, mit Sensoren und kleinsten Computerbauteilen und beispielsweise WLAN-Antennen oder auch nur mit RFID-Tags auszustatten.

Die Kommunikation zwischen den Dingen, zwischen Maschinen zum Beispiel, kann dabei automatisch erfolgen. Auch das Einkaufen kann sich damit verändern. Wenn alle

V. P. Andelfinger (✉)
Berwartsteinstraße 21, 76855 Annweiler, Deutschland
E-Mail: volker.p.andelfinger@googlemail.com

T. Hänisch
Ziegelstrasse 17, 89518 Heidenheim, Deutschland
E-Mail: haenisch@dhbw-heidenheim.de

© Springer Fachmedien Wiesbaden 2015
V. P. Andelfinger, T. Hänisch (Hrsg.), *Internet der Dinge,*
DOI 10.1007/978-3-658-06729-8_2

9

Waren mit RFID-Tags ausgestattet sind, kann die – dann wohl von Menschen unbesetzte – Kasse am Ausgang des Supermarktes den Warenkorb automatisch auslesen. Die Bezahlung erfolgt dann ebenfalls automatisch über das Smartphone. Near Field Communication (NFC) oder andere technische Ansätze machen das möglich.

Milliardenschwerer Markt IoT
Das Internet der Dinge wird von Experten als milliardenschwerer Markt gesehen. Rob Lloyd von Cisco beziffert die Geschäftsmöglichkeiten im Internet der Dinge bis zum Jahr 2020 auf 14 Billionen $. Wie auch immer diese Zahl zustande gekommen ist, der Markt wird gigantisch sein. Professor Henning Kagermann, vormals Vorstandsvorsitzender der SAP, sagte: „Das Internet der Dinge ist Treiber der vierten industriellen Revolution." Und bereits 2009 war in einer Resolution des EU-Parlaments zu lesen, dass die Entwicklung des Internets der Dinge in den kommenden Jahren bedeutenden Einfluss auf das tägliche Leben nehmen und in breitem Umfang zu wirtschaftlichen und sozialen Veränderungen führen wird.

Bereits heute nutzen sogar Versicherer das Internet der Dinge. Oft ist dies den Beteiligten gar nicht so sehr bewusst. Die Kfz-Versicherung nach dem Pay-As-You-Drive-Modell ist ein Beispiel. Aber auch auf Großbaustellen in besonders diebstahlgefährdeten Gebieten kommt das Internet der Dinge zum Einsatz: zur Überwachung von Baumaschinen, als Prävention gegen Diebstahl – oder um sie wieder aufzufinden.

Bevor wir zu weiteren Einsatzmöglichkeiten kommen, werden wir nun das Internet der Dinge und seine Vorläufer Schritt für Schritt erklären und mit Beispielen transparent machen. Wir werden anschließend auch und insbesondere die technischen Grundlagen und Aspekte erläutern. Die ausgewählten Beispiele, die anschließend dargestellt werden, sind ein kleiner Ausschnitt aus den Möglichkeiten und dienen nicht nur der Erläuterung des IoT, sondern sehr gerne auch der Inspiration.

2.1   Die Evolution des Internets

Zwanzig Jahre nachdem das WWW isolierte Server durch Links zu einem Netzwerk verbunden hat, zehn Jahre nachdem durch WLAN der Zugriff auf dieses Netz mobil geworden ist und fünf Jahre nachdem Smartphones das WWW in den Zug, den Biergarten und an den Baggersee gebracht haben, stellt sich die Frage, was als nächstes passiert.

iPhone pusht die Zahlen
Vor dem Start des WWW enthielt das Internet etwa eine Million[1] Rechner (1992), zehn Jahre später waren es etwa 100 Mio.; als 2007 das iPhone auf den Markt kam, waren es etwa 500 Mio., heute sind es über eine Milliarde[2]. In einigen Jahren werden vermutlich die

---

[1] Das Internet gab's schon lange vorher, siehe etwa http://www.computerhistory.org/internet_history.

[2] Das kommt aber stark darauf an, wie man zählt. Die Zahlen stammen vom Internet Systems Consortium, http://www.isc.org/services/survey/, dort werden Domains im DNS gezählt. Davon gibt es

meisten der derzeit etwa 5 Mrd. Mobiltelefone Smartphones sein, sodass man damit eine vernünftige Obergrenze der Zahl der Computer erhält. Soll das Internet weiter wachsen, dann jedenfalls nicht so.

Aber warum sollen nur Menschen ins Internet? Auch die Welt um uns herum hat viele Informationen zu bieten. Schätzungen gehen davon aus, dass im Jahr 2020 zwischen 30 und 100 Mrd. Dinge eine Verbindung zum Internet haben werden. Aber warum?

Unerwartet interessante Ergebnisse
Eine große Zahl von Sensoren liefert manchmal unerwartet interessante Ergebnisse, wie beispielsweise die Untersuchung von [2] zeigt: Opensignal.com misst die Signalstärke mobiler Netze, um die Abdeckung der verschiedenen Anbieter deutlich zu machen. Nebenbei wird mit der entsprechenden Android-App der Status der Batterie (unter anderem deren Temperatur) überwacht. Wertet man die Temperaturdaten zahlreicher Nutzer aus, zeigt sich eine bemerkenswerte Übereinstimmung mit den offiziellen Wetterdaten, umgekehrt bedeutet dies, dass man durch die Messung der Temperatur der Smartphone-Batterien quasi nebenbei flächendeckende, hochgenaue Temperaturdaten erhalten kann. Eine Untersuchung von Microsoft Research [3] zeigt, wie durch Smartphones detaillierte Verkehrsdaten gewonnen werden können und so weiter und so weiter.

Die Entwicklung hin zum Internet der Dinge, also zahlreichen Sensoren, die ihre Daten ins Internet einspeisen, stellt keine Revolution, also einen Bruch mit dem Bisherigen, sondern eine Evolution, also eine kontinuierliche Weiterentwicklung dar. Um dies zu verstehen, betrachten wir kurz die Entwicklung des Internets.

Wie alles begann

Zunächst war das Internet die technische Möglichkeit, ein paar Supercomputer miteinander zu verbinden, um Wissenschaftlern landesweit den Zugang zu Rechenleistung zu ermöglichen. Hier spielten Dienste wie Telnet und FTP, die den Zugang zu anderen Rechnern und den Transfer von Dateien möglich machten, aber vor allem auch E-Mail die wesentliche Rolle.

Exklusiver Start des Internets
Die Erstellung und Verbreitung von Informationen waren in der Prä-Internet-Zeit in der Hand weniger Unternehmen und Institutionen. Die Erstellung von Informationen war auf

---

dank virtueller HTTP-Server oder gar virtueller Maschinen sehr viel mehr als Computer (siehe dazu etwa [1]). Andererseits werden hier hauptsächlich die Server gezählt, also Computer, die fest mit dem Internet verbunden sind und Daten oder Dienste anbieten. Eine verlässliche Aussage über die Zahl der Computer im Internet lässt sich nur schwer treffen. Nimmt man als Anhaltspunkt die Zahl der Smartphones – heute etwas mehr als eine Milliarde -, addiert die Zahl der verkauften PCs der letzten fünf Jahre – etwa 1,7 Mrd. – und nimmt noch ein paar Server dazu, dann kommt man auf etwa 3 Milliarden.

eine vergleichsweise kleine Zahl von Autoren und Redakteuren, ihre Verbreitung im Wesentlichen auf Verlage und Sender beschränkt. Mit der Entwicklung des WWW entstand für eine große Zahl von Menschen die Möglichkeit, ihre Sicht der Dinge zu publizieren. Durch die Notwendigkeit, HTML-Seiten zu erzeugen, blieb dies allerdings auf einen Kreis von technisch versierten Anwendern beschränkt. Anbieter von Informationen waren deshalb zunächst hauptsächlich Unternehmen – zur Werbung – und Teilnehmer aus dem akademischen Umfeld. Mit dem wachsenden Angebot an Informationen und Produkten im WWW wurde diese Möglichkeit des Einkaufs immer interessanter, der E-Commerce entwickelte sich. Diese sich selbst verstärkende Entwicklung – mehr Nutzer bedingen mehr Angebote und umgekehrt – führte Ende der 1990er-Jahre zu einem dramatischen Wachstum der Anzahl der Nutzer.

Gegen Ende der 1990er-Jahre bestand das WWW hauptsächlich aus einer Vielzahl von Websites mit Informations-, Shopping- und Unterhaltungsangeboten aller Art und Portalen, die das Auffinden der gewünschten Ziele ermöglichen. Die populärsten Sites dieser Zeit waren große Portale wie etwa Yahoo oder T-Online. Aber es zeichnete sich bereits ab, dass durch die wachsende Leistungsfähigkeit der Suchmaschinen (damals Yahoo und AltaVista, Google war zur damaligen Zeit noch ein Forschungsprojekt) kleinere Anbieter einen höheren Stellenwert erhalten würden: Nicht mehr der aussagekräftige Domain-Name, den der Nutzer manuell eingibt, sondern die tatsächlichen Themen würden Besucher anziehen.

Die Abwesenheit der Zensur?

Diese Entwicklung greift eine der grundlegenden Ideen des WWW auf, die Abwesenheit jeder Art von Zensur: Da es im WWW keinen „Root-Server" gibt, bei dem sich andere Webserver registrieren müssen, kann jeder einen Webserver betreiben, ohne irgendeine Art von Genehmigung zu brauchen; Links können ohne Nachfrage auf jede beliebige Seite gesetzt werden. In der Realität reicht es aber nicht aus, einen Webserver zu betreiben, er muss auch gefunden werden. Portale erzeugen hier eine faktische Zensur, nur wer in Portalen aufgeführt ist, wird auch gefunden. Suchmaschinen demokratisieren dieses System – natürlich nur dann, wenn die Suchmaschine selbst keine Zensur ausübt.

Kann jede Site durch eine Suchmaschine gefunden werden, steigt der Anreiz für Autoren, Inhalte auch abseits des Mainstream zu veröffentlichen. Der Aufwand, einen eigenen Webserver zu betreiben, eine Domain zu registrieren usw. ist allerdings für die meisten Privatleute zu hoch. Aber diese Marktlücke wurde schnell geschlossen, die meisten Autoren wollen gar keinen eigenen Server betreiben, sondern nur ihre Inhalte veröffentlichen. Angebote vom Homepage-Baukasten bis zum bereits formatierten Standard-Blog entstanden überall und wurden genutzt.

Dadurch wurde die Reichweite des WWW erheblich erhöht, plötzlich war jeder, der über einen Internetzugang verfügte, in der Lage, zu publizieren – die Phase des sozialen Webs begann.

Das soziale Web

Bereits in den Anfangszeiten des Internets entwickelten sich jenseits von E-Mail Anwendungen, die eine Kommunikation untereinander ermöglichten, die Kultur der Mailboxen und des Usenet – eine frühe Form der heutigen Diskussionsforen – prägte eine ganze Generation von Studenten und Hobbyisten. Allerdings war die Nutzung dieser Dienste auf einen kleinen Kreis beschränkt, denn erstens waren technische Kenntnisse erforderlich, und zweitens waren die Kosten für Privatleute erheblich, da der gesamte Datenaustausch über langsame Telefon-Modems erfolgte. Wollte man auf interessante Foren etwa in den USA zugreifen, konnte das ganz erhebliche Kosten verursachen. Zwei Wege waren üblich, um diese Einschränkung zu umgehen, erstens das Hacking von Telefonanlagen und damit die – allerdings illegale – Vermeidung der Kosten und zweitens der Zugang über eine Universität.

Blogs sind auf Kommentare der Leser angewiesen

So blieb diese an sich nichttechnische Kommunikation lange Zeit in der Öffentlichkeit quasi unsichtbar[3]. Das änderte sich mit den Blogs, zunächst eine Art Online-Tagebuch, später dann die erste einer breiten Schicht von Nutzern zugängliche Diskussions- und Kommunikationsplattform im Internet. Entscheidend bei einem Blog sind natürlich die Artikel, aber wesentlich für den Erfolg sind die Kommentare der Leser. Hier entsteht die eigentliche, direkte und spontane Kommunikation zwischen Autor und Leser, die das Internet von einer Zeitung unterscheidet.

Als Weiterentwicklung der Blogs kann man deren Reduktion auf Statusmeldungen ansehen. Es werden keine längeren Texte, sondern kurze aktuelle Meldungen veröffentlicht, sei es in Textform (Twitter), als Bild (Instagram), als bildlastiger Blog (Tumblr, Pinterest), als persönliche öffentliche Pinwand (Facebook) oder als Lebenslauf (Xing). Jede dieser Varianten bietet eine Möglichkeit, seine Beziehungen zu anderen Mitgliedern zu organisieren, sei es durch (Interessen-) Gruppen oder direkte Beziehungen, welcher Art auch immer, daher die Bezeichnung soziale Netze.

Dieses Social Web bringt zwei entscheidende Neuerungen mit sich: Erstens ist jetzt tatsächlich jeder in der Lage, seinen eigenen Auftritt im Web zu gestalten, ohne sich zunächst mit technischen Fragestellungen mühen zu müssen. Und zweitens – und viel wichtiger – rücken das Web und die reale Welt viel näher zusammen.

Das zeigt sich öffentlichkeitswirksam bei Facebook-Partys, die hessische Polizei hat inzwischen eine „Preisliste" für Einsätze bei diesen Veranstaltungen. „Einsätze wegen einer (schuldhaft herbeigeführten) öffentlichen Ansammlung aufgrund eines Aufrufes oder dessen Weiterverbreitung in einem Sozialen Netzwerk" sind inzwischen vom Einladenden zu tragen [5].

---

[3] Interessanterweise ist eines der einflussreichsten Diskussionsforen – The Well – immer noch aktiv, allerdings auch heute noch praktisch unter Ausschluss der Öffentlichkeit, da kostenpflichtig. Zur Geschichte dieser vermutlich einflussreichsten Online-Plattform siehe [4].

I share therefore I am

Aber die eigentlich wichtigen Effekte sind weniger offensichtlich, dabei aber viel weitreichender. Durch die Kombination mit Smartphones, die „always on andalways on us" [6] sind, verliert die reale Welt an Bedeutung für die soziale Interaktion, die Grenze zwischen realer und virtueller Welt verschwindet, „I share therefore I am".

Wenn wir unseren realen Status – wo wir sind, was wir tun, was wir sehen, mit wem wir uns treffen – in die virtuelle Welt bringen, scheint es nur natürlich, dasselbe mit Informationen über den eigenen Körper zu tun, etwa mit Fitness-Trackern wie Nike Fuel oder FitbitOne.

Der Fitbit-Tracker (www.fitbit.com) ist ein kleiner Bewegungssensor, der am Arm oder am Gürtel getragen wird und die gelaufenen Schritte sowie Zusatzinformationen wie die Anzahl der erstiegenen Stockwerke aufzeichnet, verbrauchte Kalorien berechnet und mit einem Webdienst synchronisiert. Dort kann man sich dann sein persönliches Profil anschauen und vor allem mit anderen vergleichen. Der Trick dabei: Es funktioniert. Nach eigenen Angaben gehen Fitbit-Benutzer 43 % mehr Schritte (http://www.fitbit.com/de/company), der Autor kann diesen Effekt aus eigener Erfahrung bestätigen.

Kühles Bier gibt's nur nach fleißigem Laufen

Besonders interessant werden solche Sensoren, wenn sie Rückwirkungen auf die reale Welt haben, so wie das in [7] beschriebene System, das die Daten des Fitbit-Trackers des Autors auswertet und und bei zu wenig Aktivität den Strom des Kühlschranks abschaltet – kühles Bier gibt's nur nach fleißigem Laufen.

Neben diesen Lifestyle-orientierten Produkten gibt es im Bereich des Personal Health Monitoring auch ernsthafte medizinische Anwendungen zur Überwachung des eigenen Gesundheitszustands. Durch die Anbindung an das Internet können die Informationen etwa durch den Hausarzt ausgewertet oder bei einer akuten Krise ein Rettungsdienst alarmiert werden.

Das World Wide Web beinhaltet also nicht mehr nur rein virtuelle Daten und Welten, sondern erhält einen immer engeren Bezug zur realen, physikalischen Welt.

Das physikalische Web

Der Übergang vom „virtuellen" zum physikalischen Web ist fließend: Der Weg von der Frage „Wie sieht es denn da aus, wo ich morgen hinfahren will" (Google Earth) über „Wie warm ist es denn da" (Online-Wetterdienst, Webcams) zu „Wie warm ist es denn zu Hause in meinem Wohnzimmer" oder „Wie feucht ist es in meinem Keller" oder „Ooops, bei mir zu Hause ist grade eine Wasserleitung geplatzt" (private, mit dem Internet verbundene Sensoren wie ElectricImp oder Twine[4]) ist zumindest technologisch nicht weit.

---

[4] http://electricimp.com/ und Twine http://supermechanical.com/ sind einfache Sensorplattformen, die es auch dem Laien erlauben, Daten aus der Umgebung zu erfassen und ins Internet zu bringen.

Jedes Ding mit eigener Internetverbindung

Heute hat jeder Anwender zumindest einen eigenen Computer. In Zukunft wird jedes „Ding" einen eigenen Computer mit Verbindung zum Internet haben. Fernseher, DVD-Rekorder, Stereoanlagen, Wecker, Armbanduhren oder Mobiltelefone enthalten heute bereits leistungsfähige Computer auf einem Chip, sogenannte Microcontroller. Der Preis eines Microcontrollers liegt heute bereits in einem Bereich[5], der die Integration in praktisch alle Gerätschaften des täglichen Lebens erlaubt. Zukünftig werden alle Haushaltsgeräte (der berühmte Internet-Kühlschrank), Lichtschalter, Leuchten usw. solche Computer enthalten. Nicht (nur), weil diese Gadgets cool sind [8], sondern weil dies die billigste, effizienteste Weise zur Umsetzung ihrer Funktion ist.

Jedes dieser Geräte mit allen denkbaren Funktionen und Verbindungen zu versehen, ist kaum sinnvoll. Stattdessen werden alle untereinander vernetzt und können gegenseitig angebotene Dienste nutzen. Enthält beispielsweise jeder Schlüssel einen Microcontroller, gehört der verlorene Schlüsselbund der Vergangenheit an. Natürlich enthält der Schlüssel keinen GPS-Empfänger, sondern kommuniziert mit den anderen Sensoren in dem Raum, in dem er liegt, und erfährt so, wo er sich befindet. Diese Information kann er dann an andere weitergeben, die letztlich dann beim – suchenden – Anwender landen [9]. Dic dazu notwendigen Technologien und Netzwerkprotokolle wurden für Sensornetze für technische und wissenschaftliche Anwendungen entwickelt und sind prinzipiell verfügbar, es fehlt allerdings noch an der Killer-Anwendung und an übergreifenden Standards zum Austausch dieser Daten.

Die Standards werden zurzeit entwickelt (siehe etwa [10]), Kandidaten für Anwendungen, die dieses Internet der Dinge ökonomisch interessant und damit für die Masse der Nutzer relevant machen werden, zeichnen sich ab: das Smart-Grid, das Industrial Internet und das bereits angesprochene Personal Health Monitoring, eine Spezialform des QuantifiedSelf [11].

Wann lohnt sich die Investition?

Die Frage ist allerdings, ob und – wenn ja – unter welchen Bedingungen sich die Investition in die dafür notwendige Infrastruktur lohnt. Im Allgemeinen wird dies dann der Fall sein, wenn ein Objekt, wenn es mit dem Internet verbunden ist, dauerhaft Daten liefert und auf dieser Basis eine Dienstleistung, einen Service ermöglichen kann.

Simon Cook, Chef einer Londoner Venture-Capital-Firma, beschreibt den Mehrwert der ständigen Verbindung mit dem Internet so: „Now imagine an Internet-of-Things-enabled mousetrap. That is no longer a product, that is a service. Instead of someone going to look to see if a mouse has been caught, they will know once it fires. Then you take that data and you start to track where the mice are and you can solve the mouse problem. That is how you go from a product, via Big Data, to an entirely new service" [12].

Twine, das komfortablere, aber mit einem Preis von etwa US$ 200 auch erheblich teurere System, kann etwa den Besitzer per iPhone-App vor einem Wasserschaden warnen, sobald die Feuchtigkeit im Keller steigt.

[5] Je nach Leistungsfähigkeit und Stückzahl zwischen unter einem und etwa US$ 10.

Genau genommen ist es heute schon so, dass eine Vielzahl von Daten über uns und unsere Umgebung gesammelt und verarbeitet wird, man denke etwa an die Positionsdaten der Smartphones, entweder vom GPS-Empfänger des Telefons selbst erfasst und zur Verwendung durch Lokations-sensitive Anwendungen gespeichert, oder in mal größerem, mal kleinerem Umfang durch die Telekommunikationsprovider, zu welchem Zweck auch immer. In einer drahtlos dauerhaft vernetzten Welt ist jeder praktisch ständig zu lokalisieren, zumindest nachträglich, wie das Beispiel der Londoner Mülltonnen anschaulich zeigt[6].

Die Grenzen der Privatsphäre

Hier stellt sich bereits heute oft die Frage nach der Grenze zwischen sinnvoller Nutzung (und damit Akzeptanz durch die Anwender) und der Verletzung der Privatsphäre. So ist beispielsweise (gerade) noch verständlich, wenn eine Wörterbuch-App den Standort des Nutzers dazu verwendet, populäre Suchbegriffe von anderen, in der Nähe befindlichen Nutzern anzuzeigen, warum die Brightest-Flashlight-App den Standort auswertet, bleibt mysteriös [13].

Es ist zwar zurzeit populär, gegen jede Art der Datenerhebung zu wettern, aber letztlich wird das nicht weiterhelfen: Das Internet der Dinge wird kommen, die Frage ist, wie man die Weitergabe und Nutzung der Daten regelt und die Privatsphäre schützt, also den Datenschutz regelt. Aber auch die anderen Aspekte der Datensicherheit sind hier mindestens genau so wichtig wie bei finanziellen Transaktionen: Immer wenn die virtuelle Welt die reale Welt trifft, sei es das Geld auf dem eigenen Konto oder die Steuerung der eigenen Heizung oder des eigenen Autos, muss ein erheblich höherer Sicherheitsstandard bezüglich Vertraulichkeit, aber auch Verbindlichkeit, Integrität und Verfügbarkeit angelegt werden.

Heise Online berichtete etwa über eine Sicherheitslücke in einem Mikro-Blockheizkraftwerk, die bei entsprechender Nutzung zu realen Schäden führen kann. Der Hersteller empfahl laut Heise den betroffenen Kunden, das Gerät vom Stromnetz zu trennen [15]. Gut, dass diese Lücke nicht im Winter entdeckt wurde.

Seit Stuxnet [16] ist die Tatsache, dass IT-Sicherheitsprobleme zu realen Schäden, unter Umständen auch zu Personenschäden führen können, zwar einer breiteren Öffentlichkeit bewusst geworden, dass dies aber spätestens in naher Zukunft auch für den eigenen privaten Bereich und nicht nur für Industrieanlagen gilt, ist anscheinend noch nicht so ganz verstanden worden.

---

[6] Das Unternehmen Renew stellte im Frühling 2012 etwa 200 intelligente Mülltonnen in der Londoner City auf, die auf einem Display Nachrichten oder Werbung anzeigen können. Diese können auch über WLAN auf in der Nähe befindliche Smartphones gestreamt werden. Dazu wurden die MAC-Adressen der in Reichweite befindlichen Smartphones aufgezeichnet, um etwa wiederkehrende Passanten zu erkennen. Nachdem dies bekannt geworden war, wurde die Speicherfunktion abgeschaltet [14]. Für viel Aufregung sorgte auch die Speicherung von Informationen über WLAN-Netze durch die Kamerawagen von Google zwischen 2008 und 2010.

Smart Grid

Regenerative Energiequellen lassen sich nur sinnvoll nutzen, wenn der Stromverbrauch an die momentane Stromerzeugung angepasst werden kann: Die Verbraucher müssen abhängig von der gerade verfügbaren Strommenge gesteuert werden. Dazu muss zunächst einmal die Information darüber, ob gerade viel oder wenig Strom zur Verfügung steht, zu den Verbrauchern gebracht werden. Dies leisten intelligente Stromzähler.

Es ist für die Funktion eines Gefrierschranks nicht entscheidend, ob der Kompressor ein paar Minuten früher oder später eingeschaltet wird. Dieser Bedarf kann durch gezielte Steuerung von einem Spitzenlastbereich in einen weniger kritischen Bereich verschoben werden, dadurch können Lastspitzen verringert und damit konventionelle Kraftwerke eingespart werden.

Smart Metering wird Pflicht
Deshalb schreibt die EU den Mitgliedsländern vor, dass bis zum Jahr 2020 in 80 % der Haushalte ein intelligenter Zähler installiert werden muss, aber nur, falls dies ökonomisch sinnvoll ist. Eine Studie des Wirtschaftsministeriums [17] bestätigt nun genau dies. Damit wird in naher Zukunft eine flächendeckende Infrastruktur von Sensoren und Aktoren in den meisten Haushalten etabliert werden.

Industrial Internet

Industrielle Produktionsanlagen enthalten eine Vielzahl von Sensoren, deren Informationen zur Steuerung der Produktion und Logistik verwendet werden. Typischerweise werden diese Daten durch spezielle, abgeschlossene Systeme gesammelt und ausgewertet. Werden erstens diese Daten für alle Zwecke (des Unternehmens) zur Verfügung gestellt und wird zweitens die Anzahl der Sensoren drastisch erhöht, kann eine erhebliche Optimierung des Produktionsprozesses realisiert werden. General Electric investiert eine Milliarde US-Dollar in diese Technologien, das weltweite Einsparpotenzial wird auf US$ 150 Mrd. geschätzt [18].

Oftmals werden industrielle Produktionsanlagen zwar etwa in Bezug auf Energieverbrauch optimiert, aber nicht ständig den sich ändernden Produktionsbedingungen angepasst. Dazu wäre eine kontinuierliche Überwachung aller Prozessparameter nötig, die in den wenigsten Anlagen realisiert ist.

Großes Sparpotenzial
Ein Bereich, in dem hohe Einsparungen realisierbar sind, ist die kontinuierliche Überwachung des Anlagenzustands. Es gibt etwa Papiermaschinen, die in jedem Antrieb und jedem Walzenlager einen Sensor zur Vibrationsmessung integriert haben, dies ist aber selbst beim Bau einer neuen Anlage sehr aufwendig, eine Nachrüstung existierender Anlagen mit einem solchen Machine Health Monitoring System ist extrem aufwendig. Nicht wegen der

Kosten der eigentlichen Sensoren[7], sondern wegen der Kosten der notwendigen Verkabelung für Stromversorgung und Datenübertragung, die ein Vielfaches dieses Betrags ausmachen. Verwendet man hier stattdessen Sensornetze, die ohne Stromanschluss auskommen und die Daten drahtlos übertragen, können hohe Einsparpotenziale realisiert werden, da Probleme umgehend erkannt[8] und andererseits Wartungszyklen verlängert werden können.

Insbesondere bei der Optimierung des Energieverbrauchs können flexible Sensornetze mit einer großen Menge von Daten unterstützen, da die Optimierung der Anlage auf die aktuellen Betriebszustände kontinuierlich durchgeführt werden kann, siehe etwa [20].

Ein Netz von Sensoren

Die Ideen zum Internet der Dinge sind nicht neu, der Begriff wurde 1999 von Kevin Ashton geprägt [21]: Heute werden Informationen von Menschen in Computersysteme wie das WWW eingegeben (und von Menschen abgerufen). Zukünftig wird das größtenteils (zumindest was die Menge angeht) nicht mehr so sein, die Daten kommen von Dingen, die ihren eigenen Zustand oder den ihrer Umgebung weiterleiten.

Netze von Sensoren werden immer mehr Informationen aufzeichnen und weitergeben. Die andere Richtung, also dass Informationen aus dem Netz durch Aktoren zu einer Veränderung in der Realität führen, ist zwar mindestens genauso wichtig, abgesehen von Industrie und Haustechnik sind hier die realen Anwendungen jedoch weniger klar zu erkennen, weswegen wir uns hier auf Sensoren beschränken.

Sensoren

Ein Sensor ist ein Bauteil, das bestimmte physikalische Eigenschaften (etwa Temperatur, Luftfeuchtigkeit, Helligkeit, Bewegung und so weiter) erfasst und in eine elektrische Spannung umsetzt. Insbesondere durch die Technik, die in Notebooks und Mobiltelefonen eingesetzt wird, sind leistungsfähige Sensoren in den letzten Jahren extrem miniaturisiert und zu niedrigen Preisen verfügbar. Der Aufwand, etwa einen halbwegs genauen Temperatursensor mit der Technologie von vor zehn Jahren zu bauen und an einen Computer

---

[7] Es gibt etwa von Analog Devices einen kompletten Sensor mit Auswertungs-Intelligenz, der Anomalien automatisch erkennen kann, für etwa US$ 200 siehe [19].

[8] Ich besichtigte vor einigen Jahren eine Papiermaschine (das ist eine beeindruckende, etwa fußballfeldgroße Maschine, die hauptsächlich aus etwa ein bis 2 m dicken und 10 Meter langen Walzen besteht, die sich schnell drehen. Auf meine Frage, was denn passieren würde, wenn eines der Lager einer solchen Walze „frisst", erhielt ich die Antwort eines Fachmanns, dass das nicht vorkommen würde. Am selben Nachmittag – ich war schon wieder auf dem Rückweg – ist genau das passiert, Teile der Maschine wurden von der defekten Walze aus den Fundamenten gerissen, der Schaden betrug mehrere Millionen. Glücklicherweise befand sich gerade niemand an der Anlage, deshalb kam es nicht zu Personenschäden. Seitdem ist das Thema Machine Health Monitoring für mich persönlich erheblich interessanter geworden.

anzubinden, ist ganz erheblich. Heute kann man für ein bis 3US\$ komplette Sensoren kaufen, die ohne Kalibrierung die Temperatur auf 0,5 Grad genau messen und digital an einen Controller senden können.

Sensoren werden immer billiger

In noch stärkerem Maß gilt dies für MEMS-Sensoren[9], das sind Bewegungssensoren, die Beschleunigungen und/oder Bewegungen im Raum durch mikromechanische Systeme mit hoher Präzision messen können. Ursprünglich für Spielekonsolen entwickelt [22], erlauben sie heute Komfortfunktionen wie das Annehmen eines Gesprächs beim Aufheben des Telefons oder die automatische Umschaltung von Hoch- zu Querformat beim Drehen des Tablets. Sie sind auch die Basis für Motion-Tracker wie den eingangs erwähnten Fitbit. Durch die Massenproduktion ist der Preis für diese Hightech-Komponenten auf unter US\$ 5 gefallen.

Insbesondere durch Consumer-Produkte wie Spielekonsolen und Mobiltelefone wird in diesem Bereich die Entwicklung rasant weitergehen. In naher Zukunft werden intelligente Uhren auf den Markt kommen. Diese direkt am Körper befindlichen Gadgets erlauben durch geeignete Sensoren die Messung relevanter Vitalfunktionen. Apple hält etwa ein Patent für die Messung von Puls und Sauerstoffsättigung durch einen entsprechend mit Sensoren bestückten Kopfhörer. Noch weiter gehen Projekte wie der mit US\$ 10 Mio. dotierte TricorderXPrize, bei dem Systeme gesucht werden, die in einem portablen Gerät komplexe medizinische Diagnostik erlauben[10].

Stromverbrauch

Ein wesentliches Problem bei der Entwicklung von mobilen Geräten ist der Stromverbrauch. Bei Mobiltelefonen müssen die leistungsfähige CPU und das Display versorgt werden, hier werden Laufzeiten von Tagen angestrebt, bei Sensornetzen benötigt insbesondere die drahtlose Datenübertragung verhältnismäßig viel Strom.

Der Stromverbrauch ist zwar vergleichsweise gering, da die Daten typischerweise nicht kontinuierlich übertragen werden. Meistens ist eine so hohe zeitliche Auflösung gar nicht erforderlich, man denke etwa an einen Sensor, der die Raumtemperatur oder die Luftfeuchtigkeit im Keller misst. Hier ist ein Messwert pro Minute oder noch weniger ausreichend. Dafür sind aber auch Laufzeiten von Monaten oder Jahren erwünscht, wer will schon ständig die Batterien seiner Sensoren wechseln.

---

[9] MEMS steht für Microelectromechanical Systems, das sind miniaturisierte Kombinationen aus mechanischen und elektrischen Komponenten. Typischerweise zwischen ein und 100 Mikrometer groß können so früher komplexe Systeme wie Bewegungssensoren, aber auch Mikrofone in Chips integriert werden. Beispielsweise können Festplatten mit solchen Sensoren erkennen, wenn sie fallen, und dann den Kopf noch rechtzeitig vor dem Aufprall in eine Parkposition fahren.

[10] Der Name bezieht sich auf das Diagnosegerät aus der Serie Star Trek: http://www.qualcommtricorderxprize.org/.

Enormer Innovationsdruck bei der Stromversorgung

Natürlich bleibt die Entwicklung von Batterien nicht stehen, vor allem durch den Bedarf bei Smartphones ist der Innovationsdruck hier sehr hoch. Aber beliebig lässt sich die Energiedichte einer Batterie nicht erhöhen, inbesondere unter Sicherheitsaspekten.

Idealerweise benötigt ein Sensor überhaupt keine Batterie, sondern speist sich aus der Energie seiner Umgebung. Das ist weniger exotisch, als es zunächst vielleicht klingt. Ein passiver RFID-Chip etwa überträgt seine Daten durch Modulation des von außen kommenden elektrischen Felds. Bei diesen Verfahren sind allerdings zumindest derzeit noch keine großen Reichweiten bzw. keine hohen Datenraten realisierbar. Aber das sogenannte Energy Harvesting, also die Gewinnung von Energie aus der Umgebung, ist in vielen Fällen eine durchaus realistische Option. So gibt es etwa Funk-Lichtschalter, die die zur Übertragung notwendige Energie aus dem mechanischen Tastendruck beziehen, der die Funktion auslösen soll[11].

Der Weg zu langen Akkulaufzeiten

Gut realisierbar sind in vielen Fällen Sensoren, die ihre Energie aus dem Licht in der Umgebung beziehen und daraus mittels Solarzellen Strom erzeugen, der dann zur Datenübertragung genutzt wird. Entscheidend für die Realisierbarkeit dieser Techniken ist ein möglichst niedriger Stromverbrauch der Sensoren und Funknetze, der üblicherweise dadurch realisiert wird, dass der Sensor und der Controller die meiste Zeit deaktiviert werden („schlafen") und nur ein kleiner Teil der Schaltung aktiv ist, der das System in regelmäßigen Zeitabständen oder beim Eintreten eines äußeren Ereignisses einschaltet. Eine solche Komponente kann mit sehr wenig Strom auskommen[12] und so zu den notwendigen, langen Laufzeiten führen. Nehmen wir an, Sensor und Controller sollen einmal pro Minute für jeweils 0,1 s aktiviert werden und verbrauchen dann 10 mA, so beträgt deren mittlerer Verbrauch 10 mA/600 = 17 µA. Das entspräche bei Versorgung mit einer üblichen Batterie einer Laufzeit von mehreren Jahren. Der Schlüssel ist also erstens, Sensor und Controller möglichst selten zu aktivieren, und zweitens, dieses möglichst kurz zu tun. Der Stromverbrauch im aktiven Zustand ist dann eher zweitrangig. Für den Sensor selbst und den Controller ist das in den meisten Fällen unproblematisch, das Problem liegt eher bei der (drahtlosen) Kommunikation.

Kommunikation

In den meisten Fällen ist es zumindest sehr wünschenswert, wenn die Kommunikation zwischen den Sensoren selbst und, sofern vorhanden, der Basisstation drahtlos erfolgt.

---

[11] Ein in diesem Bereich bereits etablierter Standard ist enOcean:http://www.enocean.com/

[12] Typischerweise ein bis wenige Mikroampere, das entspräche einer Betriebsdauer von etwa 100 Jahren aus einer handelsüblichen Mignon-Batterie. Natürlich hält die Batterie auch ohne Verbraucher nicht so lange durch.

Nun gibt es viele Techniken zur drahtlosen Kommunikation, von WLAN über Bluetooth bis zu den Mobilfunknetzen. Diese sind allerdings für Computer und/oder Telefone entwickelt worden, auf die speziellen Anforderungen von Sensoren wurde keine Rücksicht genommen. Insbesondere zwei Probleme sind hier zu lösen: der Stromverbrauch des Funkmoduls und Probleme beim Routing in Netzen mit vielen Knoten.

WLAN hat den großen Vorteil, dass es praktisch überall verfügbar ist und eine direkte Verbindung mit dem Internet erlaubt (im Gegensatz zu etwa Bluetooth, hier wird immer noch ein Computer oder ein Telefon als Gateway benötigt). Der Stromverbrauch eines typischen Controllers mit WLAN Interface, der als Basis für einen Sensor dienen könnte, beträgt bis zu 500 mA. Bei kontinuierlichem Betrieb wäre eine Batterie geeigneter Größe nach einigen Minuten bis wenigen Stunden leer. Entscheidend für einen langen Dauerbetrieb ist, wie oben erwähnt, die Datenübertragung so selten wie möglich durchzuführen und dann so kurz wie möglich zu halten. Letzteres ist bei WLAN problematisch, da die Zeit zum Aufbau der Verbindung zum Partner (typischerweise einem Access Point) inklusive Authentisierung recht lang ist.

Selbst hochoptimierte Systeme benötigen hierfür im optimalen Fall[13] zwischen 200 ms und einer Sekunde [23]. Kombiniert mit dem hohen Stromverbrauch erlaubt dies den Einsatz von WLAN als Kommunikationsmedium für Sensornetze nur bei seltener Datenübertragung. Dies ist etwa bei Schaltern kein Problem, ein Lichtschalter wird typischerweise nur einige wenige Male pro Tag betätigt, ein Bewegungssensor, der einen Einbruch in das Ferienhäuschen melden soll, hoffentlich noch seltener. In diesen Fällen, wo die Datenübertragung eigentlich nur gebraucht wird, um festzustellen, ob der Sensor noch funktioniert, ist WLAN gut geeignet.

ZigBee für kontinuierliche Überwachung
Soll ein Parameter kontinuierlich überwacht werden, etwa einmal pro Minute oder öfter, müssen andere Technologien verwendet werden. Speziell für diesen Anwendungsfall entwickelt wurde ZigBee. ZigBee unterstützt außerdem Mesh-Netze, das heißt Netze, bei denen die Daten nicht von Clients (hier den Sensoren) zu einem zentralen Access Point oder Router übertragen werden, der diese dann weiterleitet, sondern von Knoten zu Knoten.

Jeder Teilnehmer eines solchen Netzes kann Daten weiterleiten, das Routing, also die Wahl des Weges zum Ziel, erfolgt automatisch. Dies ist insbesondere bei großflächigen Sensornetzen nötig, man denke etwa an die Überwachung eines größeren Bereichs im Freien. Soll beispielsweise zur Erkennung von Waldbränden die Temperatur eines größeren Bereichs mit einer Vielzahl von Sensoren überwacht werden, kann keine Infrastruktur mit Routern (die ja ständig aktiv sein müssen und deshalb eine Verbindung zum Stromnetz brauchen) aufgebaut werden. Da die Sensoren aber die meiste Zeit nicht aktiv sind,

---

[13] DNS, ARP und DHCP-Lease im Cache, offensichtlich keine Verwendung von SSH (der Aufbau einer SSH-Verschlüsselung dauert erheblich länger) und geeigneten, professionellen Access Points. Bei einem im Privatbereich verbreiteten Access Point ist eine Sekunde eher optimistisch, mehrere Sekunden sind hier durchaus realistisch.

sondern „schlafen", werden hier spezielle Protokolle gebraucht, die etwa dafür sorgen, dass alle Knoten zur gleichen Zeit wieder aufwachen, um Daten weiterleiten zu können oder, falls dies nicht möglich ist, Daten zwischenspeichern.

Ein anderes Szenario wäre die Übertragung von Daten zwischen Autos auf der Straße. Hier spielt der Stromverbrauch zwar keine Rolle, aber auch hier wäre es sinnlos (weil viel zu aufwendig), alle paar Meter Router am Straßenrand einzurichten, die Kommunikation sollte direkt zwischen den Autos erfolgen. Genau das leistet ZigBee.

Es existiert eine Vielzahl von (einfacheren) Funk-Technologien, die etwa bei Außenthermometern oder Fernbedienungen verwendet werden. Diese sind aber relativ primitiv und für ernsthafte (sicherheitskritische) Anwendungen nicht geeignet.

Kommunikation der Sensoren untereinander benötigt neue Technologien

Aber letztlich werden gerade im Bereich der Kommunikation neue Techniken erforderlich sein, um eine große Zahl von Sensoren miteinander zu verbinden. Insbesondere, wenn alle Daten an alle Sensoren weitergeleitet werden sollen, um eine möglichst einfache Nutzung dieser Daten durch die anderen zu erlauben, sind Broadcast- oder Multicast-Verfahren nötig, die Datenpakete nicht nur an einen Empfänger verschicken.

Ein vielversprechender Ansatz ist die Datenübertragung über die Raumbeleuchtung [24]: Werden ohnehin herkömmliche Lampen durch LEDs ersetzt, kann deren Licht moduliert werden und damit Daten an alle im Raum befindlichen Empfänger gesendet werden. Im Laborversuch konnten hier bereits über 100 MBit/s übertragen werden, das Potenzial ist aber sicher noch erheblich höher. Gerade für Sensornetze eignet sich dieses Verfahren sehr gut: Die Auswertung der Signale im eingehenden Licht erfordert (je nach Technik) nicht viel Energie, beim Senden werden üblicherweise nur sehr geringe Bandbreiten benötigt, die ebenfalls mit sehr wenig Energie übertragen werden können.

Routing-Probleme

Die derzeit verwendete Infrastruktur des Internets ist nicht geeignet, um Milliarden weiterer Teilnehmer aufzunehmen. So bietet der derzeit verwendete IPV4-Standard praktisch keine freien Adressen mehr. Der Nachfolger IPV6 würde zwar genügend Adressen anbieten – beliebte, aber eher unrealistische Abschätzungen sind etwa eine Billion Adressen pro Quadratmeter –, setzt sich aber sehr schleppend durch. Zurzeit (August 2013) macht der Anteil an IPV6-Paketen weltweit etwa 2 % aus. Aber vielleicht führt das Internet der Dinge ja zu einer schnelleren Umstellung auf IPV6.

Problematischer ist das Routing im Internet. Die Daten werden bei der Übertragung von Computer zu Computer in Pakete zerlegt, die dann zunächst über ein Access-Netzwerk (etwa WLAN oder DSL) regional gesammelt und an das Backbone weitergegeben werden. Dort werden sie dann zum regionalen Netzwerk des Empfängers (bei seinem Provider) transportiert und wieder über ein Access-Netz zum Empfänger übertragen. Das bedeutet, dass alle Pakete, die nicht im eigenen Access-Netz bleiben, durch das Backbone übertragen werden.

Die kumulierte Bandbreite der Endgeräte würde das Backbone umgehend zusammenbrechen lassen

Würde das tatsächlich so gemacht, dann würde die kumulierte Bandbreite der Endgeräte das Backbone umgehend zusammenbrechen lassen. Wenn etwa Microsoft oder Apple ein Betriebssystem-Update anbieten, wird dieses von einer gigantischen Anzahl von Nutzern gleichzeitig geladen. Um hier eine Überlastung zu vermeiden, werden sogenannte Content Delivery Networks verwendet, die oft angefragte Daten lokal (d. h. beispielsweise beim Provider) speichern und so das Backbone entlasten.

Das Internet der Dinge mit seinen prognostizierten 100 Mrd. zusätzlichen Endgeräten würde diese Infrastruktur trotz jeweils geringer Datenraten in erhebliche Schwierigkeiten bringen. Es wäre auch ziemlich sinnlos, Daten aus einem Mesh-Netz über eine solche hierarchische Struktur zu transportieren. Es ist dringend nötig, hier neue Ansätze zu finden. Möglicherweise können sich solche Strukturen an biologischen Vorbildern orientieren [25]. Wie diese genau aussehen sollen, ist aber derzeit noch nicht klar.

2.2 Die Bedenken – zu Risiken und Nebenwirkungen

Jede Medaille hat zwei Seiten, sagt man. Das Internet hat in seinen Entwicklungsstufen immer wieder neue Möglichkeiten geschaffen. Es hat uns ermöglicht, rund um den Globus auf Informationen zuzugreifen. Es hat uns ermöglicht, fast an jedem Ort zu jeder Zeit alle diese Informationen zu nutzen. Es hat dazu geführt, dass gedruckte Enzyklopädien längst ein Auslaufmodell sind. Wir können mittlerweile das gesamte Wissen der Welt mehr oder weniger in unserer Hosentasche mit uns herumtragen.

Dieser völlig veränderte Umgang mit Wissen führt bei den Menschen zu deutlichen Verhaltensänderungen. Wer jede erdenkliche Information zu jeder Zeit mit dem Smartphone abrufen kann, scheint zu verlernen, Zusammenhänge zu erkennen und Wissen korrekt einzuordnen. Wer nur noch nach der Jahreszahl der Varus-Schlacht googelt, der wird auf Dauer den historischen Zusammenhang und seine Bedeutung nicht mehr wahrnehmen.

Der moderne Don Quixote kämpft gegen digitale Gegner

Zwei Buchautoren fallen besonders auf, wenn es darum geht, diese Auswirkungen zu beschreiben und auch zu kritisieren. Nicholas Carr schildert in „The Shallows – What the Internet is doing to our Brains" die Auswirkungen der Internetnutzung. In einem seiner früheren Werke, „The Big Switch", hat er bereits die neuen Technologien, ihre Eigenschaften und Entwicklungsgeschichte hervorragend beschrieben, hat die technologische Entwicklung seit Edison betrachtet und eingeordnet. In dem im Jahr 2010 erschienenen Werk „The Shallows – What the Internet is doing to our Brains" geht Carr sehr dezidiert auf die Veränderungen in unserem Denken ein. Schon im Titel wird deutlich, um was es ihm geht: The Shallows – die Untiefen. Man könnte auch sagen: Das Denken wird seicht.

Der zweite Buchautor, Prof. Manfred Spitzer, drückt seine Auffassung bezüglich der Schattenseiten der Internetnutzung schon fast militant aus. Sein Buchtitel „Digitale

Demenz" provoziert und scheint doch in weiten Zügen tatsächlich zutreffend zu sein. Wer ständig alles Wissenswerte googelt, verlernt einfach, sich Dinge und Zusammenhänge zu merken.

Carr kommt zum Schluss seines Buches zu der Erkenntnis, dass die Menschheit aufpassen muss, dass sie nicht auf Dauer das Menschliche opfert, um sich dem Maschinendenken unterzuordnen. Immer mehr Verantwortung und Entscheidungen werden auf Technologien verlagert. Da Computer jedoch – zumindest bisher – lediglich in der Lage sind, festgelegten Regeln zu folgen, Formeln umzusetzen, nicht jedoch eine menschliche Subjektivität zu ersetzen oder menschliche Entscheidungen zu treffen und Beurteilungen vorzunehmen, gehen diese Vorteile menschlichen Denkens verloren, sind zumindest in Gefahr.

Spitzer ist in seiner Argumentation deutlich drastischer. Er führt seinen Lesern vor Augen, dass Google uns im Prinzip dumm macht. Wer denken lässt, sei kein Experte. Dabei geht es ihm explizit auch um unseren Nachwuchs, Kinder und Jugendliche. Durch den ständigen Gebrauch der Technologien des Internets und der Suchmaschinen gehen ihnen die typisch menschlichen Fähigkeiten des Denkens und des In-Beziehung-Setzens verloren.

Als Beispiel führt er sogar moderne Navigationsgeräte auf. Wer sich über längere Zeit nur noch auf diese Geräte verlässt, verlernt, sich selbst zu orientieren. Während wir uns früher an Landkarten orientiert haben, die Himmelsrichtung erkennen mussten, uns Wege merken mussten, müssen wir jetzt nur noch ein paar Knöpfe drücken, um uns von der Elektronik leiten zu lassen. Fällt sie aus, sind wir hilflos. Wie wir einen Stadtplan lesen, wissen wir nicht mehr.

Spitzer ist sich sicher, dass die ständige Nutzung des Internets dazu führt, dass unser Gehirn vollkommen umtrainiert wird. Wir steuern seiner Meinung nach auf einen geistigen Abstieg zu. Wer statt Lesen und Schreiben nur noch Copy and Paste lernt, wird die Informationen nicht in der nötigen Tiefe verarbeiten können. Er bleibt oberflächlich. Da ist sich also Spitzer mit Carr einig. Daher lehnt er auch Laptops für jeden Schüler ab. Computer im Schuleinsatz seien Lernverhinderungsmaschinen. Aus seiner Sicht sei diese Tendenz in erster Linie wirtschaftlichen Interessen geschuldet. Trotzdem: In Los Angeles beispielsweise werden zukünftig alle Schüler mit iPads ausgestattet.

Das Gehirn – ausgelagert in der Cloud
Er kritisiert vehement, dass die Menschen verlernen, Informationen im Gehirn zu speichern. Stattdessen würden sie ihre Informationen nur noch in die Datenwolke auslagern. Wer ständig Google nutzt, hat keinen Anreiz mehr, sich selbst Dinge zu merken, wird im Grunde immer vergesslicher. Er wird dement.

Auch die sozialen Netzwerke sind vor seiner Kritik nicht sicher. Und auch hier kann man in vielen Teilen durchaus zustimmen. Wer nur noch per Chat, SMS und vergleichbaren Medien kommuniziert, verlernt die eigentlich normale menschliche Kommunikation, die nur in vollständiger Form stattfinden kann, wenn sich die Kommunizierenden Auge in Auge gegenübersitzen. Sprache ist die Quelle aller Missverständnisse. In schriftlicher

Form ist sie bereits der Körpersprache und der Stimme beraubt. Je kürzer die Textnachrichten werden, desto größer wird die Gefahr, dass beim Empfänger nicht ankommt, was der Sender gemeint hat. Kein Wunder, wenn durch moderne Medien so viele Streitsituationen entstehen.

Noch viel kritischer sieht Spitzer die Tendenz, dass selbst Kleinstkinder und Kindergartenkinder mit modernen Medien konfrontiert werden, was nach seiner Auffassung dazu führt, dass bereits in diesem frühen Stadium der notwendigen Bildung des Menschen großer Schaden zugefügt wird. Dies wird, so Spitzer, auch nicht durch Lernspiele am Computer ausgeglichen. Nach seiner Auffassung ist eher das Gegenteil der Fall.

Viel diskutiert und im Grunde unmöglich: Multitasking. Ein Blick in ein Kinderzimmer genügt, um zu erkennen, dass der Versuch, viele Dinge gleichzeitig zu tun, für unseren Nachwuchs völlig normal ist. Der Versuch, wie gesagt. Wenn die Hausaufgaben gemacht werden, läuft der Fernseher, das Radio, das Smartphone meldet sich in regelmäßigen Abständen, am Computer wird gechattet und bestenfalls für die Hausaufgaben recherchiert. Hirnforscher gehen jedoch davon aus, dass es echtes Multitasking für den Menschen nicht gibt. Er kann nur seine Aufmerksamkeit auf unterschiedliche Dinge in ungenügender Weise verteilen. Anders ausgedrückt: Die einzelne Aufgabe bekommt nicht die Aufmerksamkeit, die sie benötigt.

Internet macht krank – und süchtig

Spitzer stellt außerdem fest, dass die Menschen durch die zunehmende Nutzung des Internets krank werden. Schlaflosigkeit, Depression, Sucht und körperliche Folgen seien nicht zu übersehen. Das kann unter Umständen ganz einfach auch nur an der fehlenden Selbstkontrolle liegen. Aktuelle Umfragen sagen, dass fast 30 % der Menschen auch im Urlaub ihre geschäftlichen Mails lesen und beantworten. Dass dabei kein Abschalten erfolgen kann und keine Erholung möglich ist, ist selbstredend.

Spitzer kritisiert, dass alle, die diese Zustände eigentlich erkennen müssten, nichts tun, um die Entwicklung zu stoppen oder gar umzukehren. Für ihn ist der geistige Abstieg der Gesellschaft auf diese Weise vorprogrammiert.

Spitzers Fazit: Die digitalen Medien führen dazu, dass wir unser Gehirn weniger nutzen, wodurch seine Leistungsfähigkeit mit der Zeit abnimmt. Außerdem sei zu beobachten, dass bei jungen Menschen die Gehirnbildung behindert wird. Deren geistige Leistungsfähigkeit bliebe also schon grundsätzlich unter dem eigentlich möglichen Niveau. Und diese Entwicklungen betreffen nicht nur das Denken, sondern auch den Willen und die Emotionen, das Sozialverhalten.

Das Ende der Privatsphäre

Ein weiterer sehr wesentlicher Aspekt im Zusammenhang mit der Erörterung möglicher negativer Seiten der Nutzung des Internets ist die zunehmende Einschränkung unserer Privatsphäre. Für viele gibt es kaum noch eine Privatsphäre. Damit ist nicht nur gemeint, dass unterschiedlichste Firmen, Internet-Giganten und Geheimdienste unsere Daten ausspähen und uns mit Werbung belästigen, sondern auch und gerade die permanente Abhängigkeit von mobilen Endgeräten und ihre Nutzungsmöglichkeiten. Die Geräte gönnen uns quasi keinerlei Pausen mehr.

Während Unternehmen wie Volkswagen E-Mails an ihre Mitarbeiter nur noch während der Arbeitszeit zustellen, können wir beobachten, dass es durchaus viele Unternehmen gibt, die das genaue Gegenteil wünschen. Permanente Erreichbarkeit der Mitarbeiter, rund um die Uhr und auch im Urlaub.

Inwieweit die Menschen dazu bereit sind, ihre Privatsphäre auch selbst aktiv aufzugeben, indem sie Informationen über soziale Netzwerke posten, müssen sie natürlich individuell selbst entscheiden. In vielen Fällen scheint jedoch den Menschen dafür das Bewusstsein zu fehlen. Ein sorgfältiger Umgang und die Beschränkung von Informationen auf bestimmte Kreise sind das Minimum, was die Menschen einhalten sollten.

Das Internet vergisst nie

Eines sollte dabei nicht vergessen werden: Das Internet vergisst nie. Informationen, die einmal in dieses Medium eingestellt wurden, sind so gut wie nicht wieder zu entfernen.

Doch was bedeutet dies alles im Zusammenhang mit dem Internet der Dinge? Das Internet der Dinge ist eine Entwicklung, bei der die Menschen in vielen Fällen nicht einmal mehr selbst aktiv sein müssen, um Informationen zu besorgen oder zu erzeugen. Die Technologie tauscht sich untereinander aus. Maschinen kommunizieren mit Maschinen. Sensoren liefern Daten, die von Computern ausgewertet, zu neuen Informationen zusammengestellt werden. Maschinen treffen Entscheidungen. Der Mensch ist in vielen Fällen mit den Entscheidungen überhaupt nicht mehr behaftet. Er nimmt einfach nur noch zur Kenntnis und handelt fremdgesteuert.

Wenn ein Navigationsgerät die Daten des gesamten rollenden Verkehrs über Telemetrie auswertet und die Fahrtroute anhand des Terminkalenders, der Wetterverhältnisse und weiterer Parametern festlegt, wird der Mensch ohne diese Technologie noch orientierungsloser, als er es heute schon ist, weil er verlernt hat, eine Straßenkarte zu lesen.

Wenn in den Informationsfluss dann noch Apps eingreifen, die beispielsweise Mitfahrgelegenheiten organisieren, dann wird unser autonom fahrendes Auto in der Zukunft optimierte Wege fahren und wirtschaftlich optimiert unterwegs sein. Wir werden die kürzest mögliche Zeit brauchen, um von A nach B zu kommen, und wir werden rechtzeitig erinnert werden, eventuell früher loszufahren, weil unterwegs ein unvermeidbarer Stau droht. Das Fahrzeug wird am Supermarkt anhalten, um die Kiste mit den automatisch vom Smart Home vorbestellten Waren einzuladen. Aber wir werden unfähig sein, wir werden es verlernen, eine solche vernünftige Route und die gesamten Erledigungen und Termine selbst zu planen und ohne technische Hilfsmittel von A nach B zu kommen.

Delegation des Denkens an die Technik

Wir werden die Zusammenhänge nicht mehr erkennen. Wir werden alle Verantwortung an die Technologie abgeben. Wir werden aufhören, darüber nachzudenken. Wir werden an Punkt A leben und uns darauf verlassen, dass die Haustechnik sich um alles kümmert, dass es in der Wohnung warm ist, wenn es draußen kalt ist, wir werden uns darauf verlassen, dass unser intelligenter Kühlschrank irgendwann seine Waren eigenständig nachbestellt hat und wir selbstverständlich die passenden Zutaten für das gewünschte Menü zu Hause haben. Wir werden an Punkt B unsere Arbeit verrichten und währenddessen weiter darauf vertrauen, dass die autonome Technik an Punkt A alles im Griff hat.

Reduktion auf Vorlieben
Eine Frage dabei ist auch, ob wir zwar Vielfalt haben könnten, aber auf „Vorlieben" reduziert werden. Wenn wir nicht mehr selbst überlegen, welches Buch wir als nächstes lesen wollen, sondern den Vorschlägen von Amazon blind folgen, dann werden wir nur noch Bücher zum selben Thema lesen. Einmal Schnulzenromane, immer Schnulzenromane. Auf der digitalen Speisekarte im Lieblingsrestaurant sieben von zehn Mal die Spaghetti bestellt, zukünftig immer Spaghetti.

Ein digitales, lernendes Umfeld, das uns zunehmend steuert, könnte etwas verstärken, was Neurowissenschaftler und Psychologen beschreiben. Unser Gehirn ist bis ins hohe Alter plastisch, kann mit Begeisterung, wie es Prof. Manfred Hüther gerne sagt, stetig Neues lernen. Aber nur, wenn ich ihm auch Neues anbiete.

Bahnen im Gehirn, die ich ständig nutze, Muster, die ich ständig verfolge, Gedanken, die ich ständig denke, Handlungen, die ich immer in gleicher Weise durchführe, führen zu einer immer stärkeren Ausbildung ein und derselben Nervenbahnen im Gehirn. Strukturen werden verfestigt. Im schlimmsten Fall bis zum Altersstarrsinn. Der dann elektronisch verstärkt wohl noch früher eintreten könnte.

Gibt es einen Nachwuchsmangel?
Und ein weiterer, sehr wichtiger Punkt darf nicht übersehen werden. Während wir uns Sorgen um die demographische Entwicklung machen, viele Branchen über Nachwuchsmangel klagen und befürchten, dass dieser Mangel zukünftig noch stark zunehmen wird, ist die Technologie dabei, immer mehr auch sehr qualifizierte Arbeitsplätze zu bedrohen. Dazu im nächsten Kapitel noch etwas mehr.

Das mag alles sehr drastisch klingen, aber wenn Spitzer und Carr sowie Neurowissenschaftler wie Hüther und andere auch nur ansatzweise mit ihren Thesen Recht haben, dann ist die weitere Entwicklung so wie beschrieben vorgezeichnet. Jedenfalls soweit wir es zulassen und nicht gestalten, was wir könnten, wenn wir nur wollten.

Bei aller Euphorie über die neuen technologischen Möglichkeiten, die wir heute bereits haben und die sich in der näheren Zukunft entwickeln, kommt es also darauf an, wie so oft im Leben, den mittleren Weg zu finden. Diesen Weg werden wir allerdings nicht finden, wenn wir die Entwicklung komplett den Entwicklern der Technologien überlassen.

Die Welt ist nicht schwarz-weiß
Die Welt ist nicht schwarz-weiß, dazwischen gibt es viele Grautöne oder, wenn wir überlegt vorgehen, viel Buntes. Und das muss interdisziplinär erarbeitet werden.

2.3   Die IT-Sicherheitsrisiken

Selbstverständlich dürfen auch die Sicherheitsrisiken bei diesen Technologien nicht unberücksichtigt bleiben. Vor dem Hintergrund der aktuellen Enthüllungen rund um die Aktivitäten der unterschiedlichen Geheimdienste, ob nun außerhalb oder innerhalb des eigenen Landes, sowie der wachsenden Gefahren durch Hacker muss sich jeder, der moderne Technologien nutzt, dessen bewusst sein, dass diese technischen Errungenschaften auch eine erhebliche Verletzlichkeit aufweisen.

Big Brother und die Hacker
Daten, die die Nutzer im Internet und zukünftig im Internet der Dinge erzeugen oder nutzen, sind nie und werden nie hundertprozentig sicher sein. Die Gefahr, dass Daten in Hände geraten, in die sie nicht gehören, ist nicht wegzudiskutieren und sie ist auch nicht völlig zu beseitigen.

So ist es selbstverständlich auch nicht auszuschließen, dass beispielsweise Hacker – virtuell – in ein Smart Home eindringen. Die Steuerung eines intelligenten Gebäudes von extern mittels Computer-Technologie ist für den Besitzer des Gebäudes ein Gewinn an Komfort und Effizienz. Die Steuerung kann jedoch auch durch Unbefugte übernommen werden, was es möglich macht, Sabotage zu betreiben oder Sicherheitseinrichtungen außer Kraft zu setzen. Womit dann dem physischen Eindringling quasi alles offensteht.

Das wurde zuletzt auch bei einer Sicherheits-Konferenz in Las Vegas Ende Juli 2013 diskutiert. Passend zu dem verbreiteten Bild von Schlapphüten im Zusammenhang mit Geheimdiensten nennt sich die Konferenz „Black Hat" [26], was natürlich auch nur ein Zufall sein kann. Getroffen haben sich dort über 8000 Sicherheitsexperten, Hacker sowie Mitarbeiter von staatlichen Sicherheitseinrichtungen. Der eine oder andere Mitarbeiter von Diensten dürfte sicherlich auch dabei gewesen sein. Bekannt ist, dass der Direktor des umstrittenen US-Geheimdienstes NSA eine Rede hielt. Er wurde von den Teilnehmern ausgebuht. Fragen an ihn waren übrigens nicht zugelassen.

Auch Laien können hacken
Während der Konferenz wurden zahlreiche Beispiele vorgeführt, welche neuen Gefahren durch die Technologien inzwischen entstanden sind. Der Angriff auf Smart TVs war ein Beispiel. Dabei konnte auf sämtliche eingegebenen Daten und die eingebaute Kamera zugegriffen werden.

Eine Journalistin konnte in einem Versuch während der Veranstaltung über eine Suchmaschine acht Häuser ausfindig machen, die mit Smart-Home-Technik ausgerüstet waren, und Daten über die Bewohner abgreifen. Angriffe sind demnach in manchen Fällen so einfach auszuführen, dass dies auch für Laien möglich ist.

Vor allem dann, wenn es sich um ältere, schon lange bekannte Sicherheitslücken handelt. An sich sollten die nach einer gewissen Zeit durch Updates repariert werden. Da jedoch insbesondere viele Privatanwender die Mühe scheuen, ihre Software regelmäßig zu aktualisieren (oder schlicht gar nicht wissen, wie wichtig das allein aus Sicherheitsgründen ist), sahen sich die Hersteller der großen Betriebssysteme gezwungen, automatische

Updatefunktionen zu etablieren. Ob Windows, OS X, Android oder Ubuntu, alle diese Betriebssysteme aktualisieren sich selbstständig.

Aber wie installiert man ein Softwareupdate für einen Lichtschalter? Hersteller von Embedded Devices achten zumindest heute noch nicht auf diese Art von Problemen, wie die aktuellen (Stand Frühjahr 2014) Sicherheitslücken von Routern zeigen. Wie das Internet der Dinge dauerhaft gesichert werden soll, ist völlig unklar.

Auch der komplette Ausfall von Internet-Technologien kann zum Sicherheitsrisiko werden. Der Aufwand, den Staaten und deren Militär in der heutigen Zeit rund um diese Thematik betreiben, zeigt, wie verletzlich ganze Staaten oder Regionen geworden sind. Der Begriff Cyber War spricht Bände.

Vorkehrungen treffen

Die Technologien bieten selbstverständlich auch für diese Fälle Vorkehrungen. In den meisten Fällen wird das vielleicht auch funktionieren. Es wäre falsch, aus diesen Gründen auf die Vorteile des Internets der Dinge zu verzichten. Es wird zukünftig sicher auch gar nicht mehr möglich sein, sich dem Internet oder dem Internet der Dinge komplett zu entziehen. Wer dies versucht, wird auf die allermeisten Dienstleistungen verzichten müssen. Das wird kaum jemand wollen.

Es kann also für jeden Einzelnen nur darum gehen, sich auf die Gefahren einzustellen, sich zu informieren und den bestmöglichen Schutz vorzusehen.

Big Brother behindert Entwicklungen

Trotzdem muss – leider – davon ausgegangen werden, dass die 2013 bekannt gewordenen Überwachungsprogramme der Geheimdienste, vorrangig der amerikanischen und britischen, aber auch der französischen und deutschen (womit die Aufzählung sicher nicht vollständig ist), Menschen und Unternehmen extrem verunsichert haben. Dies wird die Euphorie, sich mit den positiven Seiten der modernen Technologien auseinanderzusetzen, sicherlich schmälern. Es ist die Frage, wie lange dieser Effekt anhalten wird. Und wie stark er sich tatsächlich auswirken kann.

2.4 Technikfolgen-Forschung

Technikfolgen-Forschung ist, wenn wir es genau betrachten, mittlerweile genauso wichtig wie die Forschung hinsichtlich neuer Technologien selbst. Nicht alle Forscher haben dies begriffen. Viele sind so fasziniert von neuen Technologien, dass sie die möglichen Folgen weitestgehend oder gar völlig ausblenden.

Welcher Forscher oder Entwickler denkt über die Folgen nach, wenn er Expertensysteme entwickelt, die selbsttätig von den bisherigen Experten lernen, um deren Wissen auch weniger qualifizierten Menschen zur Verfügung zu stellen? Was bedeutet diese Entwicklung für die bisherigen Experten? Expertentum wird im Wert gemindert. Das dürfen wir mit Sicherheit annehmen.

Expertensysteme machen Experten den Job streitig

Forscher, die Robotik entwickeln, Roboter, die beispielsweise in der Altenpflege zum Einsatz kommen sollen, müssen sich auch darüber Gedanken machen, wie alte Menschen mit dieser Technologie umgehen werden. Erfreulich ist, dass beispielsweise Einrichtungen wie das Karlsruher Institut für Technologie (KIT) über solche Fragen interdisziplinär diskutieren. Dabei werden – erstaunlich? – auch Philosophen einbezogen. Es kann nicht nur um wirtschaftliche Interessen gehen. Es kann nicht nur um Technik um der Technik willen gehen. Wir müssen uns als Gesellschaft und hier stellvertretend die Wissenschaftler und Forscher auch Fragen stellen, welche Auswirkungen die Ergebnisse der Forschung haben werden.

Bezüglich des Internets der Dinge müssen wir diese Überlegungen auch anstellen. Vorbild könnte hier die Verhaltensweise des KIT sein. Zumal die Robotik sehr eng mit dem Internet der Dinge verknüpft ist.

Allerdings: Das Internet der Dinge ist ein milliardenschwerer Markt. Seine Dimension ist heute noch gar nicht vollständig erkennbar. In einem Umfeld, in dem wirtschaftliche Interessen dominieren, wird in diesem Markt nicht nur ein erbitterter Konkurrenzkampf innerhalb einzelner Industrien, zwischen Industrien und Branchen und durch neue Geschäftsmodelle stattfinden. Geschäftsmodelle werden kannibalisiert. Menschen müssen sich enorm schnell anpassen, neuen Geschäftsmodellen folgen und sterbende hinter sich lassen.

Die bunten Bilder des Marketings werden die Menschen verleiten, sich auf die vordergründigen Vorteile neuer Technologien zu konzentrieren und sich darauf zu verlassen, dass dies auch schon alles sei. Der trügerische Effekt des „What You See Is All There Is" schlägt auch hier wieder zu. Doch die bunten Bilder sind nun einmal nicht alles.

Technologie bedroht Jobs

Mit dem Auftauchen moderner Technologien kamen auch die Scanner in die Unternehmen. Die Zahl der Mitarbeiter in der Poststelle großer Unternehmen wurde daraufhin reduziert. Die verbliebenen Mitarbeiter fütterten die Scanner mit der eingegangenen Post, danach wurden die Schriftstücke indiziert und auf elektronischem Weg den Sachbearbeitern bereitgestellt.

Mittlerweile setzen beispielsweise Versicherer bereits Scanner-Software ein, die die eingegangene Post lesen und verstehen kann, die somit auch in der Lage ist, die Post ohne das Zutun eines Menschen dem richtigen Arbeitsplatz zuzuordnen. Die Zahl der Mitarbeiter konnte somit nochmals reduziert werden.

Software, die in der Lage ist, Muster zu erkennen, wird in der Betrugsbekämpfung bei Versicherern eingesetzt. Andere Software ist heute bereits dabei, von Experten zu lernen. Das erlernte Wissen wird anderen, weniger qualifizierten Mitarbeitern bereitgestellt.

Dies sind nur einige Beispiele. Sie zeigen jedoch, dass wir mit großem Elan dabei sind, durch Technologien immer mehr Arbeitsplätze in Gefahr zu bringen bzw. abzubauen. Dabei sind mittlerweile auch die qualifizierten Jobs gefährdet. Im Februar 2013 gab es dazu einen lesenswerten Artikel auf Techcrunch, geschrieben von Jon Evans. Den Link dazu finden Sie unter [27]. Der Artikel trägt den Titel „Get Ready To Lose Your Job". Bereiten Sie sich darauf vor, Ihren Job zu verlieren. Der Autor spricht dabei auch bewusst die Qualifizierten und die hochwertigen Jobs an.

Technologie befreit vom Joch der Arbeit – so oder so
Der alte Traum von Philosophen und Ökonomen, die sich lange Zeit einig waren, dass technischer Fortschritt zu einer Befreiung des Menschen vom Joch der Arbeit und eine gerechte Einkommensverteilung zu mehr Muße und Glück für alle führen würde, er geht offensichtlich noch immer nicht in Erfüllung. Auf lange Sicht vielleicht realisierbar: „The goal of the future is full unemployment, so we can play", wie Arthur C. Clarke es formuliert. Bleibt das Problem der Übergangszeit: Wegen stärkerer Automatisierung fallen immer mehr Arbeitsplätze weg, aber es gibt noch keine gesamtgesellschaftlichen Lösungen, wie der immer weiter steigende Wohlstand so verteilt wird, dass auch diejenigen, deren Arbeitskraft nicht mehr gebraucht wird, möglichst gut leben können.

Die zweite Industrialisierung
Der technologische Fortschritt führt zu einer massiven Steigerung der Produktivität, die nur mit der Industrialisierung vergleichbar ist. Damals wurde die menschliche Arbeitskraft durch Maschinen ersetzt. In der zweiten Industrialisierung kommt der menschliche Intellekt an die Reihe.

Bei einer Vielzahl von Problemen kann menschliche Tätigkeit durch raffinierte Algorithmen ersetzt werden. Dieser Effekt wird eindringlich von McAfee und Brynjolfsson („The Second Machine Age") beschrieben. Plakativstes Beispiel ist vielleicht das selbstfahrende Auto: Brauchen Taxis und LKWs keinen Fahrer mehr, fallen schlagartig Millionen von Arbeitsplätzen weg.

Können sich etwa Kleidungsstücke durch eingewebte RFID-Chips an der Kasse identifizieren, braucht man dort weniger Personal. Beim Hersteller oder beim Logistikdienstleister werden Artikel automatisch sortiert und zugeordnet, auch hier fallen Arbeitsplätze weg. Callcenter können durch Spracherkennung automatisiert werden und so weiter.

Natürlich werden nicht alle Jobs wegfallen, das war auch bei der Verbreitung der Dampfmaschinen und später der Elektromotoren nicht der Fall. Aber Pferde brauchte man nicht mehr. Und auch keine Kinder in den Fabriken. Diese beiden Gruppen stellten vor der Industrialisierung einen erheblichen Anteil des „Personals".

Wer sind die Gewinner und wer die Verlierer?
Spannend ist die Frage, wer die Verlierer und Gewinner dieser technologischen Weiterentwicklungen sein werden. Je leichter eine Tätigkeit automatisiert werden kann, umso einfacher ist sie durch eine Maschine auszuführen. Alle Jobs, die einen hohen Anteil von Routine beinhalten und wenig geistige Eigenleistung und Flexibilität erfordern, sind bedroht. Das betrifft die Kassiererin genauso wie den Taxifahrer, den Finanzbeamten und den Lehrer. Gewinnen werden die, die mithilfe der Technik besser sein können als vorher. Nicht das Rennen gegen die Maschine, sondern das Rennen mit der Maschine entscheidet.

Gleichzeitig führt die zunehmende Automatisierung zu einer Ökonomie der Superstars: Der Harvard-Professor, an dessen Vorlesung Zigtausende Studenten über das Internet teilnehmen, wird (fast) genauso reich werden wie der App-Entwickler, der die neue Killer-Chat-Anwendung schreibt: WhatsApp, eine Firma mit gerade mal 50 Mitarbeitern, wurde fünf Jahre nach der Gründung für US$ 19 Mrd. von Facebook aufgekauft. Der steigende Wohlstand wird zunehmend ungleicher verteilt, einige wenige Superstars kriegen fast alles, der Rest fast gar nichts.

Um die bestehenden Arbeitsplätze in diversen Industrien und Branchen zu schützen, sind Innovationen dringend vonnöten. Mit neuen Produkten und neuen Dienstleistungen kann es gelingen, auch weiterhin vielen Menschen in Deutschland einen attraktiven Arbeitsplatz zu garantieren.

Und jetzt widmen wir uns wieder den positiven Seiten. Hier kommt eine Reihe von Beispielen, die zeigen, welche ganz praktischen Formen das Internet der Dinge annimmt.

Lassen Sie sich faszinieren.

2.5 Smart Home – das vielleicht prominenteste Beispiel aus dem IoT

Die Ideen, die sich hinter dem Begriff Smart Home verbergen, sind mindestens schon zehn Jahre alt. Der Grundgedanke besteht darin, das gesamte Wohngebäude so zu vernetzen, dass es möglich wird, die vielfältigen Funktionen zentral zum Beispiel über ein Computerprogramm zu steuern. Für gewerbliche Objekte gibt es natürlich gleichartige Überlegungen und Möglichkeiten, die heute oft schon in Teilen realisiert sind.

Home – (sweet) digital Home
Beispielsweise soll es damit möglich sein, die Heizung zu regulieren, Ventile zu öffnen oder zu schließen, Licht zu steuern, Fenster oder Rollläden zu öffnen oder zu schließen, eine Alarmanlage zu betätigen, die Wohnungen über Kameras zu überwachen oder eben auch den viel zitierten intelligenten Kühlschrank zu nutzen, der selbsttätig erkennt, welche Lebensmittel der Bewohner üblicherweise vorrätig haben möchte, und diese eigenständig nachbestellt, sobald sie zur Neige gehen.

Inzwischen kommt ein weiterer wesentlicher Aspekt hinzu, nämlich der gesamte Bereich Multimedia. Sämtliche Unterhaltungsmedien und Computer werden ebenfalls im Smart Home untereinander vernetzt. Vereinfacht gesagt geht es also um die Gebäudeautomation. Wobei dieser Begriff wohl zu kurz fasst. Das zeigen die Synonyme, die das Smart Home beschreiben. Intelligentes Wohnen, umgebungsunterstütztes Leben, Smart House, Smart Living, E-Home, vernetztes Haus, Smart Metering sind einige dieser Begriffe.

Beim Smart Metering geht es um die Messung der elektrischen Energiezähler, Wasserzähler, Gaszähler oder Wärmezähler. Aus den Daten werden Optimierungsmöglichkeiten errechnet und automatisiert im Gesamtsystem umgesetzt.

Smart Metering optimiert Energieverbrauch

Die Vernetzung der einzelnen Geräte und Funktionen, letztendlich der Dinge, erfolgt auf unterschiedliche Art und Weise. Sie kann zum Beispiel durch Bussysteme erfolgen, per Kabel, Powerline oder Funk, in der Regel WLAN. Die Powerline-Technologie setzt auf die Übertragung des Internets über Stromkabel. Diese Technologie ist in Ländern wie den USA, zum Teil auch Frankreich, stärker verbreitet als in Deutschland.

Während der IFA 2013 beispielsweise wurden die neuesten Technologien der intelligenten Hausvernetzung vorgestellt. Die Verbände der Energieversorger, Elektro-und Elektronikhersteller warben für ihre Konzepte und stellten nicht zuletzt auch die Vorteile für das Leben im Alter heraus. Sensormatten sollen den Ideen nach messen und überwachen, ob es den Bewohnern des Gebäudes gut geht. Die Fenster lassen sich automatisch bei bestimmten Bedingungen öffnen oder schließen, die Energie für das gesamte System kommt von Windrädern im Garten und Sonnenkollektoren auf dem Dach, die energieeffiziente LED-Beleuchtung passt sich den Bedingungen an und erzeugt je nach Tageszeit die gewünschten Stimmungen. Verlässt der Bewohner das Gebäude, wird die Alarmanlage automatisch aktiviert. Musik wird per Streaming in die Räume übertragen, in denen sich Personen aufhalten. Jalousien öffnen und schließen sich je nach Sonneneinstrahlung.

Wohnhaus 2.0

Das von den Experten vorgestellte E-Haus 2.0 ist in der Lage, über ein zentrales Touchpanel alles zu steuern, was einen Motor, Sensor oder Aktivator hat. Dazu haben sie Server, Router sowie WLAN- und VPN-Komponenten installiert. Über diese Technologie lässt sich schlussendlich alles genau so konfigurieren, wie die Bewohner es gerne haben möchten. Die Techniker betonen, dass ein derart ausgestattetes Smart Home insbesondere auch in unserer zunehmend überalternden Gesellschaft eine hilfreiche Rolle spielen wird. Denn selbstverständlich seien die Touchpanels so gestaltet, dass sie auch auf einfachste Art und Weise und ohne Brille bedienbar bleiben.

Das Leben der Bewohner in einem Smart Home soll so angenehm und einfach wie möglich gestaltet sein. Die Technologie soll den Bewohnern Entscheidungen abnehmen und Funktionen automatisiert durchführen. Auch IBM stellte anlässlich der IFA die neuesten Ideen zum intelligenten Wohnen vor. IBM sieht das Haus als eine Ansammlung des Internets der Dinge. Mit der SmartCloud-Technologie und der Machine-to-Machine-Plattform von Big Blue und einer Kooperation mit Vodafone wird es möglich, die Haushaltsgeräte über ein Smartphone anzusteuern. Ein weiterer Techniklieferant spielt hierbei eine Rolle. Shaspa, ein Unternehmen aus Malaysia mit Vertretungen in London, aber auch in Böblingen bei Stuttgart, steuert das sogenannte Smart Building Service Delivery Framework bei. Dieses Unternehmen hat sich jedoch nicht nur auf Smart-Home-Technologien spezialisiert, sondern ist auch im Umfeld der Telematik und des Flottenmanagements von Elektroautos tätig.

Treiber: Energie und Telekommunikation

Die Deutsche Telekom zeigte auf dieser Ausstellung Lösungen für das iPad, die gemeinsam mit Partnern wie der EnBW, Samsung und Miele erarbeitet wurden.

Auch selbstlernende Heizungssysteme wurden vorgestellt. Sie bestehen aus Funk-Heizkörperthermostatventilen und einem Empfänger und Profiler. In diesem arbeitet ein Analyseprogramm. Die Bewohner des Gebäudes stellen hier nicht nur ihre Wunschtemperatur ein, sondern über Sensoren werden die Lebensgewohnheiten und Anwesenheitszeiten ermittelt, und ein hieraus errechneter Algorithmus steuert anschließend die Heizung so, dass bis zu 35 % der Heizkosten gespart werden sollen. Sogar Urlaubszeiten soll dieses System erkennen können.

Die Umsetzung all dieser Technologien und Ideen gelingt naturgemäß am einfachsten bei Neubauten. Aber auch eine nachträgliche Vernetzung eines Gebäudes ist durchaus machbar. Quasi zum „Anfüttern" werden mittlerweile Sets von steuerbaren Beleuchtungskörpern für wenige 100 € angeboten.

Was die Menschen jedoch bisher noch nicht gelernt haben, ist, dass der Komfort eines Smart Home nicht ohne Energieverzehr machbar ist. Hier ist die Technologie allerdings auch selbst gefragt. Die Hersteller und Ingenieure müssen ihre Technologien so intelligent machen, dass der Mensch sich gar nicht erst selbst um Energieeffizienz kümmern muss.

Multimedia fördert Smart Home

Experten gehen dennoch davon aus, dass in den nächsten Jahren das Thema Smart Home deutlich an Fahrt aufnehmen wird. Die Integration der umfangreichen Multimediageräte, die inzwischen in den Haushalten ihren Platz gefunden haben, hat bereits dazu beigetragen, die Vernetzung in Gebäuden voranzutreiben. Der nächste Motor, der die Entwicklung weiter antreiben wird, besteht wohl tatsächlich in der überalternden Gesellschaft, deren Mitglieder sich nach einem möglichst komfortablen, assistierten, sicheren, aber vor allem selbstständigen Leben in ihren Häusern und Wohnungen sehnen. Dieses selbstbestimmte Wohnen im Alter hat ebenfalls bereits einen passenden Namen bekommen: Ambient Assisted Living.

Ausstellungen und Messen mit ihrem Zukunftsausblick sind eine Sache. Die Frage ist, was sich heute bereits in der Realität wiederfindet und von interessierten Menschen tatsächlich gekauft und genutzt werden kann.

Auf speziellen Internetseiten des Energieriesen RWE lassen sich die Bestandteile des Smart Home in Einzelteilen oder in vorkonfigurierten Sets kaufen. Die Nachrüstung eines Gebäudes mit einer Funkzentrale, Tür- und Fenstersensoren, Zwischensteckern für elektrische Geräte & Beleuchtungskörper, Rauchmeldern, Heizkörper-Thermostatventilen, Fernbedienungen, Bewegungsmeldern et cetera ist dabei grundsätzlich auf relativ einfache Art und Weise möglich. Elektrogeräte beispielsweise müssen lediglich mit einem Zwischenstecker versehen werden und können anschließend über ein Computerprogramm bzw. über eine Webapplikation gesteuert werden. Die komplette Vernetzung eines Einfamilienhauses kann jedoch sehr schnell einige Tausend Euro kosten.

Ein deutlich breiteres Spektrum einsatzfähiger Technologien bietet beispielsweise bereits heute Shaspa an. Das Unternehmen bietet Lösungen für das private Wohnumfeld, zum Thema Smart Grid, gewerbliche Gebäude, Assisted Living und Elektromobilität. Das

Unternehmen betont außerdem, dass bereits heute das Thema Energieersparnis in den eigenen Lösungen einen prominenten Platz einnimmt.

Dies beginnt bereits bei der Überwachung der Systeme. Der Anwender erhält über die Sensoren und deren ausgewertete Daten einen permanenten Überblick über den Energieverbrauch, was das Bewusstsein schärft und dazu führen soll, dass durch Verhaltensänderungen und entsprechende Steuerung der Systeme dauerhaft der Energieverbrauch gesenkt wird.

Interessant dabei ist auch der Gedanke, eine Community aufzubauen. Communities sind grundsätzlich eine interessante und verbreitete, weiter zunehmende Erscheinung unserer Zeit. Die Kunden von Shaspa können sich innerhalb dieser Gemeinschaft untereinander vergleichen. Menschen lieben den Wettbewerb. Die Community ist somit Ansporn, das eigene Verhalten energieeffizienter zu gestalten, denn wer möchte schon auf den hinteren Plätzen im Ranking stehen. Aber dem Anbieter geht es natürlich um mehr als nur das Energiemanagement. Sicherheit, Entertainment und Bequemlichkeit stehen rund um das Smart Home im Fokus. Hinzu kommt das Assisted Living.

Gebäude werden intelligent
Eine noch viel größere Bedeutung der intelligenten Überwachung und Steuerung kommt bei gewerblich genutzten Gebäuden zum Tragen. Während noch vor wenigen Jahrzehnten Büros in erster Linie mit Schreibtischen und mechanischen Schreibmaschinen ausgestattet waren, sehen wir heute moderne Büros mit einer Vielzahl von elektrischen und elektronischen Geräten, die außerdem häufig großzügig verglast sind.

In den Büros finden wir Computer, umfangreiche Beleuchtung, Drucker, Kopiergeräte, Scanner, Netzwerkkomponenten, Serverräume und in den verbreiteten kleinen Küchen ständig brodelnde Kaffeemaschinen. Die Verglasung der Gebäude führt zu Erhitzung bei Sonneneinstrahlung und Energieverlust bei schlechtem Wetter. Leistungsfähige Klimaanlagen sind weitverbreitet. Gegenüber dem Zustand zuvor sind insbesondere Bürogebäude heutzutage in vielen Fällen wahre Energiefresser.

Gleichzeitig sind die dort arbeitenden Menschen einen großen Teil ihrer Zeit gar nicht direkt an ihrem Arbeitsplatz. Sie befinden sich viele Stunden des Arbeitstages in Konferenzräumen oder auch bei Kundenterminen. Ein Großteil der aufgezählten Technologien und Geräte bleibt in dieser Zeit dennoch in Betrieb. Das Potenzial, das intelligente Technologie hier hinsichtlich der Energieersparnis, in der Folge hinsichtlich der Ressourcenschonung und des Umweltschutzes und natürlich auch im Hinblick auf die Energiekostenrechnung entfalten kann, ist immens.

Assisted Living
Assisted Living – oder Ambient Assisted Living genannt –, als Komponente des Smart Home, wird insbesondere für ältere Menschen Chancen bieten, möglichst lange im eigenen, gewohnten Lebensumfeld zu verbleiben.

Was die Elektromobilität angeht, wird vermutlich eine intelligente Vernetzung zwischen Fahrzeugen und Gebäuden eine große Rolle spielen. Erneuerbare Energien sind bei ihrer Erzeugung davon abhängig, dass die Kräfte der Natur verfügbar sind. Sonnen-kollektoren arbeiten nur dann, wenn die Sonne ungehindert scheint. Windräder können sich nur drehen, wenn der Wind weht. Wasserkraft kann nur dann erzeugt werden, wenn Flüsse ausreichend Wasser führen. Weht der Wind zu stark, müssen Windräder vom Netz genommen werden.

Die Akkus in Elektroautos, so die Überlegungen der Techniker, können daher in diesem System eine wertvolle Rolle spielen. Da die meisten Fahrzeuge länger stehen, als sie in Bewegung sind, bestehen sehr gute Chancen, die Akkus genau dann zu laden, wenn die Natur die Energie erzeugt. Und intelligent gesteuert können diese Akkus für den Betrieb von Haustechnik angezapft werden, wenn die Fahrzeuge mit den Gebäuden vernetzt sind.

Normen und Standards nötig

Wo die Reise beim Smart Home in der näheren und ferneren Zukunft hingeht, hängt in-dessen beispielsweise auch davon ab, welche Normen und Standards bei der Vernetzung entwickelt werden. Wichtig sind hierbei die Ergebnisse zum Beispiel der IEEE, der inter-nationalen Instanz zur Entwicklung von Normen und Standards für technische Themen.

Was die Ideen hinsichtlich der weiteren Vernetzung von Gebäuden angeht, hat sich in Deutschland unter anderem eine Initiative mit Sitz in Berlin gebildet. Der gemeinnüt-zige Verein SmartHome Deutschland bietet Betreibern von Demonstrationshäusern und Wohnungen, Herstellern von Geräten und Systemen, Fachhandel und Handwerk sowie Architekten, Planern, Bauherren und der Wohnungswirtschaft eine gemeinsame Kommu-nikationsplattform. Zusätzlich sind Fachhochschulen und Universitäten eingeladen, ihre Forschungsziele am Bedarf des Marktes zu spiegeln und in der Diskussion untereinander sowie mit Herstellern zu verifizieren. So definiert der Verein seine Ziele. Durch regelmä-ßige interdisziplinäre Fachtagungen sorgt der Verein für schnellen und effizienten Infor-mationsfluss zwischen den Mitgliedern und Funktionsträgern aus Politik und Verwaltung.

Killer-Applikation fehlt noch

Obwohl eine große Zahl von Haushalten bereits über ein Funknetz und damit über die Vo-raussetzung für ein vernetztes Haus verfügt, verbreiten sich die Anwendungen der Smart Homes nur langsam. Es fehlt noch an der Anwendung, die alle haben wollen und die da-mit zur massenhaften Verbreitung führt. Netzwerkexperten sehen hier am ehesten Video (drahtlos in allen Räumen) als sogennante Killer-Applikation an. Aber inzwischen scheint es eher so, als ob die Steuerung der Heizung über vernetzte Thermostate das größte Poten-zial hat: Google kaufte Anfang 2014 für über US$ 3 Mrd. Nest Labs, einen Hersteller von vernetzten Rauchmeldern und Thermostaten. Das Hauptprodukt ist ein lernfähiger Thermostat. Der lernt, wann jemand zu Hause ist und wann nicht, und kann so die Steue-rung der Heizung optimieren und erhebliche Energieeinsparungen ermöglichen. Dadurch amortisiert sich ein solches System schnell. Das funktioniert aber nur effizient, wenn die Daten (hier Temperatur und Luftfeuchtigkeit) mit komplexen Algorithmen ausgewertet werden. Bei Nest. Oder jetzt eben bei Google.

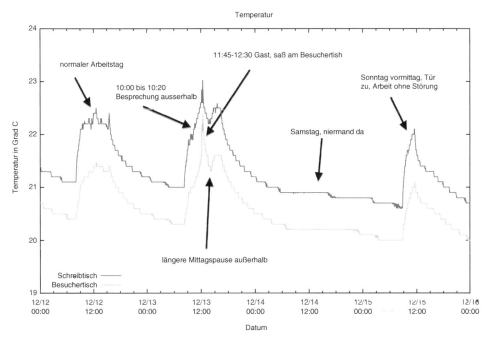

Abb. 2.1 Temperaturverlauf in einem Büro

Wer bekommt die Daten

Dass diese Daten sehr aussagekräftig sind, wird klar, wenn man sich die Daten eines Temperatursensors mal genauer anschaut (Solche Sensoren setzt man etwa im industriellen Umfeld zur Optimierung der Produktionsabläufe ein.). Abbildung 2.1 zeigt Daten, die solche Sensoren im Büro eines Autors dieses Buches über ein paar Tage aufgenommen haben (hier zwei, einer neben meinem Schreibtisch – die obere rote Kurve – und einer auf dem Besuchertisch – die grüne untere). Auf der Zeitachse entsprechen die größeren Striche jeweils einem Tag, die kleineren jeweils sechs Stunden.

Von links nach rechts erkennt man zunächst einen ganz normalen Arbeitstag: Der Arbeitstag beginnt kurz vor 8 Uhr, die Temperatur steigt schnell an. Im Lauf des Vormittags geht immer mal wieder die Tür auf und zu, gegen Mittag eine kurze Pause, um ein Brötchen zu holen (die Temperatur fällt kurz ab), dann Tür zu, um in Ruhe zu essen (die Temperatur steigt an), dann geht die Tür wieder auf, falls Studenten vorbeikommen, die Temperatur fällt und schwankt dann ein bisschen, wenn jemand vorbeiläuft. Gegen 16 Uhr ein kurzer Gipfel wegen hektischer Bewegung beim Aufbruch, dann Feierabend: Die Temperatur fällt langsam wieder ab. Gegen 18 Uhr kommt die Putzfrau, kurze Schwankung.

Am nächsten Tag ein interessanteres Bild: Am späten Vormittag eine kurze Besprechung auswärts, der Temperaturanstieg hat eine leichte „Delle", kurz vor Mittag dann ein Besucher. Der sitzt am Gästetisch, dort (untere Kurve) steigt die Temperatur plötzlich an.

Danach eine längere Mittagspause, gut anderthalb Stunden. Gegen 17 Uhr Feierabend, etwas später dann wieder die Putzfrau.

Am Samstag ist niemand da, am Sonntagvormittag kurz vor 9 Uhr im Büro, um in Ruhe zu arbeiten. Man sieht (bis auf die kleine Schwankung gegen 10:30 Uhr – Toilette) einen ruhigen, ungestörten Vormittag. Gegen Mittag dann Feierabend.

Man sieht: Nichts, was man mit einer Überwachungskamera nicht auch sehen könnte. Aber deren Daten wären viel schwieriger auszuwerten. Und außerdem wäre eine Kamera zumindest in Deutschland verboten. Aber einen Thermostat braucht man halt.

Kombiniert man das mit ein paar anderen Daten (vielleicht noch die Helligkeit, braucht man zur Steuerung der Jalousie, Stromverbrauch) und ein paar Informationen aus dem Internet (welche Website besuche ich gerade, wonach suche ich denn so), kann man die Bewegungs- und Kommunikationsdaten, die man aus dem GPS-Empfänger und den Mobilfunk-Verbindungsdaten hat, schön anreichern.

Mit einem Thermostat kann man den Teil des (Privat-) Lebens untersuchen, den man mit anderen (legalen) Mitteln nicht sieht. Und man sieht schon im Büro ziemlich viel.

Wie das im Schlafzimmer aussieht, kann man etwa im Blog eines Autors dieses Buches (Hänisch) sehen: http://bit.ly/1lD6LRO.

2.6   Weitere Beispiele aus der Welt des Internets der Dinge

In der Welt des Internets der Dinge zeichnet sich eine Vielzahl von teils sehr spannenden Entwicklungen ab. Wir wollen Ihnen einige davon kurz – jetzt weitgehend „untechnisch" – vorstellen, damit Sie ein besseres Verständnis von den praktischen Auswirkungen dieser neuen Technologien erhalten. Außerdem wollen wir natürlich auch ein wenig Ihre Fantasie anregen.

Das vielleicht prominenteste Beispiel aus dem Internet der Dinge neben dem Smart Home ist vermutlich der Kühlschrank, der Waren selbsttätig nachbestellt, sobald sie zur Neige gehen. Grundsätzlich würde diese Technologie kein Problem darstellen. Der Kühlschrank benötigt einen kleinen Computer und eine Antenne, über welche die mit RFID-Tags bestückten Waren registriert werden. Die Software auf dem Computer muss vom Besitzer des Kühlschranks mit Informationen bestückt werden, welche Waren in welcher Menge sich im Kühlschrank befinden sollen. Auch die Haltbarkeitsdaten könnten verarbeitet werden. Fällt der Bestand bestimmter Waren auf ein voreingestelltes Minimum, wird per Internet nachbestellt. Die Bestellung könnte an einen regionalen Supermarkt gehen, der die Waren zur Abholung zusammenstellt oder auch direkt liefert. Die gleiche Vorgehensweise könnte mit regionalen Bio-Versorgern umgesetzt werden.

Der Kühlschrank als Küchenchef
Inzwischen sind auch smarte Kühlschränke diskutiert worden, die aufgrund der im Kühlschrank vorhandenen Waren konkrete Menüvorschläge machen können. Dies würde die Antwort auf die in vielen Familien übliche Frage erleichtern, was es denn heute zu essen gibt.

Wenn dann noch über den im Kühlschrank eingebauten Bildschirm das Kochbuch nach Bildern flimmert, bestehen gute Chancen, dass aus den ausgewählten Zutaten auch tatsächlich das gewünschte Mittagessen wird. Oder wie wäre es mit einem virtuellen Lafer, der als Avatar die passenden Anweisungen für die Zubereitung gibt?

Intelligente Kleidung – Wearables

Apple hat in den letzten Jahren eine ganze Reihe von Patenten im Fitness und Health-Bereich beantragt (und meist auch erhalten), so etwa auch im Bereich Sportbekleidung: Sensoren in Sportkleidung sollten verfolgen und messen, wie und wie oft der Nutzer die Kleidungsstücke trägt. Smarte Schuhe könnten beispielsweise über Sensoren den Laufstil auswerten. Über die Sensoren soll außerdem festgestellt werden, wie lange die Kleidung noch getragen werden kann, bevor das Ende der Haltbarkeit erreicht ist. Während es sicherlich Sinn macht, Menschen, die ernsthaft Sport betreiben, Unterstützung bei der Analyse des Laufstils zu geben, dürfte der Mensch doch sicherlich noch selbst in der Lage sein, zu erkennen, ob die Sportkleidung noch ihren Zweck erfüllt.

Des Sportlers neue Kleider

Im Zusammenhang mit Sportkleidung berichtete die Wirtschaftswoche bereits 2008 über Entwicklungen von Hightech-Textilien, die über die Messung der Muskelbewegungen des Trägers analysieren, wo er beispielsweise bei seinem Tennisspiel noch Optimierungsbedarf hat. Die Auswertung der Daten hat eine sofortige Rückmeldung an den Träger zur Folge, der hinsichtlich seines Trainings über Kopfhörer Hinweise bekommt. Diese Technik wurde von Forschern der Fraunhofer-Gesellschaft im Rahmen eines EU-weiten Projekts namens ConText [28] entwickelt.

Ebenfalls auf den boomenden Markt von Fitness und Sport zielt offensichtlich ein weiterer 2012 bekannt gewordener Patentantrag[14] von Apple ab. In Zusammenarbeit mit dem Sportartikelhersteller Nike kamen bereits zuvor Sensoren in Sportschuhen zum Einsatz. Offensichtlich soll der Einsatz zukünftig auch in Sportbekleidung und Sportausrüstung zum Tragen kommen. Das inzwischen bewilligte Patent beschreibt, wie die Technologie für – selbstverständlich nur autorisierte – Kleidungsstücke und zum Beispiel Trainingsanzüge eingesetzt werden kann. Apple spricht von Smart Garments. Die Ausweitung der Technologie auf Sportausrüstung wie beispielsweise Ski, Fahrräder oder Inlineskates dürfte kein Problem darstellen. Offensichtlich wird bei dieser Entwicklung auch der Social-Media-Gedanke aufgegriffen. Die Aufzeichnung und Auswertung von Daten eines Sportprogramms können mit Freunden ausgetauscht werden, was den kompetitiven Gedanken integriert. Wieder der Community-Gedanke.

Sensorik, die in der Kleidung integriert ist und es erlaubt, den Gesundheitszustand eines Menschen zu überwachen, wird mit Sicherheit sehr bald eine große Rolle spielen.

---

[14] http://www.stern.de/digital/telefon/apple-patentiert-tracking-sensoren-1776227.html.

Dies macht in den verschiedenen Zusammenhängen sehr viel Sinn. Technology Review [29] berichtete ebenfalls bereits 2008 über derartige Entwicklungen und Forschungen am Schweizer Zentrum für Elektronik und Mikrotechnologie (CSEM). Auslesen lassen sich dabei beispielsweise die Körpertemperatur oder die Herzfrequenz. Die gewählte Technologie sammelt Schweißproben des Trägers, leitet diese in kleinsten Mengen in ein eingenähtes Gerät. Die dort verbauten Sensoren ermitteln die Menge an Kalium, Chloriden und Natrium. Die Messung dieser Elektrolyte wiederum erlaubt einen Einblick in den Stoffwechsel der Person, die das Kleidungsstück trägt. Die ermittelten Werte werden mit Normalwerten abgeglichen, was zu entsprechenden Schlüssen führt.

Wearables retten Leben
Eine weitere Anwendung für intelligente Kleidung wurde bereits vor einigen Jahren in Italien erprobt. Dort wurden Babystrampler mit Sensorik ausgeliefert, um in einem Versuchsfeld herauszufinden, ob es dadurch möglich sei, die Zahl der plötzlichen Kindstode zu verringern. Wie diese Strampler ganz konkret aussehen können, zeigt eine Internetseite der Firma Exmovere [30]. Die von dieser Firma produzierte Babykleidung überträgt ein EKG, die Hauttemperatur und das Bewegungsverhalten. Die Daten werden an einen PC übertragen oder an ein Smartphone. Erforderlichenfalls wird ein Alarm ausgelöst. Die Übertragung erfolgt in diesem Fall über eine Technologie, die im Rahmen des Internets der Dinge entwickelt wurde, das ZigBee-Protokoll. Ein weiterer interessanter Bericht zum Weiterlesen findet sich auf Discovery.com [31].

Während das Baby einen möglicherweise lebensrettenden Babystrampler erhält, bekommt seine Mutter ein schickes neues Kleid, in dem das Mobiltelefon eingenäht [32] ist.

Für medizinische Zwecke macht smarte Kleidung jedenfalls Sinn. Die Aufenthaltsdauer in den Krankenhäusern wurde bereits in den vergangenen Jahren deutlich verringert. Medizinische Fortschritte, andererseits aber auch der Kostendruck in den medizinischen Einrichtungen und bei den Krankenversicherungen und Krankenkassen führten zu dieser Entwicklung. Nach wie vor werden jedoch Patienten in Krankenhäusern noch weiter überwacht, die man mit intelligenter Kleidung ausgestattet aber auch schon nach Hause schicken könnte. Überwacht Sensorkleidung die Vitalfunktionen, ist es jederzeit möglich, die Daten auszuwerten und auch aus der Entfernung entsprechende Maßnahmen einzuleiten. Bei Kosten von einigen 100 € pro Tag im Krankenhaus ergeben sich deutliche Einsparmöglichkeiten.

Wie diese Veröffentlichungen zeigen, ist die Forschung an intelligenter Kleidung bereits seit einigen Jahren im Gange. Auch für Feuerwehrleute [33] gibt es interessante Entwicklungen. Im Einsatz kann es durchaus vorkommen, dass die Sicht für die Einsatzkräfte eingeschränkt ist. Eine Kommunikation ist beispielsweise mit einem Daten-Handschuh möglich, der die virtuelle Kommunikation durch Gesten erlaubt. Auf der Hannover Messe 2011 wurde bereits eine solche Technologie gezeigt. Entwickelt wurde sie gemeinsam mit Partnern aus der Industrie und Wissenschaftlern am Technologie-Zentrum Informatik und Informationstechnik (TZI) Bremen.

Klima-Weste mit Sensoren

Sensoren in Kleidungsstücken lassen sich außerdem mit weiteren Funktionen kombinieren. Ein Karlsruher Forscher hat eine Weste entwickelt [34], die einen Ventilator-Effekt bietet. In der Weste werden Kanäle mitzirkulierender Luft genutzt, um zu einer schnelleren Verdunstung des Schweißes zukommen. Das senkt die Körpertemperatur. Die Weste wurde von einem Sicherheitsunternehmen mit entwickelt, welches schusssichere Westen herstellt. Eine Kombination mit Sensoren, die die Vitalfunktionen des Trägers überwachen, ist ebenfalls möglich.

2011 strahlte die ARD [35] eine Sendung über intelligente Kleidung aus. Auch dort wurde ein T-Shirt gezeigt, in dem die Sensoren eingewoben sind. Die Daten können bis zu 300 m weit gesendet werden. Bei größeren Entfernungen wird das Signal über das Mobilfunknetz und das Smartphone übertragen. Der Vorteil dieser Kleidung wurde in der Sendung insbesondere für Sportler gesehen. Bei einem Sturz oder plötzlicher Bewegungslosigkeit können die Sensoren einen Alarm auslösen und so kann Hilfe gerufen werden. Diese Technologie könnte demnach aber auch für kranke oder ältere Menschen eine wertvolle und möglicherweise lebensrettende Hilfe sein. Die in der Sendung vorgestellte Kleidung stammt aus dem Institut für Textil-und Verfahrenstechnik in Denkendorf. Auch in diesem Institut wurden im übrigen Babystrampler mit Sensorik entwickelt, welche die Vitalfunktionen des Kindes messen können. Eine weitere Einsatzmöglichkeit sehen die Textilforscher bei der Feuerwehrausrüstung. Das mit Sensoren bestückte T-Shirt überträgt in diesem Fall die Vitalfunktionen des Feuerwehrmannes an die Einsatzleitung. Eine kleine Ampel auf dem Ärmel zeigt dem Retter außerdem seinen eigenen Zustand an. Dies macht Sinn, denn während des Einsatzes stehen Feuerwehrleute unter einem erhöhten Adrenalinpegel. In dieser Situation ist es üblich, die eigene Gefährdung nicht mehr korrekt wahrzunehmen. Das T-Shirt meldet kritische Werte und sorgt so dafür, dass sein Träger die Situation besser einschätzen kann, und im Notfall greift die Einsatzleitung ein.

Welche Rolle insbesondere die Entwicklung von modernen Sensoren spielt, zeigt ein Bericht auf, der im Innovationsreport im Jahr 2010 [36] erschienen ist. Techniker an der University of California in San Diego haben einen Sensor entwickelt, mit dem EKG-Messungen ohne Gel und sogar ohne direkten Hautkontakt, dafür aber auch durch Kleidung möglich sind. Ein wesentlicher Fortschritt gegenüber herkömmlichen Methoden, bei denen die Sensoren auf die Haut geklebt werden. Dies funktioniert oft nur unzuverlässig. Außerdem werden die Messdaten drahtlos an einen Computer übertragen. Davon versprechen sich die Forscher ein besseres Gesundheits-Monitoring im Eigenheim. Ebenfalls in Arbeit sind Sensoren, mit denen Gehirnströme kontaktlos gemessen werden. Damit wollen die Forscher ebenso einfache EEG-Messungen, also die Messung von Gehirn-Strömen ermöglichen. Außerdem hätte diese Entwicklung Anwendungspotenzial für den Bereich der Gedankensteuerung (Brain-Computer-Interface, BCI) unter anderem bei Computerspielen. Die Forscher wollen einen sehr empfindlichen Sensor schaffen, der Signale zuverlässig durch die Kopfbehaarung empfangen kann. Gele oder große Vorbereitung sind dabei nicht mehr erforderlich.

Denken Sie doch, was Ihr Mobile tun soll

Was die Gedankensteuerung angeht, sind die Forschungen mittlerweile deutlich voran-
geschritten. Geräte, die die Hirnströme messen und daraus ableiten, welche Aktionen beispielsweise ein Computer ausführen soll, können mittlerweile wie eine Art Mütze aufge-
setzt werden. Die Vorstellungen der Forscher gehen dahin, diese Geräte noch deutlich zu
verkleinern. Möglicherweise genügen zukünftig kleinere Sensoren, die sich in eine Brille
integrieren lassen.

Inzwischen rücken die Sensoren jedoch schon deutlich näher an den Körper, wie bereits an einem Beispiel in der Einleitung erläutert, teilweise nach den Ideen der Entwickler
auch in den Körper. Heise online [37] berichtete beispielsweise im März 2013 von elektronischen Tattoos, die lediglich auf die Haut gedruckt werden müssen, um als Gesundheits-
monitor dienen zu können. Hier ist es einem Forscherteam im Labor des Materialwissen-
schaftlers John Rogers an der University of Illinois gelungen, wieder entfernbare Tattoos
auf die Körperhaut aufbringen zu lassen. Diese sogenannten Epidermal Electronics können offenbar sogar noch mehr leisten als Sensoren, die bisher in Kleidung eingewoben
wurden. Sogar Wundheilprozesse nach Operationen könnten damit überwacht werden.
Bisher existieren Prototypen, die aus ultradünnen Elektroden und einer Sensorik, einer
drahtlosen Stromversorgung und passender Kommunikationstechnik bestehen. Diese Vorgehensweise erscheint zumindest etwas freundlicher als die Methoden, bei denen Chips
unter die Haut gespritzt werden.

Inzwischen angekündigt ist ein Projekt aus Italien: Da Google Glass mit einem Preis von
rund 1500 $ recht teuer ist, versucht dort eine Gruppe von Entwicklern eine vergleichbare
Brille [38] auf den Markt zu bringen, die für rund 300 $ zu haben sein soll. Die Funktiona-
lität der GlassUp genannten Brille soll der des Google-Produktes im Prinzip entsprechen.
Die italienische Brille soll E-Mails, Texte und andere Statusmeldungen, wie beispielsweise
Kalendereinträge und Anrufe, anzeigen können. Wichtige Nachrichten sollen eingeblendet
werden, Echtzeit-Informationen aus Fitness- Apps, Navigations-Instruktionen, Übersetz-
zungen, Untertitel von Kinofilmen sowie Augmented-Reality-Informationen ebenso.

Volks-Wearable aus Italien

Die Möglichkeiten sollen ausgebaut werden, beispielsweise soll die Funktion eines Hör-
gerätes integriert werden. Dieses deutlich preiswertere Produkt soll über Bluetooth an
Android-Smartphones angebunden werden können. Es dient quasi als zweiter Bildschirm.
Die Anzeige in dieser Brille soll nicht wie bei Google Glass am oberen Rand des Sicht-
feldes eingeblendet werden, sondern zentraler im Glas der Brille. Die Batterielebensdauer
soll länger sein als bei Google.

Der geringere Preis hat trotzdem seine Auswirkungen. Der Bildschirm ist monochrom.
Das italienische Exemplar hat keine Kamera. Das muss jedoch nicht unbedingt ein Problem sein, denn gerade die Kamera ist bei der Google-Brille eher in der Kritik, denn diese
wird als Gefahr für die Privatsphäre anderer gesehen. Ein weiterer Nachteil könnte sein,
dass Entwickler möglicherweise die Google-Brille präferieren, weil sie von ihr, trotz des
hohen Preises, eine deutlich stärkere Verbreitung erwarten. Es bleibt also abzuwarten, ob
diese Konkurrenzmodelle ein kommerzieller Erfolg werden können.

Tracking

Elektronische Fußfesseln für Straftäter sind aus der Presse seit Langem bekannt. Aber auch in der Medizin bzw. Pflege macht es Sinn, eine ähnliche Technologie zu nutzen. Auch wenn hierbei sicherlich für viele ethische Fragen zu klären sind. Dennoch gibt es in den USA bereits Schuhe, die Sensoren enthalten und die für Demenzkranke gedacht sind. In bestimmten Stadien dieser Erkrankung neigen die Menschen zu unkontrolliertem Weglaufen. Dies führt in vielen Fällen zu größeren Suchaktionen und zur Gefährdung der Patienten selbst, wenn sie nicht rechtzeitig gefunden werden. Eine Software, die ein Gebiet abzeichnet, innerhalb dessen sich der Patient frei bewegen kann, und die einen Alarm auslöst, wenn er diesen Bereich verlässt – die Methodik nennt sich Geo-Fencing –, führt grundsätzlich zu weitgehender Autonomie des Patienten und zu seinem Schutz, sobald er einen gesicherten Bereich verlässt.

Eine Verbindung zwischen Tracking und medizinischer Anwendung, die wir weiter unten behandeln, stellen Telemonitoring-Systeme dar. Diese Systeme sollen ganzheitlich und individuell dazu dienen, insbesondere älteren Menschen zu helfen, sicherer, länger und selbstständig im privaten Umfeld zu leben. Dabei werden auch hier biometrische Werte erfasst und ausgewertet, Umgebungsdaten ergänzt und anschließend für Pflegedienste und Ärzte bereitgestellt.

Fußfessel oder Hilfe zur Selbstständigkeit? Eine ethische Denksportaufgabe
Aber nicht nur Menschen werden mit Sensoren ausgestattet, in Australien können Sie mittlerweile auf sogenannte Smart Cows [39] treffen, wobei damit nicht gemeint ist, dass die Kühe selbst intelligent seien. Darüber mögen eher Biologen urteilen. Australien ist ein riesiges Land. Die Kühe auf den ebenso riesigen Weiden mit GPS-Etiketten am Ohr auszustatten, ist daher sicherlich ein probates Mittel, den Standort der Tiere genau ermitteln zu können. Die Ortung der Tiere ist damit auch mobil beispielsweise mit einem Tablet möglich. Das gilt natürlich auch für etwaige gestohlene Tiere. Wichtig für die Züchter ist jedoch auch, herauszufinden, wie sich die Herden konkret bewegen, wo sie sich häufig aufhalten, so dass auch die ständige Nahrungsmittelverfügbarkeit sichergestellt werden kann. Dieses System kann man sich übrigens im Internet selbst ansehen und die Kühe verfolgen.

Logistikprozesse mit Sendungsverfolgung sind heute bereits Normalität. Mit einer Sendungsverfolgungsnummer ist es bei den Paketdiensten möglich, im Internet nachzusehen, wo sich die Sendung aktuell befindet, ob noch im Frachtzentrum oder bereits im Fahrzeug, das die Auslieferung erledigt. Diese Logistikprozesse können mit dem IoT weiter verfeinert und optimiert werden. Eine Verfolgung von Paketen oder ganzen Containern lässt sich mit passender Sensorik in Echtzeit vollziehen. Dann wissen Sie zukünftig schon, wann genau der LKW mit Ihrem Paket um die Ecke biegt.

Von besonderer Bedeutung ist auch die Überwachung von Fahrzeugen [40] oder Flotten. Im modernen Flottenmanagement werden über das Internet der Dinge nicht nur die Positionen der Fahrzeuge verfolgt, sondern auch andere Betriebsdaten in Echtzeit übertragen und genutzt. Lkw mit Kühlanhängern beispielsweise werden überwacht, ob die Kühlraumtemperatur im gewünschten Bereich bleibt. Tanklastzüge können bezüglich des Tankinhalts überwacht werden. Kilometerstände können ohnehin verfolgt und dokumentiert werden. Mit den Technologien des Internets der Dinge ist eine automatisierte Erfassung der Kilometerstände für das elektronische Fahrtenbuch kein Problem. Zusätzlich kann überwacht werden, ob Fahrzeuge einen vorher festgelegten Raum unvorhergesehen oder auch unerlaubt verlassen (Geofencing).

Wer häufig Gegenstände des persönlichen Gebrauchs verliert oder verlegt und ständig auf der Suche nach dem Mobiltelefonteil der häuslichen Telefonanlage ist oder auch einfach ihm wertvolle Gegenstände sichern möchte, kann zukünftig kleine Sensoren bei einem amerikanischen Hersteller kaufen, die an den betreffenden Gegenständen einfach angebracht werden können. Diese Geräte sind allerdings nicht besonders preiswert. Die Vorbestellung der sogenannten Tiles [41] läuft, die Lieferung wird für Herbst 2014 in Aussicht gestellt, der Preis beträgt US$ 19,95 pro Stück. Mit einer dazugehörigen App sind die Gegenstände damit jederzeit zu lokalisieren.

Ihr Smartphone – Ihr Tracker
Über das Thema Tracking müssen sich im Prinzip alle Smartphone-Anwender bereits heute eigentlich überhaupt keine Gedanken mehr machen. Sie werden permanent getrackt. Charlie Warzel [42] beschreibt in seinem Artikel vom August 2013 auf Buzzfeed, wie mit dem neuen Betriebssystem iOS 7 von Apple, welches seit September 2013 flächendeckend bereitsteht, das Bewegungsprofil eines Handy-Nutzers aufgezeichnet wird. Er beschreibt die Situation relativ nüchtern. Er sagt, dass wir natürlich wissen, dass wir überwacht werden. Aber mit den neuen Funktionen des Betriebssystems von Apple lässt es sich jetzt mit wenigen Fingerbewegungen auch nachvollziehen, was das konkret bedeutet und wie es visualisiert wird. Dabei scheint die Lokalisierung nicht immer perfekt zu funktionieren. Dies kann ein Vor- oder auch ein Nachteil sein. Das Gerät könnte durchaus nahe gelegene Orte als meine Aufenthaltsorte registrieren, an denen ich weder gewesen bin noch gewesen sein möchte.

Will ich gewesen sein, wo ich getrackt wurde?
Warzel veröffentlicht in seinem Beitrag einige Beispiele von Bewegungsprofilen, die auf einer Landkarte die besuchten Orte anzeigen. Seine Erkenntnis: Anwender können nun zumindest ein vages Verständnis davon erhalten, was genau Dienstleister, Hersteller von Apps und Landkartendiensten an Datenmaterial sammeln. Neu ist dabei nicht die Tatsache, dass diese Daten erfasst werden, sondern dass sie nun so einfach zugänglich sind.

Außerdem bietet diese Funktion einen Einblick in die inneren Funktionsbereiche und Ziele des Internets der Zukunft. Dieses wird nach Auffassung von Warzel sehr stark von Lokalisierungsdaten leben. Daten, die mit anderen – auf anderen Wegen erfassten – Daten, wie zum Beispiel Suchbegriffe in Browsern oder antizipierte Begriffe, die sich daraus ableiten lassen, vermischt werden und den Datenberg Big Data weiter anwachsen lassen.

Willst du mich nutzen, musst du dich überwachen lassen

Bisher stimmen die Anwender mit jeder Nutzung eines Smartphones, der Dienste der Internetanbieter, der zahllosen Apps, ohne wirklich die Nutzungsbedingungen zu lesen und zu verstehen, dieser Datenverwendung im Grunde kritiklos zu. Die Krux ist: Ohne diese Zustimmung können die Vorteile dieser Anwendungen natürlich ebenfalls nicht genutzt werden.

Ihr neues Einkaufserlebnis

Mögen Sie Supermärkte? Womöglich samstags, wenn alle einkaufen gehen? Mögen Sie gerne an der Kassenschlange stehen? Wir jedenfalls nicht. Und wenn wir Glück haben, wird das in Zukunft auch nicht mehr nötig sein.

RFID-Tags ersetzen Supermarktkassen

Technisch wäre das bereits heute möglich. Wären alle Waren, die in Geschäften verkauft werden, mit RFID-Tags versehen, kleine Mikrochips, die für kleinstes Geld herzustellen sind, würden alle die eingekauften Waren, die Sie beim Verlassen des Geschäftes mit sich führen, ganz einfach elektronisch abgerechnet. Über Geräte, die am Ausgang, quasi an der Kasse, die Chips auslesen, wird Ihre Rechnung gestellt. Danach ist nur noch die Frage zu stellen, wie Sie bezahlen möchten. Am schnellsten wird die Bezahlung dann gehen, wenn sich Ideen, die Smartphones zu elektronischen Geldbörsen zu machen, durchsetzen. In dem Moment, in dem Sie den Laden verlassen, werden die Daten der elektronischen Kasse an Ihr Handy weitergereicht, das Handy sorgt dafür, dass der Rechnungsbetrag von Ihrem Konto abgebucht oder Ihrer Kreditkarte belastet und dem Händler gutgeschrieben wird, woraufhin Sie den Laden mit Ihren Waren verlassen dürfen.

Wer kein Smartphone besitzt, wird sich in dieser Situation an einem Kassenautomaten anstellen können, um mit einer Geldkarte oder Kreditkarte zu bezahlen. Das wäre dann etwas weniger bequem.

Maschinen- und Anlagenüberwachung

Mit dem Internet der Dinge ist es möglich, weltweit aus der Distanz Zugriff auf Maschinen und Anlagen zu organisieren [43], somit also die Betriebszustände und Funktionen zu überwachen und zu steuern. Sämtliche Betriebsdaten von Maschinenanlagen und Produktionsprozessen können somit aus einer Zentrale eines Unternehmens oder von unterwegs mobil genutzt werden. Treten Fehler auf, kann automatischer Alarm dazu genutzt werden, sofort einzugreifen.

Wartung nach Bedarf statt nach Plan

Die Auswertung sich verändernder Daten lässt es zu, die Wartung von Maschinen nicht mehr nach festen Intervallen durchzuführen, sondern angepasst an die Situation.

Verschlechtern sich beispielsweise bestimmte Daten, kann eine Wartung vorgezogen werden. Sind die Daten in einem bestimmten Bereich konstant, kann die Wartung hinausgezögert werden. Experten gehen davon aus, dass die Wartungskosten von Maschinen und Anlagen um rund 30 % reduziert werden können.

In eingeschränkter Form finden Sie Derartiges bereits heute in modernen Fahrzeugen. Dort entscheidet ein Sensor, der die Ölqualität misst, wann der richtige Zeitpunkt für eine Inspektion gekommen ist. Bei der Maschinen-und Anlagenüberwachung ist die Sensorik bereits heute deutlich ausgefeilter.

In der Industrie gibt es ähnliche Lösungen. In Laserschneidmaschinen fokussieren Linsen den Laserstrahl auf dem zu bearbeitenden Blech. Inzwischen bieten Maschinenbauer Linsen an, die einen integrierten RFID-Chip tragen. Dadurch wird die Linse quasi intelligent. Diese Chips speichern spezifische technische Daten. Wann die Linse gereinigt werden muss, um ihre Präzision beizubehalten, meldet sie nun je nach Zustand selbst.

Während festgelegte Serviceintervalle dazu führen, dass im Sinne eines Sicherheitspuffers die Intervalle eher kurz gehalten werden, was die Kosten naturgemäß erhöht, können die Zeiträume zwischen den Wartungen bei einer Überwachung durch Sensorik gedehnt werden, was zu Kosteneinsparungen führt. Außerdem werden Schäden an den Maschinen und Anlagen vermieden, wenn erhöhter Verschleiß oder Materialbrüche durch Sensoren rechtzeitig erkannt werden.

Medizin und Gesundheit

Das Internet der Dinge unterstützt vermehrt medizinische Anwendungen. Dabei sind die USA in diesem Fall aktuell wohl führend [44]. Die Medizin dort und auch die Menschen sind für diese Technologien offensichtlich viel offener. Derzeit nutzt eine große Zahl der Amerikaner bereits elektronische Fitnessprogramme. Auch wenn viele dieser Apps was die Qualität angeht deutlich den Versprechungen hinterherhinken, so ist doch zu beobachten, dass zusehends Anwendungen auf den Markt kommen, die durchaus einem hohen qualitativen Anspruch gerecht werden. In den USA ist es auch völlig normal, Krankenakten und Röntgenbilder online abrufbar zu haben.

Digitaler Fitnesstrainer

Das Smartphone erfüllt in diesem Umfeld bereits heute für die Amerikaner die Funktion eines allseits präsenten Fitnesstrainers. Das Spektrum reicht jedoch auch bis zu einem FDA-geprüften Herzmonitor. (FDA = Food & Drug Administration. Die Food and Drug Administration ist die behördliche Lebensmittelüberwachung und die Arzneimittelzulassungsbehörde der Vereinigten Staaten und ist dem Gesundheitsministerium unterstellt.)

Dass die Entwicklung in Sachen Gesundheits-Services einen größeren Sprung gemacht hat, war zum Beispiel bei der Consumer Electronics Show in Las Vegas zu beobachten… wo in den Jahren 2013 und 2014 eine ganze Anzahl neuer Anwendungen und die passende Hardware vorgestellt wurden.

Amerikanische Versicherer nutzen diesen Trend. Ihre Anwendungen, zum Beispiel solche, die zur Symptomerkennung dienen, sollen sich zukünftig mit Fitness-Apps austauschen. Das ist ein erster wichtiger Schritt. Und dieser Schritt zeigt ganz deutlich die Merkmale des Internets der Dinge, denn es werden Daten unterschiedlicher Anwendungen miteinander verknüpft.

Entscheidend ist natürlich am Ende, dass die Menschen die richtigen Apps auswählen, die hohe Qualitätsstandards erfüllen, und darüber hinaus ist es noch wichtiger, dass diese Apps auch konsequent genutzt werden, wenn sie ihre Vorteile entfalten sollen.

Jedoch gibt es in der Medizin noch sehr viel mehr Möglichkeiten der Anwendung von Technologien des Internets der Dinge. Telemedizin oder E-Health, wie es im Englischen heißt, ermöglicht es, die Zeiträume in Kliniken weiter zu reduzieren. Patienten, die bisher beispielsweise nach Operationen noch einige Zeit zur Überwachung im Krankenhaus verbringen mussten, können nun früher entlassen werden. Mithilfe von Sensorik ist es möglich, sie auch zu Hause zu überwachen, Diagnosen können aus der Ferne gestellt werden.

Für Krankenkassen und Krankenversicherer bedeutet dies die Chance, die Kosten weiter einzudämmen. Gleichzeitig gewinnen die Patienten an Komfort. Moderne Krankenhausbetten mögen zwar mittlerweile deutlich besser sein, als das noch vor wenigen Jahren der Fall war, den Wohlfühlfaktor der eigenen Wohnung können sie auf keinen Fall ersetzen. Und der Besuch am Krankenbett ist für die Angehörigen zu Hause ebenfalls angenehmer.

Mobile Health als Trend erkennbar

Im Jahr 2013 wurde von einem Arzneimittelhersteller zusammen mit einem Beratungsunternehmen ein Ideenwettbewerb für Mobile Health Apps ausgeschrieben. Sieger des Wettbewerbs war eine Smartphone-App, die die Medikamente im persönlichen Arzneimittelbestand erfasst und verwaltet. Diese Anwendung soll die Qualität der Hausapotheken verbessern. Dort lagern häufig Medikamente, deren Haltbarkeitsdatum längst abgelaufen ist. Oder es lagern dort Medikamente, von denen der Kunde kaum noch genau weiß, für welchen Zweck er sie eigentlich erhalten hat. Insgesamt wurden bei diesem Wettbewerb fast 100 Ideen eingereicht. Dies zeigt, dass es bereits eine Menge Menschen gibt, die sich über sinnvolle Anwendungen im Bereich Mobile Health Gedanken machen. Es wird sicher äußerst interessant sein, die weitere Entwicklung zu beobachten.

Im Zusammenhang mit der Medizin spielt das Internet der Dinge in einem weiteren Zusammenhang eine Rolle. Es ist lange bekannt, dass in Krankenhäusern sehr häufig Patienten mit Bakterien und Viren in Kontakt geraten und dadurch Krankheiten bekommen, die sie vor dem Besuch des Krankenhauses gar nicht hatten. Einige dieser Erkrankungen sind mitunter lebensbedrohlich.

Kampf gegen Krankenhauskeime via IoT

Häufig werden die entsprechenden Krankheitskeime durch mangelnde Hygiene auch des Personals übertragen. Wichtig ist es, dass das Krankenhauspersonal die Hygienevorschriften einhält und beispielsweise regelmäßig die Hände desinfiziert. Im North Shore

University Hospital, Long Island, versucht man mittlerweile, das Personal in dieser Hinsicht mit den Technologien des Internets der Dinge zu überwachen. Bewegungssensoren übernehmen diese Arbeit. In diesem Beispiel hätten wir in Deutschland vermutlich große Probleme mit dem Schutz der Persönlichkeitsrechte. Denn die Bewegungssensoren überwachen, wenn Personal Räume betritt, in denen die Hygiene besonders wichtig ist.

Die Bewegungssensoren sorgen dafür, dass eine Kamera in Betrieb gesetzt wird. Was dann in diesem Raum geschieht, wird auf der anderen Seite der Welt, nämlich in Indien, von preiswertem Personal überwacht. Überprüft wird, ob die Ärzte und Krankenschwestern sich auch tatsächlich die Hände waschen, bevor sie den Patienten behandeln. Diese Maßnahme in dieser Art der Ausführung ist natürlich sehr drastisch. Auch vor dem Hintergrund, dass es immer mehr resistente Keime gibt, wäre dieses Vorgehen in Deutschland vermutlich schwer umzusetzen.

In den USA wird mit dem Thema Persönlichkeitsrechte und Datenschutz, wie wir nicht erst seit 2013 wissen, deutlich lockerer umgegangen. Im vorliegenden Fall rechtfertigt man die Vorgehensweise mit den enormen Kosten, die die in Krankenhäusern erworbenen Infektionen verursachen. Geschätzt werden rund 30 Mrd. $ jährlich. Außerdem schätzt man die Zahl der Todesfälle durch diese Krankenhauskeime auf rund 100.000 Patienten pro Jahr. Nimmt man nun noch das Rechtssystem der USA ins Kalkül, indem es in Haftungsfällen sehr schnell um hohe Millionenbeträge geht, steht die Sache, zumindest für die USA, in einem ganz anderen Licht.

Hast du deine Hände gewaschen?

Weitere Untersuchungen haben dort gezeigt, dass die Arbeiter in Hospitälern nur in rund 30 % der Fälle, in denen sie ihre Hände waschen müssten, dies auch tatsächlich tun. Krankenhäuser setzen deswegen sogar schon Handwasch-Coaches ein, die dafür sorgen sollen, dass die Mitarbeiter permanent an das Händewaschen erinnert werden. Wer sich an die Anordnungen hält, wird mitunter mit einer kostenlosen Pizza oder Kaffeegutscheinen belohnt. Eine andere Welt.

Auf medizinische Anwendungen spezialisierte Internetseiten zeigen noch eine Reihe weiterer Anwendungsmöglichkeiten von Sensoren im Internet der Dinge. Zukünftig werden wir beispielsweise Sensoren zur Gewichtskontrolle im Fußboden integrieren können. Eine Waage, wie sie heute noch in vielen Haushalten herumsteht, ist nicht mehr nötig. Sie stehen morgens auf, bleiben einen kurzen Moment vor dem Bett stehen – und schon ist das Gewicht registriert und per Funk an eine Anwendung im Internet weitergereicht, wo die Daten mit anderen Informationen in Beziehung gesetzt und weiterverarbeitet werden.

Pille mit Funk

Die Einnahme von Medikamenten kann ebenfalls zukünftig besser überwacht werden. Dazu wird in die zu nehmenden Medikamente ein winziger Sensor eingebaut, der zusammen mit der Pille geschluckt wird. Ein weiterer Sensor registriert die Einnahme. Erfolgt diese nicht zeitgerecht, wird der Patient an die Einnahme erinnert. Erforderlichenfalls, zum Beispiel bei Demenzkranken, kann auch das Pflegepersonal eingreifen.

Die Blutdruckkontrolle, Messung der Herzfrequenz, die Messung der Sauerstoffanreicherung im Blut oder der Zuckerwerte können mit einem aufgeklebten Pflaster mit Sensorik erfolgen.

Sensoren an den Wänden eines Zimmers können erkennen, wie sicher oder unsicher ein Patient läuft. Besteht Sturzgefahr, kann medizinisches Personal informiert werden und eingreifen. Die Anwendungen werden sich dabei zunächst auf Erkrankungen wie Diabetes, Schlafstörungen, Einnahme von Medikamenten, die Behandlung von Demenzerkrankten, die Überwachung von Asthmaerkrankten, aber auch auf die Überwachung psychisch Erkrankter beziehen. Denn selbst die emotionale Stabilität oder Instabilität lässt sich mit Sensoren messen.

Medizinische Anwendungen sind grundsätzlich ein Feld, auf dem der Nutzen des Internets der Dinge sehr gut sichtbar wird. Allein in den USA sind rund 25 Mio. Menschen von Asthma betroffen. Die Zahl der entsprechenden Diagnosen der chronischen und manchmal tödlichen Krankheit nimmt Jahr für Jahr zu. Die Anfälle werden dabei von verschiedenen Substanzen in der Atemluft ausgelöst. Um betroffenen Menschen zu helfen, diese Auslöser von Asthma-Anfällen zu identifizieren und Stoffe zu meiden, die diese Anfälle provozieren, arbeiten Forscher an einem Sensorsystem, das die Luft auf bekannte, sogenannte Triggerstoffe untersucht. Der dazu benötigte Detektor ist ein kleines, mobiles Gerät, welches der Patient mit sich trägt.

Da Asthma-Patienten außerdem in der Regel mit Inhalatoren behandelt werden, kann auch die Compliance, also die Befolgung des Behandlungsplans mit Sensoren, in den Inhalatoren überwacht werden.

Die Forschungen zum Thema Asthma-Prävention werden übrigens von einem amerikanischen Telekommunikationskonzern, AT&T Labs, durchgeführt.

Von Fitness zu Health Care

Den Ursprung dieser Entwicklungen können wir in der Messung von Fitness und der Überwachung von Sportprogrammen sehen. Die weitere Entwicklung des Gedankens auf die medizinische Anwendung war einfach nur konsequent und richtig.

Zum Thema Pflege wurden bereits weiter oben im Zusammenhang mit Tracking einige Ausführungen dargelegt. Mehr dazu folgt im Anschluss.

Pflege und Leben im Alter – Ambient Assisted Living

Im Kapitel über Tracking wurden bereits die Sensoren erwähnt, mit deren Hilfe demenzkranke Menschen mehr Freiräume erhalten können als in Pflegeheimen.

Menschen möchten im Alter möglichst nicht die gewohnte Umgebung verlassen und so lange wie möglich in den eigenen vier Wänden leben. Das ist mehr als verständlich. Viele Wohnungen und Häuser sind heute jedoch noch lange nicht altersgerecht gebaut.

Assisted Living macht unabhängig

Neben dem barrierefreien Bau oder Umbau von Häusern und Wohnungen können auch für das Leben im Alter in den eigenen vier Wänden Technologien des Internets der Dinge zum Vorteil der Bewohner eingesetzt werden. Die Technologien des Internets der Dinge sollen das sogenannte Ambient Assisted Living ermöglichen.

Notrufe werden aktuell von älteren Menschen in der Regel mit einem tragbaren Notrufgerät abgesetzt. Sie müssen also in der Lage sein, nach einem eventuellen Sturz oder einer plötzlichen Erkrankung dieses Gerät noch bedienen zu können. Die Erfahrung zeigt, dass diese Geräte häufig entweder nicht am Körper mitgeführt werden oder beim Sturz verloren gehen und außerhalb der Reichweite liegen. Manchmal sind sogar diese sehr einfachen Geräte für die alten Menschen ein Zuviel an Technik, sie sind unter Umständen gar nicht mehr in der Lage, sie zu bedienen, egal wie einfach auch immer sie aufgebaut sein mögen. Tragbare Notrufgeräte sind dann im Grunde nutzlos.

Sicherheit und Komfort

Sensoren, wie sie beispielsweise beim Kapitel Wearables beschrieben sind, oder andere Sensorik zur Überwachung der Wohnräume sind hier auf Dauer die bessere Wahl und bringen Sicherheit. Und sie bringen für ihre Anwender und die Bewohner nicht nur mehr Sicherheit und im Notfall schnelle Hilfe, sie bieten auch den entsprechenden Komfort und müssen nicht von den alten Menschen aktiv selbst bedient werden.

Im Zusammenhang mit Pflege und Leben im Alter spielen zukünftig vermehrt auch Roboter eine Rolle. Weitere Ausführungen hierzu finden sich im Kapitel über Robotik. Es ist durchaus keine Utopie mehr, dass es zukünftig Haushaltsroboter und Pflegeroboter gibt, die auch in privaten Haushalten zum Einsatz kommen können. Sie übernehmen einerseits Aufgaben, die die Bewohner selbst nicht mehr wahrnehmen können, sie sind jedoch ebenfalls in der Lage, Überwachungsfunktionen zu übernehmen und somit die Sicherheit der Bewohner zu erhöhen.

Consumer Electronics und Home-Entertainment

In diesem Segment entwickelt sich das Internet der Dinge bereits relativ schnell. Im Gegensatz zu Versicherungspolicen üben diese Geräte, angefeuert durch den üblichen enormen Konsumdruck, natürlich eine ganz andere Anziehungskraft aus. In deutschen Wohnungen ist es daher bereits relativ verbreitet, Computer, Drucker, Festplatten, das gesamte Home-Entertainment über WLAN miteinander zu vernetzen. Dieses Segment könnte zu einem ganz wesentlichen Motor für die weitere Entwicklung und Verbreitung des Internets der Dinge werden.

PCs und Spielekonsolen haben bereits eine sehr hohe Verbreitung. Frühere Stereo-Anlagen haben sich zu hochwertigen Home-Entertainment-Anlagen weiterentwickelt und bieten zusammen mit immer größeren Flachbild-Fernsehern ein Heimkinoerlebnis mit Surround-Sound. Videorekorder sind mittlerweile völlig aus der Mode gekommen. Filme werden auf Festplatten gespeichert. Selbst Blu-ray- oder DVD-Spieler sind dadurch eine gefährdete Spezies. Und da die Menschen an unterschiedlichen Orten in ihren Häusern und Wohnungen auf digitale Inhalte zugreifen möchten, werden zunehmend die Medieninhalte auf Festplatten gespeichert, auf die über das häusliche WLAN zugegriffen wird.

Die Verschmelzung der Gerätetypen
Im gesamten Home-Entertainment-Bereich ist eine zunehmende Verschmelzung der unterschiedlichen Gerätetypen zu beobachten. Fernseher werden zu einem zentralen Element, über die neben den bisherigen Inhalten auch das komplette Internet dargestellt werden kann. Die Verbindung von Tablet-PCs mit den Fernsehgeräten ist ebenfalls kein Problem. Nutzer von Apple-Geräten haben über Apple-TV die Möglichkeit, die Inhalte ihrer Smartphones oder Tablets auf dem Fernseher darzustellen. Für Android-Nutzer kam 2013 ein ähnliches Gerät namens Chromecast auf den Markt [45]. Es ist bedeutend preiswerter als die Konkurrenz von Apple und sieht wie ein etwas größerer USB-Stick aus, der einfach an einen HDMI-Anschluss des Fernsehers angeschlossen wird.

Auch zwischen Smartphone und Fotoapparat verwischen die Grenzen. Ist das neue Lumia 1020 von Nokia [46] ein Telefon mit hochauflösender Kamera (41 Megapixel) oder eine Kamera mit Telefonfunktion? Alltagsgegenstände werden jedenfalls zunehmend Mehrwertdienste anzubieten haben. Ich mache ein hochauflösendes Foto mit dem Smartphone. Das Foto wird direkt im Cloud-Speicher gesichert, dazu die Geodaten und auf Wunsch gleich noch weitere Informationen zum Umfeld während der Aufnahme. Wer war dabei, wie war die Außentemperatur, was war der Anlass und dergleichen mehr.

Der bereits beschriebene Kühlschrank wird mit seinem interaktiven Display nicht nur zum Küchenchef, er wird auch in das Home-Entertainment mit einbezogen. Für den Fernsehgenuss oder die Musik in der Küche werden die benötigten Daten zum Kühlschrank gestreamt. Das Internetradio kommt aus der Kälte.

Sicherung von Wertsachen und Kunstgegenständen

Eine Anwendungsmöglichkeit für das Internet der Dinge wird sicherlich auch der Schutz von Wertsachen und Kunstgegenständen sein. Wie bereits zuvor beschrieben wurde, werden Sensoren mittlerweile in einer Art und Weise konstruiert, die es erlaubt, wertvolle Gegenstände nahezu unbemerkt mit Sensoren oder Sendern zu bestücken. Werden beispielsweise derart gesicherte Bilder aus Museen gestohlen, sind sie auf recht einfache Weise zu lokalisieren.

Die entsprechenden Sensoren können unauffällig aufgedruckt oder bei wertvollen Gemälden beispielsweise in den Rahmen integriert werden.

Den Picasso wiederfinden
Wertvolle Gemälde von Matisse, Monet und Picasso, die zuvor aus einem Rotterdamer Museum gestohlen worden waren, konnten beispielsweise unbemerkt bis nach Rumänien

transportiert werden [47]. Dort wurden sie schließlich, um nicht entdeckt zu werden, von den Tätern verbrannt. Heiße Ware, im wahrsten Sinn des Wortes. Dies wurde im Juli 2013 bekannt. Ein Tracking mit Technologien des Internets der Dinge hätte dies wohl verhindern können, zumal die Täter keinen besonders professionellen Eindruck hinterlassen haben. Die Gemälde sind nun unwiederbringlich verloren. Es sei denn, das mit dem Verbrennen wäre frei erfunden…

IoT gegen Juwelenraub
Spektakuläre Juwelen-Diebstähle haben in den letzten Jahren ebenfalls gezeigt, dass die Sicherung wertvoller Gegenstände häufig noch deutlich verbessert werden könnte. Es ist keine grundsätzliche Frage, sondern nur eine Frage der Zeit, bis Sensoren und Aktoren so klein sind, soweit miniaturisiert worden sind, bis sie auch in wertvollen Schmuckstücken untergebracht werden können. Wegfahrsperren für Autos haben bei ihrer Einführung einen sehr positiven Effekt auf die Diebstahlquoten von Fahrzeugen gehabt. Das wurde durch den Einbau von kleinen Blackboxen für Pay-as-you-drive-Tarife zum Beispiel in Italien nochmals verstärkt. Ein ähnlicher Effekt dürfte sich auch hier einstellen, wenn die Technologien des Internets der Dinge die Lokalisierung von wertvollem Schmuck in Echtzeit ermöglichen.

Die zuvor beschriebenen Tiles wären für diesen Zweck allerdings zu auffällig.

Haus- und Gebäudetechnik

Hierzu finden Sie bereits zuvor im Bereich Smart Home einige Ausführungen. Die Ausrüstung von Gebäuden, auch nachträglich, ist mittlerweile zwar nicht ganz preiswert, aber doch von der Ausführung her auch für einen Laien relativ einfach machbar. Verschiedene Anbieter [48] offerieren [49] die einzelnen benötigten Bauteile, zum Beispiel zur Steuerung der Beleuchtung oder anderer Geräte.

Doch die Steuerung von privaten Gebäuden ist nur ein Aspekt. Die Steuerung von Gebäudetechnik [50] grundsätzlich bietet enorme Möglichkeiten. Insbesondere Überwachung und Optimierung des Energieverbrauchs spielen dabei eine große Rolle. Aber auch der reibungslose Betrieb aller technischen Anlagen. Auch hier ist remote alles möglich.

IoT bringt Energie-Effizienz
Überwacht werden unter anderem Betriebsdaten, Temperaturen, der Verbrauch von Energie und die konkreten Betriebszustände von Anlagen. Der Zugriff auf die Daten erfolgt in Echtzeit. Dabei können auf die Systeme auch unterschiedliche Anwender zugreifen, die mit einem eigenen Profil bestimmte Dinge tun können, oder eben auch nicht. Treten Störungen auf, erfolgt eine sofortige Alarmweiterleitung. Sofortiges Eingreifen über das Internet ist zu jeder Zeit möglich. Auch die Veränderung von Betriebszuständen.

Ein Beispiel für den Einsatz dieser Technologien ist es, die Erzeugung von Energie über Solaranlagen nach Bedarf zu steuern. Wird die Energie zum Zeitpunkt der Erzeugung innerhalb des Gebäudes benötigt, wird sie entsprechend genutzt. Wird zu viel Energie erzeugt, kann sie in das öffentliche Netz eingespeist oder aber in Pufferspeichern gelagert werden. Verfügt das Unternehmen oder seine Mitarbeiter über Elektrofahrzeuge, können diese intelligent in dieses System mit einbezogen werden. Die Fahrzeuge können ihrerseits als Energiespeicher flexibel genutzt werden. Über die Verbindung mit Nutzungsdaten der Fahrzeuge kann das System entscheiden, welchen Ladezustand ein Fahrzeug benötigt. Dazu könnten zukünftig auch die Terminkalender der Fahrer der Fahrzeuge als Informationsquelle mit einbezogen werden.

Auch die Liebhaber von Zimmerpflanzen dürfen zukünftig eine besondere Art der Gebäudetechnik einsetzen. Spezielle Sensoren sind in der Lage, den Zustand von Zimmerpflanzen zu überwachen. Ein von der Firma Parrot vorgestelltes Gerät namens Flower Power, welches absolut gar nichts mit der Hippie-Bewegung zu tun hat, wird in den Blumentopf gesteckt und überwacht die aktuelle Temperatur, die Befeuchtung, Düngung und die Lichtumgebung der Zimmerpflanzen. Die Daten werden per Bluetooth an kompatible iPads oder iPhones weitergeleitet, auf denen eine eigens entwickelte App läuft.

Grüner Daumen aus dem Internet der Dinge
Hinter der Anwendung steckt eine Datenbank mit rund 6000 Pflanzen und deren optimalen Werten. So bekommt der Besitzer der Zimmerpflanzen immer die bestmöglichen Tipps, damit es der Pflanze gut geht. Der grüne Daumen kommt also zukünftig aus dem Internet der Dinge.

Und damit es auch der Hausbesitzer schön gemütlich hat, wenn er nach Hause kommt, werden inzwischen auch seine Bewegungsdaten mit einbezogen. So kann die Heizung im Winter schon rechtzeitig hochgefahren werden, wenn er sich beispielsweise auf dem Weg vom Büro zurück der Wohnung nähert.

Smart Grid – intelligente Stromnetze

Das sogenannte Smart Grid ist eine Entwicklung, die zunächst einmal die Stromnetze, die Anbieter von Strom, die Stromindustrie betrifft. Die grundlegende Idee, die diesem intelligenten Stromnetz zugrunde liegt, ist die, Stromnetze mit einem neuen Computernetzwerk zu überlagern, welches den Stromkonzernen die Möglichkeit gibt, ihre Infrastruktur zu überwachen. Dies funktioniert für Hochspannungsleitungen ebenso wie für die Stromnetze der Endkunden in Häusern und Wohnungen.

Strom und Internet im selben Kabel
Ziel ist es, den Strom künftig effizienter übertragen zu können und bei Stromausfällen schneller reagieren zu können. Diese Vernetzung ist zudem wichtig, weil sie es erleichtert, erneuerbare Energiequellen in den Strommix mit einzubeziehen.

Gleichzeitig, dies zeigt sich bei der Beschreibung der Straßenlaternen mit ihrem neuen Job, ist es mit dieser neuen Technologie möglich, sehr viele weitere zusätzliche Dienste und Anwendungen zu übertragen.

Die Straßenlaterne bekommt einen neuen Job

Französische Unternehmen haben sich im Zusammenhang mit der Umsetzung ihrer Ideen zum Internet der Dinge ganz besondere Dinge einfallen lassen. Sie haben sich darauf besonnen, dass wesentliche Teile der benötigten Infrastruktur zur Verteilung der Technologien des Internets der Dinge bereits vorhanden sind. Das Stromnetz. Sie nutzen das Stromnetz und die ohnehin überall vorhandenen Straßenlaternen für die Verteilung des Internets der Dinge.

Im November 2012, während eines Workshops von IEEE (IEEE Standards Association [51]) in Mailand, stellten Vertreter eines französischen Telekommunikations-Konzerns ihre Idee vor. Auch hier fällt also wieder auf, dass die Unternehmen, die auch heute schon das Rückgrat der elektronischen Kommunikation darstellen, sehr massiv in neue Ideen und Innovationen investieren. Im vorliegenden Fall handelt es sich um Bouygues Telecom, ein Unternehmen, welches sich wie andere Telekommunikations-Konzerne, auch in Deutschland (Telekom [52], Vodafone [53]), ganz besonders bei der Weiterentwicklung des Internets der Dinge und bei der Entwicklung neuer Geschäftsmodelle hervortut.

Ein Defibrillator an jeder beliebigen Laterne

Vorgestellt wurden Ideen, bei denen die Daten des Internets über das Stromnetz bis zu den Straßenlaternen transportiert werden, dort werden sie in vielfältiger Art und Weise genutzt. Die Straßenlaternen werden zu multifunktionalen Strom- und Datenstationen erweitert. Integriert werden Sender und Empfänger für WLAN, Ladestationen für Elektroautos, Defibrillatoren, Einrichtungen für Lautsprecherdurchsagen, intelligente Steuerung der Straßenlaternen sowie weitere Services und Sensoren.

Ende 2013 war es dann auch in Berlin und Leipzig soweit: Neue Unternehmen wurden aktiv und verwandelten in ausgewählten Bezirken erste Laternen in Ladestationen für E-Autos.

Ähnliche Ideen aus dem gleichen Umfeld befassen sich mit der Intelligenz zukünftiger Straßen. In die Straßen eingebaut sowie entlang der Straßen sollen unterschiedliche Sensoren den Verkehr überwachen, Störungen melden, den Verkehr leiten, die Kommunikation zu Fahrzeugen und zwischen Fahrzeugen herstellen. In die Fahrbahnen eingelassen werden sollen Induktionsschleifen, mit deren Hilfe Elektroautos zukünftig während der Fahrt geladen werden können.

Temperatur- und Feuchtigkeitssensoren

Das nächste Beispiel in dieser Reihe sind Temperatur-und Feuchtigkeitssensoren. Sie können überall dort eingesetzt werden, wo es auf die Überwachung und die Einhaltung bestimmter Umgebungswerte ankommt. Dies können beispielsweise Museen sein, Lagerhallen, die Papierproduktion, aber auch ein Weinkeller.

Wohl dem, der einen gefüllten Weinkeller hat und unangemeldete Besucher dort abfüllen kann, sodass sie ihren Hunger vergessen.
Wolfram Siebeck (*1928), dt. Journalist („Zeit"), Gourmet und Schriftsteller

Damit Wein zu einer besonderen Qualität heranreifen kann, müssen die Bedingungen im Weinkeller nun einmal stimmen. Und ärgerlich ist es, wenn der gute Wein wegen eines leckgeschlagenen Fasses oder eines undichten Ventils ausläuft. Natürlich kann der Kellermeister regelmäßig seinen Weinkeller kontrollieren. Einfacher wird es aber auch hier mit dem Internet der Dinge und entsprechenden Sensoren, die ihre Daten an den Computer des Kellermeisters weiterleiten.

Erreicht die Temperatur kritische Werte oder wird eine zu hohe Feuchtigkeit oder gar auslaufende Flüssigkeit erkannt, wird ein entsprechender Alarm abgesetzt, sodass umgehend eingegriffen werden kann. Der Kellermeister kann sich inzwischen ungestört den Weinproben mit seinen Kunden widmen.

Schon alleine für diese Errungenschaft sollten wir also den Entwicklern des Internets der Dinge dankbar sein.

Telematik im Straßenverkehr

In einigen Ländern hat die Telematik bereits Einzug in viele Fahrzeuge gefunden. Während E-Call in Deutschland bisher noch wenig verbreitet ist, wird es beispielsweise in Österreich und anderen Ländern schon seit Jahren sehr erfolgreich eingesetzt. Ab 2015 wird diese Lösung in allen Neufahrzeugen in Europa Pflicht. Altfahrzeuge sind davon jedoch nicht betroffen. Bis sich das System also durchgesetzt hat, können viele Jahre verstreichen.

Mit dem Pay-as-you-drive-Modell wird seit 2013 offensichtlich doch noch einmal ein neuer Anlauf in Deutschland gemacht, allerdings zumindest bisher nur von einem einzigen Anbieter (Sparkassen Direktversicherung).

Aber was können die Telematik und die Vernetzung übers Internet der Dinge auf den Straßen grundsätzlich bewirken?

Cloud vernetzt Fahrzeuge

Toyota möchte beispielsweise mit diesen Technologien Unfälle vermeiden und auch Staus sollen möglichst bald der Vergangenheit angehören. In Japan wird nach einer Meldung vom Juli 2013 [54] ein Informationssystem eingeführt, welches die Positionsdaten aller Verkehrsteilnehmer in Echtzeit sowohl auf dem Navigationsgerät, dem Smartphone, dem Tablet-PC oder dem Computer zur Verfügung stellt. Die Technologie findet sich derzeit noch im Anfangsstadium.

Sicher ist jedoch, dass die Kommunikation von Autos untereinander, also ein typisches Merkmal des Internets der Dinge, wo Maschinen mit Maschinen kommunizieren, bald Realität wird. Diese Kommunikation gilt als Technik der Zukunft. Das wichtigste Ziel dieser Technologie ist die Vermeidung von Unfällen. Fahrzeuge, die in der Lage sind, untereinander zu kommunizieren, können schneller auf das gegenseitige Verhalten reagieren, als dies der Mensch selbst könnte.

Big Data Traffic Information Service

Ein angenehmer Nebeneffekt dieser Technologie ist die Verfügbarkeit von Verkehrsdaten in Echtzeit, wodurch Staus rechtzeitig erkannt werden können, sodass das Navigationssystem das Fahrzeug um den Stau herum dirigieren kann. Toyota nutzt für das Versuchsfeld ein cloud-basiertes System.

Der sogenannte „Big Data Traffic Information Service" stellt die Daten des Verkehrsaufkommens und zusätzlich von Behörden auf den mobilen Geräten oder einem Computer dar. Es ist in dieser Systematik ebenfalls möglich, dass ein Autofahrer Verkehrsstörungen oder ein Verkehrsereignis manuell meldet.

In Japan hat diese Technologie eine weitere wichtige Bedeutung. Da es dort regelmäßig zu teils heftigen Erdbeben kommt, die quasi zum Alltag gehören, soll das System auch im Falle von Katastrophen helfen, freie Rettungswege anzuzeigen oder die Standorte von Rettungskräften nachverfolgen zu können.

Auto redet mit Auto

In Deutschland experimentiert Mercedes mit der Kommunikation zwischen Fahrzeugen. Der deutsche Hersteller nutzt dabei jedoch andere Technologien. Bei der hier sogenannten „Car-to-X-Kommunikation" kommen die Verkehrsdaten ebenfalls direkt ins Auto, allerdings kommunizieren die Fahrzeuge untereinander mit Sendern am Straßenrand. Genutzt werden in diesem Zusammenhang außerdem die Handys bzw. Smartphones der Fahrer sowie Funkbarken am Straßenrand.

Dieses Modell finden wir auch in den zuvor beschriebenen Überlegungen eines französischen Telekommunikationsunternehmens, in dessen Projekten die Sensorik ebenfalls in der Fahrbahn und neben der Fahrbahn platziert werden soll. Die Wege zum selben Ziel sind technologisch also unterschiedlich umsetzbar.

Die EU finanziert seit geraumer Zeit ein weiteres Projekt, bei dem die Kommunikation zwischen Fahrzeugen eine Rolle spielt. Safe Road Trains for the Environment, kurz SARTRE [55], ist ein Projekt, an dem unter anderem Volvo beteiligt ist, aber auch Robotikfirmen aus Spanien, das Deutsche Institut für Kraftfahrtwesen in Aachen und weitere Beteiligte. SARTRE soll es ermöglichen, sich, nachdem man auf die Autobahn aufgefahren ist, in einem bestehenden Konvoi einzuklinken.

Im Konvoi von Hamburg nach München

Die Fahrzeuge können sich gefahrlos in einem relativ kurzen Abstand hintereinander bewegen, während die Fahrer sich nicht auf das Fahren konzentrieren müssen. Sie können in der gleichen Zeit Musik hören, essen, telefonieren, Bücher lesen oder sonstigen Aktivitäten nachgehen. Die Kommunikation zwischen den Fahrzeugen sorgt dafür, dass in einem immer gleichbleibenden Abstand gefahren wird. Dieser Abstand ist relativ kurz, so dass sich Vorteile beim Treibstoffkonsum ergeben. Selbstverständlich soll auch hier ein unfallfreies Fahren ermöglicht werden. Zunächst ist geplant, dass der Konvoi beispielsweise hinter einem LKW fährt, also einem Fahrzeug, welches von einem professionellen Fahrer gelenkt wird. Das ist sicherlich auf den ersten Blick ein richtiger Gedanke, wobei es mit Sicherheit eine große Rolle spielen wird, wie man diese professionellen Fahrer für diese Anwendung vorbereitet und schult. Und welche Auswahl man dabei trifft.

Jenseits von E-Call und dem Pay-As-You-Drive-Modell gibt es also eine ganze Reihe von Ideen, wie die Telematik zukünftig neue Geschäftsmodelle und Produkte sowie Dienstleistungen ermöglichen kann. Neben den Fahrzeugherstellern haben auch Automobilclubs, Assisteure und andere Servicedienstleister ein großes Interesse an den vielfältigen Daten aus dem Fahrzeug. Sie erhoffen sich allesamt ein interessantes Geschäft – damit kennt sich der ADAC wohl am besten aus.

Für die deutschen Versicherer scheint sich jedoch das Thema Telematik aktuell in erster Linie und fast einzig im Zusammenhang mit E-Call abzuspielen. Die beiden Begriffe werden fast in einem Atemzug genannt. Und eine wesentliche Angst der Versicherer in diesem Zusammenhang bezieht sich auf die Befürchtung, dass sie keinen Zugang zu den neuen Datentöpfen bekommen werden, die durch die Telematik entstehen. Die Sorge ist, dass die Autohersteller die Datenhoheit mehr oder weniger alleine erhalten werden. Damit entstünde, gerade mit neuen Versicherungstarifen, die vom Fahrstil abhängig sind, ein weiterer Vorteil für die Autohersteller, zulasten der Versicherer.

Wer darf an die Daten?
Doch nicht nur hinsichtlich der Versicherungstarife und der Möglichkeit, den Autokäufern weiterhin Versicherungspolicen verkaufen zu können, sorgen sich die Versicherer. Die Daten aus den Fahrzeugen würden auch das Schadenmanagement für die Versicherer verändern und verbessern. Kommen die Versicherer jedoch nicht an die verfügbaren Daten, sind sie im Nachteil. Für Automobilclubs, Servicedienstleister oder auch die Autohersteller wäre es ein Leichtes, dieses Schadenmanagement mit den für sie zugänglichen Daten für sich zu nutzen.

Generell ist natürlich die Frage zu stellen, welchen Preis die Kunden bereit sind, für Dienstleistungen, die letztlich über die Telematik generiert werden können, zu bezahlen.

Telematik reduziert Schadenquoten
Dies ist bei Flottenkunden weniger das Problem. Gewerbliche Fahrzeugflotten sind bereits heute häufig mit telematischen Lösungen zur Optimierung der Fahrzeugnutzung und -pflege ausgestattet. Den Kunden in diesem Umfeld ist der Nutzen bereits transparent. Daher besteht hier auch eine Zahlungsbereitschaft. Bisher spielen zwar die Unfalldatenaufzeichnung oder Fahrverhaltensprofile noch keine große Rolle, zur Senkung der Schadenquoten könnte dies jedoch zunehmend Thema werden. Erfahrungsgemäß sinken die Schadenquoten einer Flotte nach Einführung von Telematiklösungen.

Die vierte industrielle Revolution

Die Intelligente Fabrik oder Smart Factory, manchmal auch als Industrie 4.0 bezeichnet, verspricht zukünftig auch dann eine flexible und effiziente Produktion, wenn nicht Tausende und Abertausende Stück eines bestimmten Produktes in Serie gefertigt werden sollen, sondern auch dann, wenn nur ein individuell gefertigtes Teil hergestellt werden soll.

In Fachbegriffen: Sogenannte Social Machines werden intelligent vernetzt und der Augmented Operator überwacht die komplette Fertigung. Der Augmented Operator ist dabei der Mensch und damit ein zentraler Bestandteil der Smart Factory, denn – noch – steuert und überwacht er die Fertigung.

Social Machines

Deutsche Maschinenbauer, aber auch zum Beispiel das Deutsche Forschungszentrum für Künstliche Intelligenz (DFKI) in Kaiserslautern [56] arbeiten bereits an Konzepten und Lösungen für innovative Fabriksysteme.

Insbesondere das DFKI [57] verbindet dabei die Themenbereiche künstliche Intelligenz, Ubiquitous Computing, Smart Objects und serviceorientierte Architekturen in Anlagen und Systemen der Produktionstechnik. Auch die Benutzerschnittstellen zwischen Mensch und Maschine sollen hierbei optimiert werden.

Deutsche Maschinenbauer wie zum Beispiel Trumpf [58] investieren in Projekte und Forschung auf diesem Gebiet. Bei Fabriken nach dem Muster dieser vierten industriellen Revolution werden virtuelle und physische Produktionselemente miteinander verbunden. Das Internet der Dinge und Dienste aus dem Internet werden in die Fertigung eingebracht. Dadurch entsteht ein sogenanntes Cyber-Physical System.

Noch ist der Mensch wichtig

Der Mensch kann dabei Zielvorgaben vom situativen Kontext abhängig beeinflussen. Er bleibt dabei zunächst der wichtigste Faktor in dieser modernen Fabrik. Er entscheidet und bringt die Erfahrung ein. Der Eingriff in den Produktionsprozess ist auch über mobile Geräte von jedem Ort der Welt möglich. Betriebs-und Produktzustände sind über Echtzeit zu überwachen.

Die Maschinen, die nun zu sogenannten sozialen Maschinen werden, den Social Machines, kommunizieren von Maschine zu Maschine. Sie kommunizieren außerdem nicht nur untereinander, sondern auch mit Zulieferer-und Kundensystemen. Sie werden quasi ihr Wissen miteinander teilen. Werden Disponenten überflüssig?

Produkte mit eigenem Bewusstsein

Die Produkte tragen während der Be-und Verarbeitung einen integrierten Chip. Über diesen kommunizieren sie mit ihrem Umfeld und mit den einzelnen Maschinen. So kennt beispielsweise schon der Rohling eines Produkts seinen Status, seine Historie und seine Bestimmung. Er teilt den einzelnen Maschinen quasi selbstständig mit, wie er bearbeitet werden muss. Dies trägt wesentlich dazu bei, auch kleinere Losgrößen kosteneffizient herstellen zu können.

Aufgrund der kompletten Vernetzung des Produktionssystems bleibt kein Raum für Kapazitätsengpässe, aber auch kein Raum für freie Ressourcen. Sie werden idealerweise vollständig genutzt.

Nach einer Pressemeldung der Freudenberg IT vom August 2013 seien bereits 15 % aller mittelständischen Fertigungsunternehmen mit dezentral vernetzten, selbststeuernden Produktionsprozessen in der Industrie-4.0-Epoche angekommen. Die Pioniere sind vor allem unter den Automobilzulieferern zu finden, mit einer Unternehmensgröße oberhalb 500 Mitarbeitern. Dies wird unter anderem oder sogar vorrangig auf den extremen Wettbewerb in dieser Branche zurückgeführt, der eine schnelle Umsetzung von Kundenanforderungen und eine bedarfssynchrone Produktion verlangt. Knapp 60 % der Unternehmen, die in einer Umfrage untersucht wurden, setzen bereits IT-basierte Automatisierungslösungen ein. Mehr als zwei Drittel nutzen der Umfrage zufolge IT-Lösungen zur Fernwartung ihrer Anlagen und Maschinen in der Produktion. Etwa die Hälfte verfügt über einen intelligenten Anlagenpark. Dieser ist ein wichtiger Baustein künftiger Industrie-4.0-Szenarien.

Die Fabrik der Zukunft wird mit Mobile Devices gesteuert
Der Weg zur vollständigen und flächendeckend eingeführten intelligenten Fabrik ist sicherlich noch lang, aber die Anfänge sind gemacht. Notwendig sind auch hier Normen und Standards. Die IT-Sicherheit ist eine große Herausforderung. Lösungen für die Zukunft können auch hier nur interdisziplinär erarbeitet werden.

Auffallend ist, dass auch in diesem Umfeld mobile Endgeräte wie Smartphones und Tablet-PCs eine enorme Rolle spielen. Die Maschinenbauer arbeiten an konkreten Projekten, diese Endgeräte noch sehr viel stärker in die Produktionsprozesse einzubinden.

Ein wenig Spielerei ist auch dabei – was wir eigentlich nicht brauchen

Wer häufig auf Dienstreisen ist und dennoch den Kontakt mit seinen Lieben zu Hause halten möchte, der kann dies natürlich abends telefonisch oder per Videokonferenz tun. Das Internet der Dinge bietet dabei aber auch interessante Spielereien.

Wie wäre es beispielsweise, wenn Sie eine Gute-Nacht-Lampe dabei hätten, deren Pendants sich zu Hause, bei ihren Kindern und ihrer Frau, befänden. Jedes Familienmitglied hat ein solches Lämpchen in seinem Zimmer.

Ein Anbieter zeigte diese Idee auf Kickstarter. Die Lämpchen sehen dabei aus wie ein Modellhäuschen. Dieses wird von innen beleuchtet. Aber natürlich nicht einfach so.

Gute Nacht, Mum and Dad
Sobald Sie am Ziel Ihrer Dienstreise angelangt sind und abends in Ihrem Hotelzimmer die letzten Arbeiten verrichtet haben, können Sie an Ihrem Häuschen das Licht einschalten,

woraufhin sich Ihr Häuschen mit den anderen Häuschen, zu Hause, in Verbindung setzt und auch dort das Licht im Inneren der Gute-Nacht-Lampe [59] angeht.

Wie Sie sehen, stiften nicht alle Ideen, die sich mit dem Internet der Dinge umsetzen lassen, einen ausreichenden Nutzen, um am Ende auch realisiert zu werden. Dieses konkrete Projekt wurde – leider? – eingestellt.

2.7 Tablets und Smartphones, die Intelligenzbolzen, die alles vernetzen

Es ist offensichtlich, dass in den allermeisten Fällen im Zusammenhang mit dem Internet der Dinge Tablets und Smartphones eine ganz entscheidende und überaus wichtige Rolle spielen werden. Die Entwicklung von Tablets und Smartphones war in den letzten Jahren mehr als rasant. Die Beliebtheit dieser Geräte ist ein wesentlicher Motor für die Miniaturisierung von elektronischen Bauteilen. Die Hersteller stecken eine enorme Energie in diese Entwicklung, da sie trotz heftiger Rivalitäten aufgrund der schieren Masse, die hier befriedigt werden will, enorme Umsätze – und Gewinne – machen. Teile für eine Handvoll Dollar billig in Asien zusammengebaut erbringen Hunderte Dollar Gewinn pro Gerät [60].

Nicht alle Hersteller haben diesen Trend rechtzeitig erkannt. Nokia beispielsweise, ein Unternehmen, das vor vielen Jahren einen erfolgreichen Sprung aus einer ganz anderen Branche in die Industrie der mobilen Telefonie gewagt hatte, hat viel zu spät auf die Entwicklung von Smartphones mit ihren berührungsempfindlichen Bildschirmen reagiert. Das Unternehmen versucht seit geraumer Zeit, verlorenen Boden wieder gutzumachen, was jedoch bis heute kaum gelingt.

Ignorierte Trends führen unweigerlich zum Absturz
Ähnlich geht es einem anderen Unternehmen, RIM, Research in Motion, dem Hersteller der Blackberrys. Bei diesem Unternehmen muss man im Grunde schon von einer Ignoranz dem neuen Trend gegenüber sprechen. Erst in jüngster Zeit wurden Geräte auf den Markt gebracht, die ohne die sonst bei RIM übliche Tastatur auskommen. Im Mai 2013 verkündete ein Unternehmenslenker dieser Firma, Thorsten Heins, dass bereits in fünf Jahren Tablets wieder verschwunden seien. Während einer Konferenz in Los Angeles sagte er: „In fünf Jahren, so denke ich, wird es keinen Grund mehr geben, einen Tabletcomputer zu haben. Möglicherweise einen großen Bildschirm am Arbeitsplatz, aber keinen Tabletcomputer als solchen. Tabletcomputer selbst sind kein gutes Geschäftsmodell." Damit hat das Unternehmen in der Tat Erfahrung, und zwar schmerzhafte. Da es viel zu spät in diesen Markt eingestiegen ist, blieb RIM nichts anderes übrig, als die eigenen Tabletcomputer zu Dumping-Preisen in den Markt zu drücken. Vollmundig ergänzte Heins: „Ich sehe BlackBerry als den absoluten Marktführer beim Mobile Computing. Das ist es, was wir anstreben .... Ich möchte so viel Marktanteil gewinnen wie möglich, jedoch nicht, indem wir andere kopieren."

Ob sich daraus nun eine Überheblichkeit ablesen lässt oder ob Ideen dahinterstecken, die dem Unternehmen tatsächlich wieder deutlich größere Marktanteile bescheren können, ist fraglich. Und inzwischen stand das Unternehmen zum Verkauf. In einer Hinsicht jedoch kann er recht behalten: Die Tablets, die Smartphones und Phablets, die wir heute kennen, wird es tatsächlich in fünf Jahren so nicht mehr geben.

Denn die Entwicklung wird sich nochmals beschleunigen. Ein Blick in die Entwicklungsabteilungen der Hersteller zeigt, dass die Geräte sich immer mehr zum reinen Bildschirm entwickeln, die Gehäuse selbst werden immer kleiner, immer dünner, irgendwann überflüssig. Außerdem werden die Displays flexibel [61] und biegsam [62]. Das Aussehen der Geräte wird sich also möglicherweise drastisch verändern.

Was sich nicht verändern wird, ist die Tatsache, dass alles, was diese Geräte uns an Möglichkeiten bieten, sich in unseren täglichen Lebensablauf immer stärker integrieren wird. Bereits heute haben wir einen Zustand erreicht, bei dem es für viele Menschen kaum noch vorstellbar ist, ohne die vielfältigen Dienste, die ein Smartphone bereithält, dauerhaft auszukommen.

Der gesteuerte Mensch

BITKOM, der Bundesverband Informationswirtschaft, Telekommunikation und neue Medien e. V., veröffentlicht auf seinen Internetseiten regelmäßig aktuelle Statistiken über die Internetnutzung in Europa. Ermittelt wird in der Altersgruppe zwischen 16 und 74 Jahren, Privatpersonen, ob diese mindestens einmal pro Woche auf das Internet zugreifen. Den Spitzenwert in Europa erreicht Island mit 95 %. Deutschland liegt auf dem achten Platz mit 78 %. 2013 erhöhte sich dieser Wert auf immerhin 80 %.

Die mobile Internetnutzung lag 2012 noch deutlich unter diesen Werten, die im Festnetz angegeben wurden. Der Anteil der Personen, die ein Handy oder Smartphone für den Internetzugang verwendet haben, lag 2012 in Schweden bei 59 %, im EU-27-Durchschnitt bei 27 % und in Deutschland bei 23 %. Anfang 2013 betrug dieser Anteil in Deutschland bereits 43 %, Anfang 2014 schon 50 %. Der Anteil der Personen, die einen Tabletcomputer für den Internetzugang verwendet haben, lag 2012 in der Spitze bei 23 % im Vereinigten Königreich, im EU-27-Schnitt bei 7 % und in Deutschland bei 5 % (2013 13 %).

Boom der flachen Rechner

Die Zahlen stammen von Eurostat und werden immer erst mit einer mehrmonatigen Verzögerung veröffentlicht. Aktuelle Berichte gehen von einer dramatischen Steigerung dieser Werte aus. Dies spiegelt sich beispielsweise in den Absatzzahlen von Smartphones Statista meldet, dass 2010 10,4 Mio. Smartphones auf dem deutschen Markt verkauft wurden. 2011 waren es bereits 15,9 Mio., 2012 stieg der Wert auf rund 21,6 Mio. und erreichte 2013 26,4 Mio.

Die Gesellschaft für Unterhaltungs- und Kommunikationselektronik (gfu) veröffentlicht regelmäßig gemeinsam mit dem Bundesverband Technik des Einzelhandels e. V. (BVT) und GfK Zahlen zum Consumer-Electronics-Markt. Im Jahr 2012 ist demnach der Absatz von normalen Mobiltelefonen um mehr als 36 % eingebrochen. Es wurden von diesem Gerätetyp noch rund 6,9 Mio. Stück verkauft. Der Anstieg bei den Smartphones, abzulesen aus den oben beschriebenen Zahlen, beträgt 36 %. Schnurgebundene und schnurlose Festnetztelefone verzeichnen allesamt ebenso wie das Telefax und Kombinationsgeräte drastische Verluste. Und eine Meldung von Ende Januar 2014: 2013 wurden weltweit mehr als eine Milliarde Smartphones verkauft.

Wer will noch ein normales Handy?
Ein ähnliches Bild zeigt sich bei der Informations-Technologie (alle Zahlen von Statista): Desktop-PCs verzeichnen einen Rückgang von knapp 13 % auf 1,25 Mio. Stück, die 2012 noch verkauft wurden, dieser Wert blieb 2013 auf dem gleichen niedrigen Niveau. Notebooks verzeichnen einen Rückgang von 20 % auf knapp 5,7 Mio. im Jahr 2012, knapp über 5 Mio. im Jahr 2013. Tablet-PCs hingegen hatten 2012 eine Steigerungsrate von über 130 % auf 3,3 Mio. verkaufte Stück im Jahr 2012 und eine nochmalige Steigerung um gut 60 % auf 5,3 Mio. im Jahr 2013.

Diese Zahlen sprechen eine klare Sprache. Die Menschen wollen einen immer mobileren Zugang zum Internet und seinen vielfältigen Diensten auf möglichst bequeme Art und Weise mit Geräten, die jederzeit mitgeführt werden können. Und letztendlich geht es tatsächlich nur bedingt um das Thema Lifestyle. Für viele mag es natürlich attraktiv sein, ein modernes Smartphone zu besitzen. Oft hat es heute einen höheren Stellenwert für seinen Besitzer als in der Vergangenheit das Auto.

In Kürze: der digitale Assistent
Am Ende geht es jedoch um alles das, was diese Geräte uns ermöglichen. Daher ist es auch müßig, zu diskutieren, ob es Tablet-PCs in fünf Jahren noch geben wird. Entscheidend ist vielmehr, welche Intelligenz und Leistungsfähigkeit die Smartphones, Tablet-PCs und ihre Nachfolger, wie auch immer sie aussehen werden, entwickeln können. Denn diese Geräte werden in erster Linie durch die weitere Entwicklung der Software immer mehr zu unseren digitalen Assistenten, auch wenn natürlich anspruchsvollere Software zwangsweise leistungsfähigere Hardware benötigt. Letztendlich gilt für Tablets und Smartphones: Sie sind die zentrale Schaltstelle für die Masse der Anwender in Bezug auf die Nutzung des Internets und des Internets der Dinge.

2.8 Kampf der Smartphone-Hersteller und Betriebssysteme

Was die Betriebssysteme von Smartphones angeht, ist in Deutschland Android mittlerweile weit führend. Dies war anfangs, als das Betriebssystem auf den Markt kam, längst nicht ausgemacht. Nach aktuellen Studien hat dieses Betriebssystem in all seinen Ausprägungen einen Marktanteil von knapp 75 % [63].

Das Betriebssystem von Apple, iOS, kommt nach aktuellen Werten auf knapp 20 %. Danach folgen weit abgeschlagen Symbian, Windows Mobile/Phone sowie Blackberry.

Anbieter, die noch vor kurzer Zeit enorm schlagkräftig waren, haben – wie zuvor beschrieben – sehr viel Boden verloren. Blackberry hat den Trend zu berührungsempfindlichen Bildschirmen lange Zeit verschlafen. Diesen Fehler wieder auszumerzen, scheint mehr als schwierig zu sein. Das wirkt sich natürlich auch auf der Software-Seite aus.

Was die Hardware angeht, gibt es eine wachsende Zahl von Herstellern, nicht zuletzt aus China.

Mobiles in allen Größen und Preisklassen

Alle Hersteller entwickeln immer mehr Geräte in völlig unterschiedlichen Größenordnungen. Ist das Gerät in Standardgröße auf dem Markt, erfolgt in der Regel sehr schnell eine Mini-Version, aber auch größere Versionen erfreuen sich aktuell größter Beliebtheit. Gerätegrößen, die sich zwischen herkömmlichen Smartphones und Tablet-PCs bewegen, boomen. Besonders auffallend ist hier, wie viele unterschiedliche Gerätegrößen der Hersteller Samsung anbietet. Hier bleibt wirklich keine Nische unbesetzt. Selbst ein Smartphone mit stattlichen 8 Zoll Bildschirmdiagonale ist im Programm.

Berücksichtigt man, dass die Telefonie bei diesen Geräten mittlerweile eine eher untergeordnete Rolle spielt, dafür jedoch die Anwendung der vielfältigen Möglichkeiten des Internets und der Apps zunimmt, stellt ein größerer Bildschirm selbstverständlich einen Vorteil dar. Nicht alle Anwender wollen allerdings derart große Geräte mit sich herumtragen oder sie gar zum Telefonieren ans Ohr halten. Ein Ausweg bleibt: ein Headset. Für die Hosentasche sind die Geräte dann jedoch immer noch zu groß. Im Business sind Baggy-Pants eher wenig verbreitet.

Ganz klar ist jedoch der Vorteil für die Geschäftsanwendungen hervorzuheben. Um vernünftig mit geschäftsrelevanten Anwendungen arbeiten zu können, ist ein eher größerer Bildschirm selbstverständlich hilfreich.

Interessant ist auch die Beobachtung des Preisniveaus. Während sich die eingesessenen Hersteller nach wie vor ein hohes Preisniveau leisten können, drängen immer mehr Hersteller in den Markt, die mit deutlich attraktiveren Preisen werben. Dabei sind diese Geräte deshalb noch lange nicht in gleicher Weise weniger leistungsfähig.

Die Abstände zwischen den Gerätegenerationen sind indessen scheinbar immer kürzer geworden. Kaum sind die Geräte auf dem Markt, folgt ein Upgrade. Dies heizt den Konsumdruck überwiegend bei privaten Anwendern deutlich an. Die Hersteller sind sehr geschickt dabei, die Besitzer von Geräten, die grundsätzlich noch über Jahre hinweg voll und ganz leistungsfähig wären, dazu zu bewegen, sich schon nach wenigen Monaten die nächste Gerätegeneration zuzulegen.

Wie viel ist genug?

Diese Situation, inklusive des Konsumdrucks, wird sich in den kommenden Jahren sicherlich nochmals deutlich verschärfen. Die Geräte werden ihre heutige Form verlieren. Ein Smartphone kann heute schon die Form einer Uhr annehmen. Zukünftig kann ein Smartphone durchaus die Form eines Armreifs, eines Schmuckstücks oder sonstiger Gegenstände annehmen. Es dürfte auch kein Problem sein, das Smartphone einfach in

Kleidungsstücke einzuarbeiten. Je nach Anlass und Zweck wird der Anwender also vermutlich aus mehreren Alternativen, die er sich zugelegt hat, die passende Hardware auswählen.

2.9 Die ganze Welt in der Jackentasche – der digitale Assistent

Noch nie haben wir so viel und so schnell kommuniziert wie aktuell mit unseren mobilen Endgeräten und meist permanentem Internetzugang. Menschen sind so sehr in ihrer Dauerkommunikation verstrickt, dass Hersteller von Smartphones darüber nachdenken, über Kameras das Umfeld des Nutzers zu scannen, damit er nicht Gefahr läuft, mit Hindernissen zu kollidieren, während er durch die Straßen läuft und gleichzeitig gebannt auf den kleinen Monitor in seiner Hand starrt oder dort Texte eintippt. Das ist kein Scherz, und schon die Ablenkung nur durch einen MP3-Player, der die akustische Wahrnehmung des Umfelds einschränkt, stellt eine unterschätzte Gefahr dar. Chirurgen in den Ambulanzen der Krankenhäuser können dies bestätigen.

Das Smartphone zieht die volle Aufmerksamkeit seiner Anwender auf sich. Alle Sinne sind gefragt. Vermutlich werden sich auch zunehmend orthopädische Probleme der Menschen einstellen, wenn ständig die Halswirbelsäule geknickt bleibt und gar nicht mehr vom Monitor aufgerichtet wird. So ganz perfekt ist die Hardware also noch nicht auf den Menschen abgestimmt.

Wenn reale und digitale Welt zusammenstoßen
Auf sehr schmerzhafte Weise hat dies vor kurzem ein in sein Smartphone vertiefter junger Mann erfahren, der mir, während ich mit dem Fahrrad auf einem kombinierten Geh-und Fahrradweg unterwegs war, entgegenkam. Die Fahrradklingel war wegen der Ohrstöpsel außerhalb des Wahrnehmungsbereichs des Fußgängers. Eine typische Situation. Als er mich schließlich doch noch bemerkte, war der Zusammenstoß schon nicht mehr zu vermeiden. Ein Versicherungsfall ist nicht daraus geworden.

Wer sich heute, egal an welchem Ort, genau umsieht, kann beobachten, dass die Nutzung mobiler Endgeräte so sehr das Verhalten der Menschen dominiert, dass man sich schon fragen muss, was die Menschen eigentlich den ganzen Tag getrieben haben, als es diese Geräte noch gar nicht gab.

Kein Frühstück ohne Smartphone
Smartphones haben in Business-Hotels bereits beim Frühstück ihren dominanten Platz direkt neben der Kaffeetasse. Wer glaubt, während einer Zugfahrt in Ruhe lesen oder einen Text bearbeiten zu können, wird sehr schnell herausfinden, dass dies in der meisten Zeit aufgrund der vielen Telefonate ringsherum kaum möglich ist. Es ist schon geradezu ein Schreckens-Szenario, dass zukünftig auch in Flugzeugen die Nutzung von Smartphones möglich sein soll.

Mit anderen Worten: Der digitale Assistent, wie er sich gerade entwickelt, hat enorme Vorteile, da er uns entlasten kann und uns permanent behilflich ist, er hat jedoch auch eine Reihe von Nachteilen mit sich gebracht, die sich möglicherweise noch verschärfen werden.

Beipackzettel
Dazu siehe auch die Ausführungen im Kapitel Bedenken, zu Risiken und Nebenwirkungen.

Digitaler Assistent – Hardware

Wie müsste sich also zunächst einmal die Hardware entwickeln, wie wird sie in Zukunft beschaffen sein, damit die Einheit von Hard- und Software zum echten digitalen Assistenten wird?

Kurzfristig wird sich noch nicht viel entscheidend verändern, also nicht in den nächsten drei Jahren vermutlich. Die Smartphones werden leichter, flacher, mehr Bildschirm bei weniger Gehäuserahmen, fortschreitende Miniaturisierung, kleinere und leistungsfähigere Akkus. Flexible, biegsame, gerundete Bildschirme werden wir bald sehen [64]. Das ändert alles noch nicht viel daran, wie wir die Geräte nutzen. Wir werden sie in der Hand halten und darauf tippen.

Integrieren wir den Computer in den Menschen?
Aber warum eigentlich Bildschirme und Tastaturen? Intelligente Brillen bringen den Monitor direkt vor's Auge, Sprach- und Gestenerkennung erlaubt viel kleinere Geräte, die sich unauffällig in's normale Leben integrieren.

Hologramme – anstatt eines Bildschirms – sind ebenfalls im Gespräch [65]. Das klingt wie Science-Fiction. Das Holodeck des Raumschiffs Enterprise ist vielen ein Begriff. Virtuelle Welten und Räume entstehen in einem im Grunde leeren Raum und erzeugen eine perfekte Illusion [66]. Menschen betreten das Holodeck und erzeugen für sich eine Umgebung, die sie sich gerade wünschen. Eine kurze Erholung am Strand von Hawaii? Kein Problem. So weit wird es vorerst nicht kommen (wenn ich, während ich das schreibe, aus dem Fenster schaue und den Sommerregen sehe, würde ich es indessen begrüßen). Hologramme in kleinerem Maßstab wird es bald geben. Aus einem kleinen Projektor entsteht ein dreidimensionales Bild, zum Beispiel Ihres Gesprächspartners. Wie das wirkt, wenn Menschen durch die Straßen laufen und ein Hologramm ihres Gesprächspartners schwebt vor ihnen her, nun, das überlassen wir Ihrer Bewertung. Aber im Büro oder zu Hause kann das sinnvoll sein.

Auch denkbar: Monitore in unterschiedlichen Größen könnte es auch an unterschiedlichen Orten frei verfügbar geben. Sie erzeugen Ihren Bildschirminhalt mit Ihrem digitalen Assistenten in der Tasche dort, wo Sie das Bild gerade benötigen. In der Bahn oder im Flugzeug in der Rückenlehne vor Ihnen. Am Schreibtisch auf einem ansonsten durchsichtigen und flexiblen…? Wie nennen wir das dann überhaupt? Monitor? Projektionsfläche? Im Auto auf einem Anzeigegerät im Armaturenbrett. Natürlich nur für den Beifahrer oder wenn das Auto gerade autonom fährt. Was es in Zukunft kann.

Fahr schon mal den Wagen vor

Nach unserer Meinung am praktikabelsten erscheint nach wie vor die Projektion von Bildschirminhalten in eine Brille. Das geschieht unauffällig, beeinträchtigt die Bewegungsfreiheit nicht und ist vielfältig steuerbar. Vielleicht dann auch bald per Gedankensteuerung, wo erste Erfolge zu verzeichnen sind.

Gedankensteuerung für Computer ist heute noch auf seltsam anmutende Geräte angewiesen, die man auf dem Kopf tragen muss, damit sie die Gehirnwellen abgreifen können. Man könnte das unter einem Hut oder einer Mütze verstecken, aber sicher wird die weitere Entwicklung auch hier unauffällige Lösungen bringen. Vielleicht genügen bald ein paar dünne, durchsichtige Verästelungen aus den Bügeln der Google-Brille. Entsprechende Vorschläge von Technikern dazu gibt es.

Falls wir so etwas wie eine Google-Brille überhaupt noch benötigen werden. Für viele erscheint sie als Gerät schon wieder zu sperrig. Brillen werden von vielen Menschen grundsätzlich als störend oder „unschön" oder auch nur unbequem empfunden. In den letzten Jahren wurden die Mediziner immer besser im Umgang mit Lasern. Das Lasern von Augen ist teuer, aber mittlerweile sehr wirkungsvoll und scheinbar zuverlässig. Eine Langzeitbeobachtung wird mehr Gewissheit bringen.

Kontaktlinse ersetzt GoogleGlass

Andere setzen auf Kontaktlinsen. Die verträgt zwar nicht jeder – und nicht alle sind bereit, sich einen solchen „Fremdkörper" in die Augen zu setzen. Aber dennoch arbeiten Wissenschaftler und Techniker an Kontaktlinsen, die wie die Google-Brille in der Lage sind, Informationen direkt vor dem Auge anzuzeigen. An den Entwicklungen sind auch Abteilungen von Samsung beteiligt, wie Technology Review im Juni 2013 meldet. Mit neuen Materialien und der Nutzung der Nano-Technologie ist es gelungen, erste Versuche mit Kaninchen durchzuführen. Deren Augen entsprechen in ihrer Größe etwa denen des Menschen. Abstoßungsreaktionen und Rötungen habe es nach Stunden des Versuches nicht gegeben.

Jang-Ung Park, Chemie-Ingenieur am Ulsan National Institute of Science and Technology in Korea, der das Projekt leitet, sagt: „Wir wollen ein tragbares Kontaktlinsen-Display herstellen, das alles kann, was GoogleGlass auch kann." Dazu benötigt man die passenden flexiblen und leitfähigen Materialien. Auf diesem Weg scheint man nun einen großen Schritt vorwärts gekommen zu sein. Denn geforscht wird an dieser Technologie weltweit seit mehr als fünf Jahren schon an unterschiedlichen Institutionen.

Wie auch immer die konkreten Lösungen aussehen werden, die Geräte, die wir heute als Smartphones kennen, wird es so in wenigen Jahren kaum noch geben müssen. Die Technologie wird sich immer stärker an den Menschen anpassen, sich in sein Umfeld integrieren, unsichtbarer werden, komfortabler. Tragbarer. Im wahrsten Sinne des Wortes. Die Technologie lässt sich auch ohne Weiteres zukünftig in Kleidung integrieren. Was ohnehin passieren wird: Einzelne Technikkomponenten wandern in unsere Kleidung. Nicht in die Taschen der Jeans, sondern integriert in T-Shirts, Pullover, Jacken, was auch immer. Das wird auch in der Medizin eine zunehmende Rolle spielen. Aber auch dazu an anderer Stelle in diesem Buch mehr.

Mini to the Max

Am Ende kommt es also – was die Hardware angeht – darauf an, wie sie sich weiter miniaturisieren lässt und wo wir sie unauffällig integrieren. Und auf welche Weise wir Inhalte zugänglich und hör- bzw. sichtbar machen. Vielleicht auch weitere Sinne ansprechen. Fühl- oder riechbar machen. Außerdem, wie wir sie steuern.

Wie sich aus den Versuchen mit Kontaktlinsen-Computern ersehen lässt, macht die Technologie auch ganz klar nicht halt vor der Integration in den Menschen. Bisher hat sie sich dem Menschen nur immer mehr angenähert. Wurde kleiner, tragbarer und wird es immer mehr. Doch der Weg führt offenbar unweigerlich hin zur Integration in den menschlichen Körper. Dazu komme ich später nochmal im Zusammenhang mit der Robotik.

Gesichtserkennung – ja oder nein?

Wenn Sie nun hier an dieser Stelle die eigene Phantasie etwas laufen lassen, dann können Sie sicher auch die Nebenwirkungen jenseits der Augenrötungen durch Computer-Kontaktlinsen erkennen. Nicht jeder ist begeistert von Technologie, die sich immer unauffälliger integriert. Auch die Software-Fähigkeiten stoßen nicht nur auf Lob und Begeisterung.

Während es einerseits für viele eine große Hilfe wäre, eine Gesichtserkennungs-App zu haben, die uns die Namen der Personen, die wir treffen, in einer Brille einblenden würde, will Google diese Art von Apps aktuell gar nicht freigeben. Spielcasinos sind auch mehr als zurückhaltend. Wenn um einen Spieltisch mehrere Personen stehen, die zum Beispiel Spieler beobachten, dann könnte ein befreundeter Spieler von Informationen eines „Partners" profitieren. Und was passiert, wenn ein digitaler Assistent gehackt und die Kamera eines Anwenders plötzlich von Dritten missbräuchlich genutzt wird, ist ebenfalls Thema heißer Diskussionen.

Nötig: interdisziplinäre Diskussion

Alle diese Themen sind es wert, im Rahmen einer interdisziplinären Diskussion zwischen Wissenschaft, Herstellern, Anwendern und Philosophen thematisiert zu werden. Technikfolgen-Forschung bekommt hier eine völlig neue Dimension. Und die ist bisher weitgehend unbeachtet. Es dominiert die Faszination der technischen Möglichkeiten.

Digitaler Assistent – Software

Für den digitalen Assistenten ist das zuvor Beschriebene sozusagen nur die Schale, in der wir ihn unterbringen, die Verpackung. Wie aber wird der digitale Assistent auf der Softwareseite aussehen?

Heutige Smartphones sind vollgepackt mit Apps. Nicht eine Handvoll, nein, zig Apps hat jeder Smartphone-Besitzer installiert. Davon viele, die kaum je benutzt werden, aber irgendwann seine Aufmerksamkeit erregt haben. Da liegen sie nun im Speicher, verursachen Energiekonsum und schicken selbsttätig unnötige Daten durch die Welt.

Isolierte Apps sind langweilig

Und vor allem können alle diese Apps nur spezielle isolierte Aufgaben bewältigen. Die Wetter-App weiß nicht, wann mich das Wetter an welchem Ort interessiert, weil ich dort ein paar Tage Urlaub verbringen möchte. Sie weiß auch nicht, wann ich wohin auf Dienstreise fahre. Also kann sie mich im Winter auch nicht automatisch vor schlechten Wetterverhältnissen warnen. Der Terminkalender verwaltet Termine. Mehr aber auch nicht. Er ist noch nicht mit dem Routenplaner vernetzt. Auch nicht mit den Verkehrsmeldungen. Die Schadenmelde-App der Pfefferminzia ist nicht in der Lage, mir bei Schäden weiterzuhelfen, die bei anderen Versicherern versichert sind. Und die Verträge, die ich bei fünf unterschiedlichen Versicherern habe, soll ich als Kunde in fünf unterschiedlichen Apps der Anbieter verwalten. Die Notizen-App weiß nichts von meinem Aufgabenplaner. Sie kann die Notizen auch nicht verstehen. Der Terminkalender versteht auch nicht, um was es bei den Terminen geht. Dass ich bei Amazon auf der Wunschliste eine neue Kaffeemaschine habe, die es bei einem Händler in der Nähe zum Sonderpreis gibt, das alles können heutige Smartphones trotz aller Apps noch nicht intelligent für mich in Beziehung setzen und daraus Rückschlüsse ziehen.

Künstliche Intelligenz entwickelt sich

Doch genau das wird sich ändern. Die fortscheitende Entwicklung der Künstlichen Intelligenz (KI, oder auch ArtificialIntelligence, AI) wird genau hier den Hebel ansetzen und den digitalen Assistenten ermöglichen. Und der wird uns als Anwender tatsächlich deutlich entlasten. Er wird verstehen, was in unseren Notizen steht. Er wird es nicht nur in Form von Nullen und Einsen abspeichern. Er wird unsere Bedürfnisse erlernen. Er wird aus unseren Handlungen, Absichten (Wunschlisten), Terminkalendern und Aufgabenlisten lernen. Er wird unser Verhalten studieren und Rückschlüsse ziehen. Und dann Vorschläge machen. Oder in bestimmten Situationen Entscheidungen treffen. So wie heute schon Sicherheitssysteme in Autos entscheiden, eine Vollbremsung einzuleiten, weil wir ein Hindernis übersehen haben.

Unser intelligenter Assistent wird in der Lage sein, alle notwendigen Informationen aus unterschiedlichen Sensoren und Daten, die wir selbst erzeugen, Daten, die wir verfassen und speichern, Daten, die man uns zusendet, mit Daten aus dem Internet zusammenzuführen, zu analysieren, zu neuen Informationen zu formen.

Big Data

Damit wird er uns ganz wesentlich entlasten können. Als Konsument müssen wir uns dann tatsächlich nicht mehr um die Füllung des Kühlschranks und der Vorratskammer sorgen. Der elektronische Assistent weiß, welche Sorte Mineralwasser wir bevorzugen, wie viel davon noch zu Hause steht, wo es im Sonderangebot zu haben ist und wann wir dort sowieso vorbeikommen, weil es am Rückweg einer Dienstreise liegt. Oder er bestellt die wöchentliche Shoppingliste bei einem Dienstleister, der alles nach Hause liefert.

Wer aufmerksam beobachtet hat, welche Akquisitionen Google in den letzten Monaten gemacht hat, der wird sicher hellhörig werden. Eine ganze Armada von Robotikfirmen und zuletzt ein auf Künstliche Intelligenz spezialisiertes Unternehmen waren dabei.

2.10 Robotik

Die Robotik darf an dieser Stelle nicht unerwähnt bleiben. Ich möchte mich hier jedoch auf die Robotik beschränken, bei der es um Maschinen-Assistenten geht, die beispielsweise im Haushalt oder in Krankenhäusern und Pflegeheimen zum Einsatz kommen könnten.

Heute sehen wir vor allem Industrieroboter

Selbstverständlich dreht sich in der Robotik darüber hinaus vieles um zahlreiche Anwendungsmöglichkeiten in der Industrie. In der Industrie geht es dabei hauptsächlich um die Produktion von Gütern. Bekannt sind Bilder aus Fabriken, wo mehrachsige Industrieroboter beispielsweise Karosserien zusammenschweißen. Diese Roboter stehen heute üblicherweise in abgegrenzten Bereichen, Menschen arbeiten in diesen Bereichen nicht, außer die Roboter müssen eingestellt oder gewartet werden. Dies soll sich zukünftig ändern. Zukünftig sollen Roboter auch in der Industrie gemeinsam mit Menschen bestimmte Aufgaben verrichten. In den Jahren seit 2008 ist dieser Robotermarkt enorm gewachsen, auf zuletzt fast 180.000 Stück im Jahr 2013. Der weitere Trend zur Automatisierung treibt diese Entwicklung an. Die durchschnittlichen jährlichen Wachstumsraten lagen bei 9 %. Die größten Märkte mit zusammen 70 % der gesamten Roboterverkäufe bilden Japan, China, USA, Südkorea und Deutschland. Insbesondere die Automobilindustrie setzt immer mehr dieser Maschinen ein.

Aber kommen wir zurück auf die Robotik, die uns hier besonders interessiert. Die Entwicklung von Assistenz-Robotern, Humanoiden und Androiden.

Robi – übernehmen Sie

Sie ist mit dem Internet der Dinge verknüpft und wird in Teilen auch für Versicherer eine zunehmende Rolle spielen können. Zum Beispiel in der Krankenversicherung – und schon in wenigen Jahren in der Pflegeversicherung. Somit kommen wir erneut auf die Themen E-Health und Assisted Living.

In Deutschland wird in der Robotik beispielsweise in Kaiserslautern am DFKI [67] und in Karlsruhe am KIT [68] geforscht. Die Forscher in Karlsruhe sind mit ihren Entwicklungen bei Pflegerobotern schon relativ weit. Was auffällt, ist, dass die Entwicklung von Robotern in Japan völlig anders verläuft als bei uns in Europa. Während in Europa das Aussehen der Roboter in der Regel alles andere als menschlich ist, legen Japaner verstärkt Wert darauf, dass die Roboter zumindest eine menschliche Form haben.

Wie menschlich darf Robi aussehen?

Teilweise wird das Aussehen so sehr in den Vordergrund gestellt, dass Roboter perfekte Kopien eines Menschen sind, die man aus einer gewissen Distanz von einem echten Menschen zunächst kaum unterscheiden kann. Besonders hervorgetan hat sich in dieser Hinsicht ein japanischer Professor, Hiroshi Ishiguro [69]. Er ist Direktor des Intelligent Robotics Laboratory am Department of Adaptive Machine Systems der Universität Osaka.

Eine Wirkung von Robotern, die man in diesem Zusammenhang sehr gut beobachten kann, ist das Durchschreiten des sogenannten Uncanny Valley. Maschinen und Geräte, damit auch Roboter, sind uns sympathisch, solange sie uns noch nicht zu ähnlich werden. Je mehr sie können, umso mehr mögen wir sie. Bis zu einem gewissen Punkt, wo sie uns so ähnlich werden, dass wir uns mehr oder weniger von ihnen bedroht fühlen. Dann lässt die Sympathie schlagartig nach, die Sympathiekurve sackt regelrecht ab. Erst, nachdem wir uns an die Entwicklung gewöhnt haben und sich die Roboter noch weiterentwickelt haben, geht diese Sympathiekurve wieder steil nach oben. Wer erstmals einem Roboter von Hiroshi Ishiguro auf einer Messe begegnet, wird diesen Effekt mit Sicherheit kennenlernen.

Asimo, liebenswürdiger Helfer

Besonders weit fortgeschritten bezüglich seiner Fähigkeiten ist ein weiterer japanischer Roboter, von dem es eine Reihe von interessanten Videos im Internet zu sehen gibt. Honda hat diesen Roboter namens ASIMO [70] entwickelt. Seine Fähigkeiten sind in der Tat enorm. Sein Aufbau ist dem Körper eines Menschen sehr nahe, er gleicht in etwa dem Aussehen eines Astronauten mit Raumanzug. Er hat Arme und Beine, Hände zum Greifen, kann verstehen und sprechen und läuft sogar über unebenes Gelände.

Auch von anderen Anbietern gibt es in Japan [71] bereits eine Reihe von Robotern, die in Pflegeheimen und auch in Schulen genutzt werden. Dass die Robotik in Japan deutlich weiter gediehen ist, liegt an der dort enormen Technikgläubigkeit sowie an dem schon deutlich stärker spürbaren demografischen Wandel. Es fehlen dort schlicht noch mehr Arbeitskräfte, die zur Pflege eingesetzt werden können, gleichzeitig ist der Anteil an älteren Menschen bereits jetzt deutlich höher als bei uns.

Die Robotik in Deutschland orientiert sich, auch wenn es um die Unterstützung von Pflegekräften in Altersheimen geht, eher am Nutzwert. Roboter des KIT in Karlsruhe haben bereits in einem Stuttgarter Altenheim in einem Testfeld sehr vielversprechende Ergebnisse abgeliefert. Dabei wurden zwei unterschiedliche Robotertypen eingesetzt. Entgegen den japanischen Modellen, die dort für den Einsatz in Krankenhäusern und in der Pflege entwickelt werden, haben die deutschen Roboter keinerlei Ähnlichkeit mit Menschen.

Roboter als Lastenträger

Einer der Roboter, die in dem Altenheim eingesetzt wurden, ist dafür vorgesehen, Lasten automatisiert von einem Punkt zum nächsten zu transportieren. Beispielsweise folgt er einer Pflegekraft auf dem Flur im Heim und nimmt die Schmutzwäsche auf. Ist der Container voll, kann der Roboter von der Pflegekraft in den Keller geschickt werden, wo er die

Schmutzwäsche ablegt und frische Bettbezüge und andere Gegenstände entgegennimmt, um sie zur Station zurückzubringen. Den Weg von der Station in den Keller und zurück findet der Roboter vollkommen eigenständig.

Derselbe Roboter wurde außerdem während der Nacht für die Überwachung des Gebäudes eingesetzt. Die bei älteren Menschen leider zunehmend verbreitete Demenz führt zu Orientierungslosigkeit und häufig zu einer Weglauftendenz. Ist nicht genügend Pflegepersonal vorhanden, wird es schwierig, Patienten nachts rechtzeitig zu finden, bevor sie das Haus verlassen oder Unfälle erleiden. Über Sensoren konnte der eingesetzte Roboter Personen erkennen, die im Haus herumirrten. Das Pflegepersonal wird somit effektiv entlastet und nur bei tatsächlichen Notfällen angefordert.

Der zweite getestete Roboter besitzt einen beweglichen Arm, auf dem er auf einer Ablage leichtere Gegenstände transportieren kann. Er ist zum Beispiel in der Lage, die Bewohner des Altenheims mit Getränken zu versorgen. In geringem Umfang ist es sogar möglich, sich mit ihm zu unterhalten.

Auf den ersten Blick seltsam mutet es an, wenn man einen weiteren Roboter betrachtet, der in Altersheimen bereits getestet wurde. Es handelt sich um eine Art Stofftier, eine Robbe, die auf Berührungen und Laute reagiert und sich nach Aussage von Experten positiv auf die psychische Verfassung von Altenheimbewohnern auswirkt.

Roboter in der Pflege kommen in der nächsten Dekade

Die Robotik wird hier sicherlich eine Entwicklung nehmen, die in den nächsten Jahren dazu führen wird, dass diese Maschinen im medizinischen und pflegerischen Bereich eine zunehmende Rolle spielen werden. Daran besteht grundsätzlich kein Zweifel.

Was den zeitlichen Horizont angeht, kann davon ausgegangen werden, dass diese Entwicklung nach 2020 Fahrt aufnehmen wird. Experten gehen davon aus, dass etwa um 2020 herum die ersten Roboter so weit entwickelt sein werden, dass sie aus einem Prototypenstadium herauskommen und in größerer Zahl in Krankenhäusern und Pflegeheimen eingesetzt werden können.

Roboter entlasten und ergänzen Pflegepersonal

Dann werden Roboter auch so weit entwickelt sein, dass sie das Pflegepersonal effektiv bei schweren Verrichtungen in der Pflege entlasten können. In Japan gibt es bereits Roboter, die Menschen aus einem Bett beispielsweise in einen Rollstuhl verlagern können. Insbesondere für die Entlastung von schweren körperlichen Tätigkeiten des Pflegepersonals werden diese Entwicklungen eine zentrale Rolle spielen.

Denn auch das Pflegepersonal muss bis zur Rente immer länger arbeiten. Und sie werden ergänzend zum Pflegepersonal eingesetzt werden, um Aufgaben in Teilbereichen eigenständig zu erledigen. Auch dies wird dringend nötig werden, vor dem Hintergrund, dass es immer mehr alte und pflegebedürftige Menschen gibt, auf der anderen Seite jedoch nicht genügend Menschen, die den harten und schlecht bezahlten Pflegeberuf erlernen oder ausführen möchten.

2.11   Aktuelle Trends von der CES 2014 in Las Vegas

Sie ist jedes Jahr ein Highlight, eine der weltweiten Messen, auf die sich viele Augen richten, wenn es um die neuesten Elektronik-Trends und inzwischen auch sehr stark um das Internet der Dinge geht – die CES, die Consumer Electronics Show in Las Vegas. Und so war Las Vegas auch 2014 wieder das Mekka aller, die sich zu QuanitifiedSelf, Ambient Assisted Living, E-Health, Smart Home, Connected Car und all den Themen rund um das Internet der Dinge informieren und die neuesten technischen Lösungen gleich live erleben wollten.

Natürlich findet man auf der CES immer die aktuellsten Fernsehgeräte, 4K, riesige Bildschirme mit gebogenen Oberflächen, die neuesten Smartphones und alles, was in den Bereich der Consumer Electronics gehört. Aber seit 2013 auch diverse Automobilhersteller, die dort die neuesten technischen Errungenschaften vorstellen. Selbstfahrende Autos werden nicht in Detroit, sie werden in Las Vegas gezeigt.

Was gab es also Neues, was sind die aktuellsten Trends?

Was als „The Next Big Thing" gehandelt wird, das sind die seit Jahren schon besprochenen und nun in einen gewissen Reifegrad gekommenen 3-D-Drucker. Eine spannende Entwicklung, bei der aus Kunststoffen und Metallen mehr oder weniger beliebige Teile gedruckt werden können. Der Rahmen ist weit gesteckt: Ersatzteile für Flugzeuge, Nippes und sogar Nahrungsmittel, es scheint alles denkbar zu sein.

Aus dem Reich des Internets der Dinge kommen ebenso nützliche wie unnütze neue Produkte. Ohne Zweifel nützlich ist der neue Babystrampler, den Intel vorgestellt hat. Sie haben richtig gelesen: Intel.

Literatur

1. Matthew Zook, Internet metrics: using host and domain counts to map the internet, Telecommunications Policy, Volume 24, Issues 6–7, August 2000, Pages 613–620, ISSN 0308-5961, http://dx.doi.org/10.1016/S0308-5961(00)00039-2. (http://www.sciencedirect.com/science/article/pii/S030859
2. A. Overeem et al. Crowdsourcing urban air temperatures from smartphone battery temperatures, Geophysical Research Letters, DOI: 10.1002/grl.50786
3. P. Mohan, V. N. Padmanabhan, R. Ramjee, TrafficSense: Rich Monitoring of Road and Traffic Conditions using Mobile Smartphones, Microsoft Research, 4.2008, http://research.microsoft.com/apps/pubs/default.aspx?id=70573
4. Katie Hafner, The Epic Saga of The Well, Wired 5.05 1997, http://www.wired.com/wired/archive/5.05/ff_well.html
5. HR online, Polizei-Preisliste für Facebook-Partys, 5.8.2013, http://www.hr-online.de/website/rubriken/nachrichten/indexhessen34938.jsp?rubrik=34954&key=standard_document_49261329
6. Sherry Turkle, Alone Together, Basic Books 2011
7. CharalamposDoukas, Combining QuantifiedSelf with IoT for effective motivation, http://blog.buildinginternetofthings.com/2013/01/28/combining-quantifiedself-with-iot-for-effective-motivation/.

8. Hudson, J., Viswanadha, K. (2009): Can „wow" be a design goal? In ACM Interactions, Volume 16, Issue 1, 2009.
9. Vinton Cerf, When they're everywhere. In Denning, M.: Beyond Calculation, Copernicus, Springer, New York, 1998.
10. IEEE Standards Association, Standards are Making the Internet of Things Come Alive, http://standardsinsight.com/ieee_company_detail/standards_iot
11. Felix Ehrenfried, IT-Unternehmen entdecken Gesundheitsbranche, Wirtschaftswoche Online, 13.7.2013 http://www.wiwo.de/technologie/forschung/quantified-self-it-unternehmen-entdecken-gesundheitsbranche/8450982.html
12. The Wall Street Journal, Internet of Things Poses Big Questions, 3.7.2013, http://online.wsj.com/article/SB10001424127887323899704578583372300514886.html
13. Jialiu Lin, ShahriyarAmini, Jason Hong, Norman Sadeh, JanneLindqvist, and Joy Zhang, Expectation and Purpose: Understanding Users' Mental Models of Mobile App Privacy through Crowdsourcing, Ubicomp 2012, http://cmuchimps.org/publications/119-expectation-and-purpose-understanding-users-mental-models-of-mobile-app-privacy-through-crowdsourcing
14. London schaltet datenhungrige Mülleimer ab, heise online, http://www.heise.de/newsticker/meldung/London-schaltet-datenhungrige-Muelleimer-ab-1934111.html
15. Vaillant-Heizungen mit Sicherheits-Leck, http://www.heise.de/newsticker/meldung/Vaillant-Hcizungcn-mit-Sichcrheits-Leck-1840919.html
16. Wikipedia Artikel zu Stuxnet, http://de.wikipedia.org/wiki/Stuxnet
17. Bundesministerium für Wirtschaft und Technologie, Kosten-Nutzen-Analyse für einen flächendeckenden Einsatz intelligenter Zähler, http://www.bmwi.de/DE/Mediathek/publikationen, did%3D586064.html
18. General Electric, New Industrial Internet Service Technologies From GE Could Eliminate $150 Billion in Waste, November 2012, http://www.gereports.com/new_industrial_internet_service_technologies_from_ge_could_eliminate_150_billion_in_waste/
19. ADIS 16228: DIGITAL TRIAXIAL VIBRATION SENSOR WITH FFT ANALYSIS AND STORAGE, http://www.analog.com/en/mems-sensors/mems-accelerometers/adis16228/products/product.html
20. Dominik Mai, Till Hänisch, Optimierung des Energieverbrauchs der Trockenpartie durch Einsatz von Sensornetzen, http://www.tillh.de/Sensor.html
21. Kevin Ashton, That ‚Internet of Things' Thing, RFID Journal, http://www.rfidjournal.com/articles/view?4986
22. Christine Hintze, MEMS Sensors Breathe Life Into Wii Controller, Electronic Design, Mai 2006, http://electronicdesign.com/news/mems-sensors-breathe-life-wii-controller
23. BenediktOstermeier et al. Connecting Things to the Web using
24. Harald Haas, High-speed wireless networking using visible light, 19 April 2013, SPIE Newsroom. DOI: 10.1117/2.1201304.004773 http://spie.org/x93593.xml?highlight=x2414&ArticleID=x93593
25. Antonio Liotta, The Cognitive Net isComing, IEEE Spectrum 08.13 S. 24 ff
26. http://www.computerbild.de/artikel/cb-Aktuell-Sicherheit-Black-Hat-2013-Diese-neuen-Gefahrcn-drohcn-im-Internet-8585248.html
27. http://techcrunch.com/2013/02/16/this-time-is-different/
28. http://www.wiwo.de/technologie/digitale-welt/high-tech-fuer-den-alltag-intelligente-kleidung-klamotten-mit-pfiff/5344196.html
29. http://www.heise.de/tr/artikel/Kleidung-mit-eingebautem-Gesundheitsmonitor-275132.html
30. http://exmobaby.exmovere.com/
31. http://news.discovery.com/tech/extreme-onesie-monitors-baby-120307.htm
32. https://sites.google.com/site/robertsstiles/intelligente-kleidung--babystrampler-enthaelt-vital-sensor-kleid-integriert-handy

33. http://www.kreiszeitung.de/lokales/bremen/intelligente-kleidung-schuetzt-1196815.html
34. http://www.n-tv.de/wissen/Jacke-sorgt-fuer-Ventilator-Effekt-article11110326.html
35. http://www.daserste.de/information/wissen-kultur/wissen-vor-acht-zukunft/sendung-zu-kunft/2011/kleidung-die-leben-rettet-100.html
36. http://www.innovations-report.de/html/berichte/medizintechnik/ekg_messung_kleidung_moeglich_157553.html
37. http://www.heise.de/newsticker/meldung/Elektronische-Tattoos-Auf-die-Haut-gedruckter-Gesundheitsmonitor-1825835.html
38. http://www.fastcolabs.com/3014449/finally-someone-built-a-budget-version-of-google-glass
39. http://www.heise.de/newsticker/meldung/Totalueberwachung-fuer-australische-Kuehe-1894903.html
40. http://www.device-insight.com/de/fahrzeuge.html
41. http://www.thetileapp.com/2?utm_expid=72811503-1.kv3zsnTHTKex2o_bewQnEQ.1
42. http://www.buzzfeed.com/charliewarzel/this-is-what-it-looks-like-when-your-phone-tracks-your-every
43. http://www.device-insight.com/de/maschinenanlagen.html
44. http://gigaom.com/2012/12/24/mobile-health-in-2013-from-the-gym-to-the-doctors-office/
45. http://www.theverge.com/2013/7/24/4554130/google-chromecast-vs-apple-airplay-how-do-they-compare
46. http://bgr.com/2013/07/11/nokia-lumia-1020-release-date-specs/
47. http://www.spiegel.de/kultur/gesellschaft/bilder-von-picasso-und-matisse-in-rumaenischem-ofen-verbrannt-a-911744.html
48. http://www.esavers.eu/EN/iconnect
49. https://www.rwe-smarthome.de/is-bin/INTERSHOP.enfinity/WFS/RWEEffizienz-SmartHome-Site/de_DE/-/EUR/ViewProductDetail-Start?ProductUUID=1dkKaASG.6IAAAE.T8MxMqzZ
50. http://www.device-insight.com/de/gebaeudetechnik.html
51. http://standards.ieee.org/
52. http://www.laboratories.telekom.com/public/Deutsch/Pages/default.aspx
53. http://www.digital-markets.de/
54. http://www.n-tv.de/auto/Toyota-fuehrt-die-Cloud-fuer-Verkehrsteilnehmer-ein-article10919856.html
55. http://www.sartre-project.eu/en/Sidor/default.aspx
56. http://www.dfki.de/web/forschung/ifs
57. http://www.smartfactory-kl.de/
58. http://www.maschinenmarkt.vogel.de/themenkanaele/produktion/umformtechnik/articles/413041/?cmp=nl-162
59. http://www.kickstarter.com/profile/designswarm
60. http://www.notebookcheck.com/Apple-Herstellungskosten-des-iPad-3-analysiert.71937.0.html
61. http://www.gizmodo.de/2013/03/20/biegsame-smartphones-und-tablets-der-zukunft-galerie.html
62. http://www.gizmodo.de/2013/05/23/biegsamer-oled-bildschirm-von-lg-noch-dieses-jahr-video.html
63. http://mobile-studien.de/marktanteile-betriebssysteme/marktanteile-mobiler-betriebssysteme-q1-2013/
64. http://www.gizmodo.de/2013/03/20/biegsame-smartphones-und-tablets-der-zukunft-galerie.html?pid=10381#gallery-nme
65. http://mashable.com/2013/06/26/cheap-holographic-display/
66. http://news.discovery.com/tech/apps/holoflector-120229.htm
67. http://www.dfki.de/web
68. http://www.kit.edu/index.php

69. http://de.wikipedia.org/wiki/Hiroshi_Ishiguro
70. http://de.wikipedia.org/wiki/ASIMO
71. http://www.dradio.de/dkultur/sendungen/ewelten/2074680/

Integrationsseminar: Ideen für neue Produkte und Dienstleistungen

3

Fabian Wildermuth, Michael Mayr, Patrick Lis, Kevin Köth, Sonja Bertsch, Daniel Eisele, Stefan Hauber, Nikolaus Ilg, Serkan Karatas, Dominik Peukert, Matthias Ritter, Garrit Walker, Matthias Graichen, Dominik Mai, Till Hänisch und Volker P. Andelfinger

T. Hänisch (✉)
Ziegelstrasse 17, 89518 Heidenheim, Deutschland
E-Mail. haenisch@dhbw-heidenheim.de

F. Wildermuth
Kronprinzenstraße 4, 89129 Langenau, Deutschland
E-Mail: fabian.wildermuth@web.de

M. Mayr
Fernschachen 1, 84550 Feichten, Deutschland
E-Mail: michael.mayr90@googlemail.com

P. Lis
Ploucquet Str. 13, 89522 Heidenheim, Deutschland
E-Mail: Patrick.Lis@Outlook.com

K. Köth
Wolfhagener Str. 25, 42929 Wermelskirchen, Deutschland
E-Mail: kevin@kevin-koeth.de

S. Bertsch
Fritz-Keck-Straße 15, 89568 Hermaringen, Deutschland
E-Mail: sonja@bertsch-home.de

D. Eisele
Sanzenbach 1, 73434 Aalen, Deutschland
E-Mail: daniel.eisele@yahoo.de

S. Hauber
Tiefe Klinge 3, 73479 Ellwangen, Deutschland
E-Mail: stefan.hauber@gmx.de

N. Ilg
Schwenninger Straße 20, 73491 Neuler, Deutschland
E-Mail: Nikolaus.Ilg@gmail.com

Kommen wir nun zu einem weiteren wichtigen Grund, warum dieses Buch entstanden ist. Die Studierenden der Dualen Hochschule Baden-Württemberg, DHBW in Heidenheim, Studiengang Wirtschaftsinformatik, bekamen 2014 die Chance, sich für ein Integrationsseminar zu entscheiden. Zur Auswahl unter anderem das Thema „Internet der Dinge".

Die Studierenden, die sich für das Thema „Internet der Dinge" entschieden haben, wurden zunächst mit technischen und inhaltlichen Grundlagen zum Internet der Dinge sowie mit aktuellen Entwicklungen, Trends, Lösungen und Beispielen auf einen Wissensstand gebracht, der es ihnen erlaubte, sich mit der Frage zu befassen, wie nun aus diesem Wissen heraus neue Ideen, Produkte und Geschäftsmodelle entstehen können.

In den ersten Seminartagen wurden dazu auch Grundlagen zur Methodik vermittelt, Wissen über typische Innovationsmethoden, wie zum Beispiel Stage Gate und Business Design. In mehreren Schritten wurde im Seminar in drei Gruppen jeweils ein Thema herausgearbeitet, das im Anschluss in Eigenregie und mit Unterstützung sowie in weiteren Präsenztagen an der Hochschule zu bearbeiten war und zu einer Reife gebracht werden sollte, welche die Veröffentlichung eines Artikels ermöglichte.

Diese Artikel der Studierenden, ergänzt um aktuelle Artikel der Betreuer, Volker P. Andelfinger und Prof. Till Hänisch, folgen im Anschluss. Ziel war es, aus diesem Seminar heraus ein Buch entstehen zu lassen und branchenneutral das Internet der Dinge und seine Chancen zu erklären.

S. Karatas
Hohe Str. 46, 89518 Heidenheim, Deutschland
E-Mail: karatasser@gmail.com

D. Peukert
Bühlstr. 40, 73432 Aalen, Deutschland
E-Mail: dominik.peukert@t-online.de

M. Ritter
Josef-Feller-Weg 11, 89415 Lauingen, Deutschland
E-Mail: matthias@ritter-lauingen.de

G. Walker
Heidenheim, Deutschland
E-Mail: garrit-walker@web.de

M. Graichen
Buchaer Str. 28b, 07745 Jena, Deutschland
E-Mail: makawe@arcor.de

D. Mai
Kapellstraße 92, 89520 Heidenheim, Deutschland
E-Mail: dominik.mai@zm-technik.de

V. P. Andelfinger
Berwartsteinstraße 21, 76855 Annweiler, Deutschland
E-Mail: volker.p.andelfinger@googlemail.com

3.1   Indoor-Navigation für Sehbehinderte

Fabian Wildermuth, Michael Mayr, Patrick Lis, Kevin Köth

Abstract

Blinde und sehbehinderte Menschen haben gerade in öffentlichen Gebäuden Schwierigkeiten, sich zu orientieren. Können sie im Outdoor-Bereich auf Navigationsanwendungen zurückgreifen, die sich auf ihrem Smartphone befinden, müssen sie sich im Indoor-Bereich vollständig auf ihre Sinne verlassen oder sind auf die Hilfe anderer Menschen angewiesen. Eine Navigationsanwendung, die zusätzlich zu den Straßenkarten auch Karten enthält, die das Innere eines Gebäudes beschreiben und blinde und sehbehinderte Menschen so sicher und zuverlässig durch ein Gebäude führt, würde einen enormen Mehrwert darstellen. Agierend mit RFID-Tags, um zusätzliche Informationen blindengerecht aufzubereiten, kann das Geschäftsmodell auch auf andere Bereiche übertragen werden.

Einleitung

Ein Navigationssystem im In- und Outdoor-Bereich für blinde und sehbehinderte Menschen, welches perfekt funktioniert und ergänzend zum klassischen Blindenhund und Blindenstock genutzt werden kann. Das ist ein Anspruch, der keineswegs utopisch ist, sondern mithilfe neuer Technologien umsetzbar ist. Zusätzlich soll es dem Benutzer ein Gefühl von Sicherheit geben, dabei bezahlbar bleiben und als Geschäftsmodell auch in anderen Bereichen des alltäglichen Lebens angewendet werden.

Blinde und sehbehinderte, aber auch ältere Menschen stehen gerade in ihnen unbekannten Gegenden und Gebäuden wie Kliniken oder Verwaltungen immer wieder vor der Herausforderung, sich zurechtzufinden. Zwar stehen ihnen durch die Möglichkeit, einen Blindenhund oder einen Blindenstock zu führen, unterstützende Mittel zur Verfügung, dennoch kann das Gefühl von Unsicherheit bleiben. Aus diesem Grund ist es wichtig, eine Möglichkeit zu finden, wie diese Unsicherheiten beseitigt werden können. Ein Lösungsansatz, der das Problem angehen möchte, ist der virtuelle Blindenstock. Gerade im Zeitalter der Smartphones haben sich viele Entwickler das Ziel gesetzt, diesen optimal umzusetzen. Doch bieten die momentanen Ansätze immer nur Teilaspekte und kein komplettes Paket, welches alle Anforderungen abdeckt.

Während es für den Outdoor Bereich viele verschiedene Lösungen gibt, scheint der Indoorbereich bisher nur geringfügig berücksichtigt worden zu sein. Doch gerade hier haben viele sehbehinderte und blinde Menschen Probleme bei der Orientierung. Wo befindet sich der Aufzug oder wo ist Zimmer 305? Einzelne Beispiele, die zeigen, dass diese Menschen ohne fremde Hilfe nicht zu ihrem Ziel finden würden. Hier müssen Konzepte erarbeitet werden, die diese Probleme beseitigen können.

Dieser Artikel analysiert zu Beginn den Markt, betrachtet die Anforderungen, die blinde und sehbehinderte Menschen an ein Navigationssystem haben, und stellt vorhandene Anwendungen vor. Anschließend wird unsere Produktidee, insbesondere aus technischer

Perspektive, erläutert. Zum Schluss wird ein mögliches Geschäftsmodell beschrieben und anhand von Beispielen gezeigt, wie die Anwendung vertrieben werden kann.

Marktanalyse

Potenzialeinschätzung

In Deutschland leben ca. 145.000 blinde und 1.200.000 sehbehinderte Menschen. Es kann also durchaus behauptet werden, dass am Markt ausreichend viele Nachfrager von Navigationssystemen vorhanden sind. Eine Umfrage des Bundesministeriums für Wirtschaft und Energie zu Mobilität und Techniknutzung, die 2013 im Rahmen des Entwicklungsprojekts m4guide durchgeführt wurde, bestätigt diese These:

90 % der Befragten sind ihren Angaben zufolge täglich oder mehrmals pro Woche alleine zu Fuß unterwegs. Ungefähr die Hälfte der insgesamt 356 befragten Personen nutzt ein Smartphone bzw. einen Tablet-PC, um sich über ihnen unbekannte Wege zu informieren. Allerdings muss angemerkt werden, dass die Befragten eher der technikafinen Bevölkerungsgruppe zuzuordnen sind.

Anforderungen an ein Navigationssystem

Ein Navigationssystem für blinde und sehbehinderte Menschen muss in erster Linie zuverlässig funktionieren. Es ist wichtig, den Nutzern ein Gefühl von Sicherheit zu geben. Sie müssen dem System vertrauen können.

In der m4guide-Studie wurden blinde und sehbehinderte Menschen nach ihren Wünschen bezüglich eines solchen Navigationssystems befragt. Neben einer einfachen Bedienung wünschen sich Nutzer beispielsweise eine sofortige Information über eine eingeschränkte Genauigkeit der Ortung. Ebenfalls unverzichtbar ist eine Wo-bin-ich-Funktion, um sich im Notfall orientieren zu können. Im Bereich Bedienung sind Funktionen wie Spracheingabe und -ausgabe sowie Vorlesen wichtig. Zusätzlich muss es möglich sein, selbstständig Orientierungspunkte speichern zu können.

Damit für blinde und sehbehinderte Menschen ein deutlicher Mehrwert generiert werden kann, müssen möglichst viele öffentliche Einrichtungen im Navigationssystem vorhanden sein. Außerdem sollen zusätzliche Informationen blindengerecht angeboten werden sowie Warnhinweise vor Hindernissen oder Schildern (z. B. „Vorsicht Rutschgefahr") ausgegeben werden.

Marktübersicht

Aus unternehmerischer Sicht scheint es nicht unwahrscheinlich, dass in diesem Bereich Umsätze generiert werden können. Einige Unternehmen haben bereits Navigationsprodukte in ihr Portfolio aufgenommen, eine Auswahl dieser Produkte wird im folgenden Kapitel vorgestellt.

Das Computerunternehmen Apple hat in diesem Bereich bereits früh Bedienmöglichkeiten implementiert. Apple hat dem barrierefreien Zugang zu seinen Geräten schon immer eine besondere Bedeutung beigemessen. So war bereits das iPhone 3GS mit VoiceOver ausgestattet. Hierbei handelt es sich um eine Sprachausgabe-Software, die verbale Instruktionen während der Bedienung des Touchscreens gibt und somit blinden und sehbehinderten Menschen eine vereinfachte Bedienung des Smartphones ermöglicht.

VoiceOver ist eine wichtige Basis-Technologie für einige der derzeit populärsten Anwendungen. So nutzen die Apps Ariadne GPS, Myway Classic und Karten VoiceOver, um Funktionalitäten, wie z. B. Routenführung/-aufzeichnung, Suche und Speicherung von Points of Interests oder Simulationen, anzubieten.

Myway Classic nimmt hierbei eine Sonderstellung ein. Die App nutzt keine direkte Internetverbindung, um auf Kartenmaterial zuzugreifen. Stattdessen wird Kartenmaterial von einem Rechner heruntergeladen, um dieses anschließend über iTunes auf das iPhone zu übertragen. Seine Vorzüge hat diese App vor allem dann, wenn der Nutzer keinen Flatrate-Vertrag hat oder im Ausland auftretende Roaming-Gebühren vermeiden will.

BlindSquare und Google Maps sind Beispiele für Apps, die eine App-eigene Stimme integriert haben. Allerdings weist die Navigation über Google Maps noch (Stand: Oktober 2013) erhebliche Mängel in der Usability auf.

Grundsätzlich gilt im Bereich der iOS-Navigationsanwendungen, dass kostenpflichtige Anwendungen mehr Funktionalitäten und eine bessere Benutzbarkeit versprechen. Ariadne GPS (5,49 €), BlindSquare (17,99 €) und MyWay Classic (13,99 €) bieten beispielsweise die Anlage eigener Points of Interest und die „Wo-bin-ich"-Funktion an, während die kostenlosen Apps Karten und Google Maps diese Dienste nicht zur Verfügung stellen. Aber auch die kostenpflichtigen Apps haben ihre Schwachstellen. Bei der teuersten hier erwähnten App BlindSquare wird an Kreuzungen keine Auskunft über Quer- und Parallelstraßen erteilt. Außerdem kann es zu schwer verständlichen Anweisungen kommen, wenn sich mehrere (Navigations-)Apps überschneiden.

Unabhängig davon, sind auf dem Markt überwiegend für iOS konzipierte Apps vorhanden, was aufgrund der Vorreiterrolle von Apple nicht verwunderlich ist.

Beschreibung des Produkts

Produktidee

Aufgrund der Marktanalyse ergibt sich, dass momentan sehr viele Produkte für die Outdoor-Navigation auf dem Markt vorhanden sind, jedoch fast keine für den Indoor-Bereich existieren. Es muss ein Produkt entworfen werden, welches beide Bereiche miteinander vereint. Dies kann durch eine Smartphone-Anwendung kosteneffizient realisiert werden. Hierbei kann der Nutzen im Vergleich zu den Kosten sehr hoch sein.

Mit der Anwendung soll das Leben blinder und sehbehinderter Menschen leichter gemacht werden. Sie soll ihnen dabei helfen, sich in einem Gebäude fortzubewegen und selbstständig und ohne Hilfe anderer den richtigen Ort innerhalb eines Gebäudes zu finden. Dies soll realisiert werden, indem Gefahrenstellen kostengünstig gekennzeichnet werden, auch wenn diese nur temporär bestehen. Ebenso sollen Informationen, die in

Form von Plakaten, Bildern oder anderen für blinde Menschen verborgenen Medien dargestellt werden, auch dieser Zielgruppe zugänglich gemacht werden. So kann dem Nutzer beim Betreten eines Fastfood-Restaurants die Wocheninformation zugesendet werden. Die Informationen der Anwendung sind speziell auf blinde Menschen zugeschnitten, d. h., Bilder werden vermieden und Dinge beschreibend dargestellt.

Die Anwendung soll blinden und sehbehinderten Menschen den Zugang zu Einrichtungen erleichtern oder gar erst ermöglichen. Die Kosten sollen die Einrichtungen tragen, die durch die Anwendung die Möglichkeit bekommen, eine neue Zielgruppe zu akquirieren. Ebenso kann die Anwendung das Nutzungserlebnis der Einrichtungen verbessern und somit einen Wettbewerbsvorteil schaffen.

Technische Umsetzung

Der enorme technische Fortschritt in den letzten Jahren erlaubt die Realisierung neuer Projekte und Ideen, die noch vor einiger Zeit nicht machbar schienen. So stellte Google zuletzt mit seinem Projekt Car ein autonom fahrendes Auto vor. Dieses modifizierte Auto ist in der Lage, selbstständig Verkehrsschilder und die aktuelle Verkehrssituation zu erkennen und zu analysieren. Navigiert wird das Fahrzeug dabei via Global Positioning System (GPS) und Google Maps. Das Auto ist so in der Lage, völlig selbstständig zu fahren, wobei es keineswegs schlechter fährt als ein Mensch. Auch in den heutzutage modernen Autos ist bereits ein kleiner Teilbereich des Google Cars angekommen. So bieten mittlerweile viele Hersteller einen automatischen Einparkassistenten, der das Auto auch in kleine Parklücken rückwärts einparken kann, ohne dass der Fahrer etwas tun muss. Die S-Klasse von Mercedes-Benz geht sogar noch einen Schritt weiter: Sie bietet ein sogenanntes teilautonomes Fahren, bei dem das Auto bei einer Geschwindigkeit von bis zu 60 km/h eigenständig lenkt, bremst und beschleunigt. Der Fahrer kann jedoch jederzeit eingreifen und muss regelmäßig seine Hände an das Lenkrad halten, damit soll gewährleistet werden, dass der Fahrer trotz Autopiloten auf den Verkehr achtet. Auch dieses System verwendet neben einer Vielzahl an Sensoren GPS zur Navigation.

GPS ist ein sehr genaues Ortungssystem. Die meisten herkömmlichen GPS-Geräte haben eine Genauigkeit von 3 bis 50 m, mit speziellen Geräten, die beispielsweise bei der Landvermessung eingesetzt werden, lässt sich jedoch problemlos eine Genauigkeit von einigen wenigen Zentimetern erreichen. Nach Zandbergen besitzt der GPS-Chip des iPhones als exemplarisches Smartphone eine Genauigkeit von 5 bis 13 m. GPS hat jedoch ein großes Problem, mit dem viele Autofahrer, die ein Navigationssystem nutzen, täglich konfrontiert sind. Sobald die Fahrt durch oder in ein Gebäude wie einen Tunnel oder ein Parkhaus führt, ist eine Ortung nicht mehr möglich. Nun ist dies bei Navigationssystemen für Autos eher ein kleines Problem, da das Navigationsgerät einfach mit der Durchschnittsgeschwindigkeit weiterrechnet und navigiert, bei Einsatzgebieten hingegen stellt dies ein großes Problem dar.

Ein Blindennavigator sollte der sehbehinderten Person die Möglichkeit bieten, sich völlig autonom in fremden öffentlichen Gebäuden zu bewegen. Dies kann durch GPS nicht realisiert werden, da durch die Decken in den Gebäuden oftmals keine Verbindung zu den Ortungssatelliten zustande kommen kann. Es bedarf daher spezieller Technik zur Navigation in geschlossenen Gebäuden.

Ein nicht selten verwendeter Ansatz ist die Navigation durch Wireless LAN (WLAN) Access Points. Bei dieser wird eine Vielzahl an Access Points über beispielsweise eine Etage verteilt. Über die Signalstärke der einzelnen Access Points kann dabei die Position bestimmt werden. Diese Technik ist kompliziert und hat lediglich eine Genauigkeit von ungefähr 3 m. Zudem ist das System anfällig für Störungen, da die Signale der Access Points von beispielsweise Wänden reflektiert werden können. So ist es möglich, dass bereits durch eine geöffnete Türe die Signale anders reflektiert werden und die Ortung daher ein anderes Ergebnis ergibt als bei geschlossener Türe. Für eine – wie bei Autonavigationslösungen – genaue Navigation ist diese Genauigkeit daher nicht ausreichend. Ein weiteres Problem der WLAN-Navigation sind die enorm hohen Kosten, da es notwendig ist, den gesamten Bereich einer Etage mit flächendeckendem WLAN auszustatten.

Eine weitere Möglichkeit zur Navigation in geschlossenen Räumen ist die sogenannte Koppelnavigation. Dies ist eine näherungsweise Ortsbestimmung durch Feststellen von Bewegungsänderungen und Geschwindigkeit. Die dafür notwendigen Sensoren haben die meisten modernen Smartphones bereits als Standard an Bord. Nahezu jedes Smartphone verfügt über einen integrierten Kompass und ein Gyroskop. Über das Gyroskop ist es möglich, die Anzahl der Schritte zu bestimmen. Um daraus die zurückgelegte Strecke zu ermitteln, muss das System für den jeweiligen Benutzer kalibriert werden. Nach der Kalibrierung ist dem System die Schrittlänge des Benutzers bekannt und es kann somit die zurückgelegte Strecke berechnen. Mithilfe des Kompasses lässt sich die Laufrichtung des Benutzers ermitteln. Auch das Gyroskop kann dazu beitragen, Richtungsänderungen zu erkennen. Zusammen mit der digitalisierten Karte des Gebäudes beziehungsweise der Etage lässt sich so der zurückgelegte Weg des Anwenders ermitteln. Damit das Smartphone stets die richtige Karte verwendet, kann zum einen ein Barometer verwendet werden. Dieses misst den Luftdruck und kann so näherungsweise die Höhe über Normallnull bestimmen. Dieser Sensor ist jedoch noch nicht weitverbreitet, so dass es sich empfiehlt, zusätzlich auf eine andere Methode zu setzen.

Eine Möglichkeit ist der Einsatz von sogenannten RFID-Barrieren, die an den Ein- bzw. Ausgängen zu Fahrstühlen oder Treppen angebracht werden. Beim Passieren einer solchen Barriere wird mittels des Near-Field-Communication(NFC)-Chips des Smartphones eine eindeutige ID ausgelesen, die angibt, welche Karte nun benötigt wird. Durch RFID- Tags oder Bluetooth Beacons könnten zudem Gefahrenquellen, wie zum Beispiel temporär aufgestellte Schilder, gesichert werden. Ein Bluetooth Beacon ist eine Sendeeinheit, die an alle Bluetooth-Geräte im Umkreis Daten senden kann. Neben dem hier angedachten Einsatzzweck werden diese auch häufig auf Messen zur Verteilung von Informationen an Besucher verwendet. Die RFID- bzw. Bluetooth-Reichweite von einigen wenigen Metern ist dabei vollkommen ausreichend, um Menschen auf Hindernisse aufmerksam zu machen.

Technisch gesehen stellt diese Art der In- und Outdoor-Navigation kein Probleme dar. Auch die Sensortechnik ist zum größten Teil bereits in den Smartphones verbaut. Das Problem, weshalb diese Art der Navigation noch keinen Einzug in das alltägliche Leben gehalten hat, liegt eher im Organisatorischen. Zunächst müsste ein Standard für die Kommunikation via RFID und WLAN etabliert werden, damit alle Geräte die Signale verstehen. Zudem muss von jedem Gebäude, das diese Technik nutzen soll, ein genauer Plan an zentraler Stelle gesammelt, digitalisiert und zugänglich gemacht werden. Wenn diese organisatorischen Bedingungen erfüllt sind, ist der Schritt zum Blindennavigator nicht mehr weit.

Geschäftsmodell

Allgemeine Beschreibung

Zu überlegen ist, ob eine Smartphone-Anwendung für blinde und sehbehinderte Menschen für diese kostenlos zur Verfügung gestellt werden sollte. Dadurch würde einer schnellen Verbreitung beim User keine finanzielle Hürde in den Weg gestellt werden. Ebenfalls würde eine Abgrenzung zu anderen, auf blinde Menschen spezialisierte Anwendungen am Markt stattfinden. Die eigentliche Finanzierung der Anwendung könnte beispielsweise durch die Betreiber der Einrichtungen erfolgen: Es sollte grundsätzlich im Interesse jeder Einrichtung oder jedes Unternehmens sein, den Zugang für Menschen mit Einschränkungen möglichst einfach zu gestalten.

Die Anwendung ist jedoch nicht ausschließlich für blinde und sehbehinderte Menschen gedacht. Die Orientierung in unübersichtlichen Gebäuden wie etwa Krankenhäusern ist auch für sehende Menschen mit Problemen verbunden. Auch für diese Nutzer sollte die Anwendung kostenlos angeboten werden. Dies ermöglicht eine erhöhte Verbreitung und somit eine finanzielle Motivation für Einrichtungen, am Programm teilzunehmen. Um den Erfolg zu gewährleisten, muss die Anwendung von Menschen und Einrichtungen gleichermaßen genutzt werden.

Einrichtungen, auf die das Geschäftsmodell angewendet werden kann

Blinden und sehbehinderten Menschen sollen Informationen über Gebäude und Räume zur Verfügung gestellt werden. Im Folgenden wird näher auf potenzielle Kunden des Geschäftsmodells eingegangen.

Mögliche Kunden können im stationären Handel gefunden werden (beispielsweise in Fußgängerzonen). Auch Handels- und Fastfood-Ketten können vom Geschäftsmodell profitieren. Ein Hauptaugenmerk soll auf öffentliche Gebäude gerichtet werden. Hier spielen vor allem Bibliotheken, Bildungseinrichtungen, Krankenhäuser oder Erlebnisparks eine wichtige Rolle.

Über ortsbasierende Werbung ist es möglich, zusätzliche Einnahmen zu generieren. Beim Besuch eines Fastfood-Restaurats können die Speisekarte sowie spezielle Tages- oder Wochenangebote zur Verfügung gestellt werden. Auch spezielle Rabattaktionen sind möglich. Möchte ein Kunde zu Fastfood-Restaurants navigiert werden, können vor Ort Informationen über die Wochenangebote bereitgestellt werden, welche der Kunde auf Wunsch abhören kann.

Kostenpflichtige Dienstleistungen

Die Anwendung kann auch über kostenpflichtige Dienstleistungen finanziert werden, die im Folgenden aufgezählt und näher beschrieben werden.

* Kartografieren des Gebäudes und der Räume:
  Einrichtungen, die am Programm teilnehmen wollen, müssen eine digitale Karte des Gebäudes zur Verfügung stellen.
* Points of Interest definieren:
  In jeder Einrichtung gibt es Orte, die besondere Bedeutung haben, wie z. B. Toiletten. Diese müssen in der Karte eingefügt werden und die dazugehörigen Informationen für blinde und sehbehinderte Menschen zugänglich hinterlegt werden.
* Gefahrenpunkte identifizieren und absichern (durch zusätzliche RFID-Tags):
  In jedem Gebäude gibt es Bereiche, die Gefahren darstellen und deshalb durch Verbotsschilder markiert sind. Blinde sehen diese Schilder nicht. Hier gilt es, diese Gefahrenquellen für den Kunden zu identifizieren und zu markieren, so dass blinde und sehbehinderte Menschen auch informiert werden.
* Vertrieb der Hardware:
  Um eine Indoor-Navigation zu ermöglichen, braucht es technische Geräte (WLAN-Router, RFID-Transmitter/Barrieren). Diese können eingekauft werden.
* Installation der Hardware:
  Für eine präzise Navigation innerhalb von Gebäuden mit der oben genannten Technik ist die Lage der dafür benötigten Hardware von entscheidender Bedeutung.
* Leihsystem für Geräte:
  Auch für Menschen ohne eigenes Smartphone kann die Indoor-Navigation zur Verfügung gestellt werden, indem man ihnen beim Betreten eines Gebäudes ein Gerät mit installierter App leiht.
* Wartung und Instandhaltung der Hardware:
  Wie alle technischen Geräte benötigt auch die zur Indoor-Navigation eingesetzte Hardware Wartungs- und Instandhaltungsarbeiten. Diese können durch Serviceverträge angeboten werden.
* Mobile Systeme für Veranstaltungen:
  Es können Pakete angeboten werden, die bei einmaligen Veranstaltungen einsetzbar sind. So kann z. B. eine Messe auch für blinde und sehbehinderte Menschen erreichbar werden.

Als Anreiz für die Betreiber der Örtlichkeiten dient unter anderem das Erreichen einer neuen Kundengruppe bzw. die Erweiterung des potenziellen Kundenkreises. Es kann zu einem wettbewerbsrelevanten Aspekt werden.

Anwendungsbeispiel Rathaus

Kunde K möchte sich im Rathaus der Stadt Heidenheim anmelden. Er hat im Internet recherchiert und erfahren, dass er dazu in den Raum 305 im dritten Stock muss.

Der User gibt als Navigationsziel Rathaus Heidenheim an der Brenz, Raum 305, an.

Der Kunde verlässt seine Wohnung und startet die Navigation: Wie mit handelsüblichen Navigationsgeräten auch führt ihn die GPS-Navigation zum Eingang des Rathauses. Dort passiert er die RFID-Barriere. Die Anwendung lädt die Karte des Rathauses über das WLAN und initialisiert die Startposition. Nun werden Schrittzähler und Kompass genutzt, um den Kunden innerhalb des Rathauses zu navigieren. Da sich Raum 305 im dritten Stock befindet, wird K zunächst zum Aufzug navigiert. Am Aufzug angekommen wird das RFID-Signal empfangen und die Position initialisiert. Auch beim Verlassen des Aufzuges wird die Position initialisiert. Es folgt erneut die Navigation per Schrittzähler und Kompass. Vor Raum 305 wird wieder das RFID-Signal des Raumes empfangen. Dem Kunden wird vom Transmitter mitgeteilt, dass noch kein Gesprächspartner zur Verfügung steht und er im Wartezimmer Platz nehmen soll, bis er eine Nachricht erhält. Der Weg zum Warteraum wird vom Transmitter automatisch übertragen. Bekommt der Nutzer die Nachricht, dass ein Gesprächspartner zur Verfügung steht, wird er automatisch zum jeweiligen Desk navigiert. Nach dem Gespräch kann der Nutzer sich wieder aus dem Gebäude navigieren lassen.

Kritische Betrachtung

Bei den vielen Vorteilen, die eine auf Smartphones gestützte In- und Outdoor-Navigation gerade für sehbehinderte Menschen bietet, dürfen Risiken und mögliche Probleme nicht unbeachtet bleiben. Neben den bereits betrachteten technischen Problemen kann hier vor allem die Einstellung des Menschen im Allgemeinen ein Problem darstellen.

Technologien sollen den Menschen im Alltag oder bei der Arbeit unterstützen. Der Mensch arbeitet nicht fehlerfrei, und so können auch die vom Menschen entwickelten Technologien kleinere oder größere Mängel haben. Eigentlich sollte man meinen, der Mensch ist sich dieser Tatsache bewusst. Doch die Entwicklung der letzten Jahre zeigt, dass Menschen sich immer mehr auf Technologien verlassen und diese nicht mehr hinterfragen. Wir nehmen sie als gegeben hin und verlassen uns auf ihre Richtigkeit. Wie sonst ist es zu erklären, dass beispielsweise ein Autofahrer sich komplett auf sein Navigationsgerät verlassen und sein Auto ohne zu überlegen in einen Fluss gesteuert hat?

Menschen, deren Sehfähigkeit eingeschränkt bzw. ganz verschwunden ist, sind nicht in der Lage zu überprüfen, ob eine Navigationsanwendung den richtigen Weg vorschlägt. Aus diesem Grund dürfen bei Anwendungen für sehbehinderte Menschen keine Fehler toleriert werden. Da diese trotzdem vorkommen können, muss hier verstärkt sensibilisiert werden. Zu überlegen ist, wie diese Sensibilisierung vorgenommen werden kann. Möglich wäre dies beispielsweise durch spezielle Kurse, in denen blinde und sehbehinderte Menschen geschult werden.

Fazit

Es stellte sich die Frage, inwiefern blinde und sehbehinderte Menschen durch den Einsatz von moderner Technik im Alltag unterstützt werden können. Bei der Betrachtung zeigte sich, dass es bereits diverse Angebote gibt – vor allem Anwendungen für die allgegenwärtigen Smartphones –, die diesen Menschen das Leben erleichtern sollen. Nahezu alle Smartphones verfügen über die benötigten Sensoren, um das Smartphone zu einem „Blindennavigator" zu machen. Ein Gerät, das blinden und sehbehinderten Menschen den Alltag erleichtert, indem es ihnen den Weg zeigt. Das Gerät kann dabei sowohl als Indoor- als auch als Outdoor-Navigationsgerät dienen. Die in den vorstehenden Abschnitten vorgestellten technischen Möglichkeiten stellen dabei eine Möglichkeit dar, um eine Navigation auch innerhalb von Gebäuden zu realisieren. Diese Technik muss nun in einem Prototyp realisiert werden. Im Anschluss an den Prototypen müssen erste Gebäude mit der Technik ausgestattet und kartografiert werden.

Nachdem eine erste Version des Navigators fertiggestellt und funktionstüchtig ist, können nach und nach weitere Funktionen ergänzt werden. Eine mögliche Funktion ist die Benutzung der eingebauten Kamera zur Erkennung von Hindernissen wie Schildern und Ampeln oder die Navigation über blindenfreundliche Routen, mit verkehrsberuhigten Bereichen sowie Ampeln mit akustischem Signalgeber.

3.2   Smart Bottle – die intelligente Getränkeflasche

Sonja Bertsch, Daniel Eisele, Stefan Hauber, Nikolaus Ilg, Serkan Karatas

Abstract

Ältere Menschen trinken häufig zu wenig, da das Durstgefühl im Alter deutlich nachlässt. In Altenheimen und Pflegeeinrichtungen ist das Personal meist zu überlastet, um neben anderen Aufgaben, die zu bewältigen sind, auch noch das Trinkverhalten und den Wasserkonsum der Bewohner zu überwachen. Das Ziel ist es deshalb, älteren Menschen mithilfe einer technischen Lösung zu einem gesunden Wasserkonsum zu verhelfen. Dem Personal wird zusätzlich eine Möglichkeit geboten, das Trinkverhalten und den Wasserkonsum der Bewohner besser zu analysieren. Eine kostengünstige Lösung hierzu bietet eine Manschette, welche an eine beliebige Flasche angebracht werden kann. Diese misst den Inhalt der Flasche und überträgt die Daten an eine Auswertungsstation.

Einleitung

Ein erwachsener Mensch besteht zu 70 % aus Wasser. Der deutsche, männliche „Durchschnittsbürger" wiegt 89 kg, das heißt, davon sind 62,3 kg ausschließlich Wasser. Täglich gehen davon 2,5 l über die Haut und durch Ausscheidung verloren. Dieser Verlust muss wieder ausgeglichen werden. Da durch eine normale Ernährung ca. ein Liter Wasser am Tag aufgenommen wird, sind noch 1,5 l durch Getränke zu ergänzen. Das Durstgefühl meldet sich – normalerweise – bereits ab einem Verlust von 0,5 % der Wassermenge. Nun ist der Griff zur Wasserflasche in jedem Falle ratsam. Zudem macht es Sinn, über den Tag verteilt gleichmäßig zu trinken, da der Körper in einer Stunde nur ca. 250 ml Wasser aufnehmen kann. Der Rest wird sofort ungenutzt über die Nieren wieder ausgeschieden. Auch wenn im fortgeschrittenen Alter das Durstempfinden nachlässt, ist der Bedarf nach

Abb. 3.1 HydraCoach

wie vor gegeben. Hält man das gleichmäßige Trinken nicht ein, wird ab 3 % Wasserverlust die Leistungsfähigkeit des Menschen beeinträchtigt. Hier können auch Müdigkeit, Kopfschmerzen und Konzentrationsschwäche die Folge sein. Ignoriert man den Durst über einen längeren Zeitraum und erleidet somit einen größeren Flüssigkeitsverlust, kann es bis zu 24 h dauern, bis der Körper den Flüssigkeitsverlust wieder ins Gleichgewicht gebracht hat. Dies sollte in jedem Falle vermieden werden. Aus der persönlichen Wasserbilanz müssen alkoholische Getränke weitestgehend herausgenommen werden [1, 2].

Damit es im Körper erst gar nicht zu einem Flüssigkeitsverlust kommt, ist es wichtig, dem Körper bewusst regelmäßig Flüssigkeit zuzuführen. Dieses bewusste Trinken gestaltet sich aber oft deutlich schwieriger, als man anfangs glauben mag. Sicherlich ist es jedem schon einmal so ergangen, dass man nach einem stressigen Arbeitstag seine volle Wasserflasche wieder mit nach Hause nimmt. Vor allem aber ältere Menschen trinken oft nicht mehr als einen Liter Wasser am, da das Durstempfinden, laut Kap. 2 des Ernährungsberichts 2012 der Deutschen Gesellschaft für Ernährung e. V. [3], im Alter deutlich nachlässt.

Für die Idee einer Getränkeflasche, welche die Wasseraufnahme eines Menschen optimieren soll, gibt es bereits zwei Entwicklungsansätze auf dem Markt der E-Health-Produkte. Im folgenden Kapitel werden diese Entwicklungsansätze vorgestellt, danach unsere eigenen Ideen zu einer „intelligenten Getränkeflasche" entwickelt und die Abgrenzung zu den bereits bestehenden Ansätzen vorgenommen (Abb. 3.1).

Abb. 3.2 i dration

Marktanalyse

Bereits heute ist eine intelligente Wasserflasche der Firma HydraCoach Inc. [4] auf dem Markt erhältlich. Diese ist als Trinkflasche realisiert, in welche der Benutzer sein Getränk zuerst einfüllen muss. Die Flasche misst den Flüssigkeitskonsum und beobachtet so die Gesamtmenge der Flüssigkeitsaufnahme über den Tag. So kann die durchschnittliche Flüssigkeitsaufnahme pro Stunde berechnet und angezeigt werden. Zusätzlich gibt es einen sogenannten Hydration Calculator, welcher anhand des Körpergewichts und der aktuellen Aktivität (Sportarten, Alltagsbeschäftigungen usw.) die benötigte Wassermenge pro Stunde berechnet. Dies funktioniert nicht automatisch, sondern muss manuell im Calculator auf der Homepage des Herstellers [5] eingegeben und berechnet werden. Das Produkt ist aktuell bei Amazon zum Preis von circa 65 € zu erwerben (Abb. 3.2).

Eine weitere Entwicklung auf dem Markt ist die „i-dration" der Cambridge Consultants [6]. Auch die „i-dration" ist eine intelligente Trinkflasche, in der die Sensoren fest verbaut sind. Diese Flasche sendet Daten, wie z. B. die bisherige Trinkmenge, an das Smartphone des Benutzers. Hier werden die gesendeten Daten mit weiteren Daten, wie zum Beispiel die Bewegungsdaten, die über das Smartphone erfasst werden, kombiniert. So kann beispielsweise der Trinkbedarf des Nutzers ermittelt und – falls dieser unterschritten wird – eine Meldung per Blinklicht in der Flasche abgesetzt werden.

Unsere Ansätze

Für normale Endverbraucher

Um uns von den bereits bestehenden Produkten und Ansätzen abzugrenzen, ist es unser Ziel, eine Technologie zu entwickeln, bei der die Sensorik, die das Trinkverhalten überwacht, nicht fest in der Flasche verbaut ist. Die Sensortechnik soll an jede beliebige Flasche angebracht werden können, ähnlich wie ein Etikett. Dies hat den Vorteil, dass jede gekaufte Flasche verwendet werden kann und das Getränk nicht in eine bestimmte Flasche, in der die Sensorik verbaut ist, umgefüllt werden muss.

Diese Sensoren übertragen die gemessenen Werte via Bluetooth auf das Smartphone des Benutzers. Hier werden die Daten gespeichert und analysiert. Wird die empfohlene Trinkmenge unterschritten, wird dies dem Nutzer auf seinem Smartphone angezeigt.

Außerdem kann der Benutzer über die App auf seinem Smartphone sowohl Statistiken als auch Grafiken über sein Trinkverhalten des gesamten Tages einsehen. Dies kann dem Benutzer helfen, in der Zukunft bewusster auf sein Trinkverhalten zu achten.

Für Krankenhäuser/Pflegeheime oder am Arbeitsplatz

Eine weitere Möglichkeit, das Trinkverhalten ohne eine spezielle Getränkeflasche zu überwachen, ist ein Ultraschallsensor, auf den die Flasche gestellt wird. Der Ultraschallsensor ist in einer Art Untersetzer verbaut, welcher die Abstände der Widerstände des darauf stehenden Gefäßes aufzeichnet. Der erste Widerstand ist der Flaschenboden, der zweite die Wasseroberfläche und der letzte Widerstand ist der Flaschendeckel. Diese Daten werden an ein Auswertungssystem gesendet, welches die Daten auswertet und mit früher gemessenen Werten vergleicht. Die ausgewerteten Ergebnisse über das Trinkverhalten und den Wasserkonsum werden dem Anwender auf dem Smartphone oder Internetbrowser angezeigt.

Bei diesem Ansatz handelt es sich um eine stationäre Lösung, welche sich für Krankenhäuser, Pflegeheime und Arbeitsplätze anbietet. Hier können die gemessenen Daten sowohl an ein Smartphone übermittelt werden oder, wie im Fall des Pflegeheims, an einen zentralen Computer. Dadurch kann das Personal im Pflegeheim zentral das Trinkverhalten der Bewohner überwachen und gegebenenfalls eingreifen, indem es die Bewohner zum Trinken auffordert.

Geschäftsmodell

Durch eine Untersuchung in Form einer Umfrage mit 460 Teilnehmern sollten die zuvor aufgeführten Ansätze bestätigt werden. Bei der Umfrage war das Alter der Teilnehmer zwischen 17 und 70 Jahren. Hierbei wurde klar, dass die Hälfte der Befragten zwischen 30 und 70 Jahren nicht genug Wasser trinkt. Ebenfalls trinken fast 50 % der Teilnehmer lediglich zwischen einem und zwei Liter Wasser am Tag. Die Menge hingegen, die ein Mensch im Schnitt am Tag trinken sollte, liegt bei zwei bis zweieinhalb Litern (Abb. 3.3, 3.4).

Abb. 3.3 Umfrage Trinkmenge pro Tag

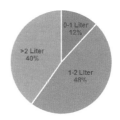

Abb. 3.4 Selbsteinschätzung,
ob Trinkmenge ausreichend ist

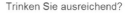

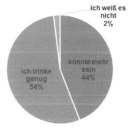

Die Umfrage führt zu der Erkenntnis, dass jüngere Menschen bewusst auf ihren Wasserkonsum achten. Deshalb ist unser Ansatz speziell für ältere Menschen gedacht, um sie
in ihrem Trinkverhalten zu unterstützen. Gerade durch den demografischen Wandel wird
diese Altersgruppe wichtiger, da die Menschen aufgrund des medizinischen Fortschritts
älter werden und das Thema des „Nicht-genügend-Trinkens" eine immer größere Rolle
spielt.

Entscheidung für einen Entwicklungsansatz

In der weiteren Untersuchung wurde deutlich, dass speziell in Alten- oder Pflegeheimen
eine stationäre Lösung wie der Ultraschallsensor keine praktikable Lösung darstellt.
Die älteren Menschen verbringen einen Großteil ihres Tages gar nicht in ihrem Zimmer,
sondern im Aufenthaltsraum, dem Speisesaal oder anderen Räumen des Pflegeheimes.
Ebenso gewährleistet eine mobile Lösung, dass es sich bei der Flasche ausschließlich um
die eigene Flasche handelt. Bei der stationären Lösung kann es unter Umständen vorkommen, dass auf dem stationären Untersetzer eine Flasche eines anderen Bewohners
abgestellt wird. Dadurch sind die Auswertungen im System nicht mehr aussagekräftig, da
einige Daten dem falschen Bewohner zugeordnet werden.

Deshalb ist es hier wichtig und effektiver, eine mobile Lösung anzubieten. Diese soll
trotzdem die Daten auf einem zentralen Computer bereitstellen, damit das Personal einen
schnellen Überblick über das Trinkverhalten der Bewohner hat.

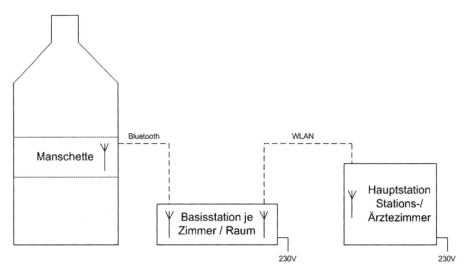

Abb. 3.5 Übertragung von der Manschette zur Hauptstation

Technische Machbarkeit/Kosten

Realisiert werden soll dies anhand einer mobilen Lösung. Verwendet wird eine Flaschen-
manschette, welche mithilfe eines Klettverschlusses an einer beliebigen Flasche befestigt
wird. Im Pflegeheim hat jeder Bewohner eine eigene, mit seinem Namen versehene Manschette, die er – oder das Personal – an der aktuell genutzten Getränkeflasche befestigt.
Um die Kosten für die Herstellung der Manschette so gering wie möglich zu halten, wird
nur die nötigste Technik verbaut (Sender, Elektroden, Batterie, Controller, Speicher, Funkmodul, LED). In jedem Zimmer ist eine Zwischenstation eingerichtet, welche ständig mit
Strom versorgt wird. Je nachdem, in welchem Zimmer der Bewohner sich befindet, werden
die Daten der Manschette an die nächstgelegene Zwischenstation gesendet. Anschließend
werden die gesammelten Daten von den Zwischenstationen an die Hauptstation im Sta-
tions-/Ärztezimmer übertragen und im Auswertungssystem verarbeitet bzw. aufbereitet.
Die Übertragung der Daten erfolgt via Bluetooth, da es im Gegensatz zu WLAN einen
geringeren Stromverbrauch hat. Jedoch ist die Reichweite einer Bluetooth-Übertragung
gering, weshalb eine Zwischenstation mit direktem Stromanschluss benötigt wird. Die
Datenübertragung von der Zwischenstation zur Hauptstation erfolgt dann via WLAN.
Durch diese Übertragungsmethode verlängert sich die Lebenszeit der Manschettenbatterie.

Um einen schnellen Überblick über die aktuelle Wasserversorgung der Bewohner zu
bekommen, auch wenn das Personal nicht im Stations-/Ärztezimmer ist, kann es sich die
Daten auf einem Smartphone anzeigen lassen (Abb. 3.5).

Die Technik wird mit einer Impedanz-Messung umgesetzt. Die Elektroden werden
in einer Manschette angebracht. Diese sollten in etwa ein Viertel bzw. ein Drittel der
Flaschenhöhe bedecken, um ein möglichst genaues Ergebnis zu bekommen. Die Elektroden

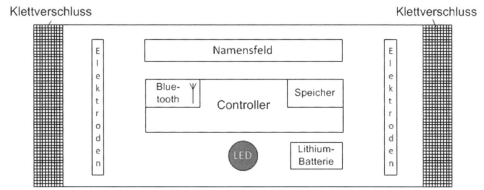

Abb. 3.6 Aufbau der Manschette

werden von einem Controller gesteuert und die Ergebnisse auf dem Manschettenspeicher zwischengespeichert. Um die Daten vorhalten zu können, wird hierfür eine kleine Lithium-Batterie integriert. Die Daten der Bewohner werden dann automatisch pro Raum des Pflegeheims gesammelt (Abb. 3.6).

Zur Veranschaulichung, dass es sich um eine kostengünstige Lösung handelt, ist im Folgenden eine Kostenschätzung für die Manschette aufgelistet.

Manschette mit Klettverschluss	3,00 €
Platine mit Elektroden, Controller und Speicher	4,00 €
Bluetooth-Funkmodul	3,50 €
LED	0,50 €
Lithium-Ion-Batterie Zubehör (Verpackung, Bedienungsanleitung Technische Beschreibung)	3,00 €
Summe	*5,00 €*
Nutzen, Mehrwert	*19,00 €*

Abbildung 3.7 zeigt, dass die Anzahl an pflegebedürftigen Menschen in Altersheimen gestiegen ist und auch in Zukunft, laut der Prognose des Statistischen Bundesamts, weiter steigen wird (Abb. 3.7).

Gerade für den Einsatz in Altersheimen ist eine intelligente Getränkeflasche von großem Nutzen. Hier stagniert aufgrund von Einsparungsmaßnahmen und Personalmangel die Mitarbeiterzahl [8], wodurch gleichzeitig der Arbeitsaufwand pro Mitarbeiter steigt. Hier ist diese intelligente Flasche von großem Nutzen, da die einzelnen Pfleger nicht jeden Bewohner persönlich zum Trinken auffordern müssen. Die intelligente Getränkeflasche unterstützt das Personal durch das ständige Senden der Daten über das Trinkverhalten und den Stand des Wasserkonsums der einzelnen Bewohner an das zentrale System. Im Anschluss daran werden die Daten in einem Auswertungssystem gespeichert und ausgewertet, um so ein personalisiertes Diagramm über das Trinkverhalten der Bewohner zu

Anzahl der Pflegebedürftigen in Deutschland (Anzahl in 1000)

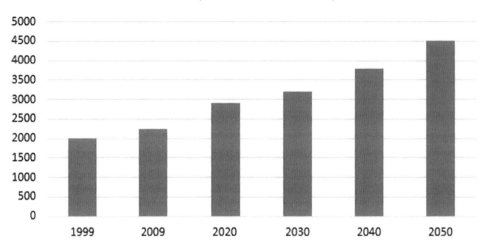

Abb. 3.7 Anzahl Pflegebedürftiger in Deutschland [7]

bekommen. Somit ist es möglich, speziell auf Bewohner zu reagieren, welche nicht regelmäßig oder nur selten trinken. Dadurch wird der Arbeitsaufwand der Mitarbeiter gesenkt.

Durch einen Monitor im Stations-/Ärztezimmer wird dem Personal eine zentrale Anzeige des Trinkverhaltens der Bewohner geboten. Mithilfe eines Ampelsystems auf dem Monitor bekommt das Personal einen schnellen Überblick über die aktuelle Versorgungslage der Bewohner. Grün bedeutet hierbei, dass die erforderliche Trinkmenge erreicht oder übertroffen wurde. Gelb bedeutet, dass die erforderliche Wasseraufnahme unterschritten wurde, aber noch kein kritisches Stadium erreicht wurde. Steht das Ampelsystem auf Rot wurde die erforderliche Trinkmenge so weit unterschritten, dass das Personal sofort reagieren muss. Das Eingreifen des Personals ist in des schon bei der Ampelstufe gelb sinnvoll, indem es die Bewohner auf das mangelnde Trinken hinweist und notfalls direkt vor Ort überwacht.

Optional kann an der Manschette eine LED angebracht werden, welche den Bewohner durch Aufblinken daran erinnert, Flüssigkeit zu sich zu nehmen. Da das Aufblinken der einzelnen LED einfach zu verstehen ist, eignet sich dies auch für ältere Menschen mit beginnender Demenz.

Des Weiteren kann auf dem zentralen Monitor auch ein genaues Trinkprofil der Bewohner, mit Uhrzeit und Menge der Wasseraufnahme, aufgerufen werden.

Um Aufschluss darüber zu erhalten, ob sich das Trinkverhalten der Bewohner durch die technische Unterstützung verbessert hat, können die Sensordaten nach einem, drei, sechs und zwölf Monaten ausgewertet werden. Es handelt sich hierbei um personenbezogene Daten, weshalb die Datenschutz-Rechte berücksichtigt werden müssen. In Pflegeheimen stellt dies jedoch keine Problematik dar, da es sich um Daten zum Schutz und zur Pflege der Bewohner handelt.

Nicht nur das Trinkverhalten der Bewohner kann überprüft werden, es kann auch kontrolliert werden, ob sich der Gesundheitszustand der Bewohner verbessert oder zumindest weniger verschlechtert hat. Dabei ist zu beachten, dass es nur sehr schwer messbar ist, ob dieser Gesundheitszustand alleine auf das Trinkverhalten zurückzuführen ist.

Vermarktungsmodell

Um Marktbekanntheit zu erreichen, soll zu Beginn der Verkaufsphase ein Pilotkunde gefunden werden. In dieser Einrichtung kann das Produkt zum Selbstkostenpreis mit geringem Aufschlag eingeführt werden. Diese soll dann als Mustereinrichtung fungieren, die von weiteren Interessenten besichtigt werden kann. Dort können die Mitarbeiter den Interessenten auch Auskunft darüber geben, welche Verbesserungen in ihrem Arbeitsalltag eingetreten sind.

Bei dem Verkauf des Produkts an weitere Einrichtungen ist zu beachten, dass hier direkt größere Mengen an Manschetten verkauft werden können, wenn z. B. ein komplettes Krankenhaus bzw. Pflegeheim damit ausgestattet wird. Dabei kann die Preisstaffelung nach Abnahmemenge variieren.

Um den Bekanntheitsgrad des Produktes zu erhöhen, soll Werbung in Fachzeitschriften oder auf entsprechenden Messen gemacht werden. Eine Werbung für die breite Öffentlichkeit wird bei dieser Lösung keinen großen Nutzen bringen, da es nur für einen begrenzten Kundenkreis, für Altenheime oder Pflegeeinrichtungen, geeignet ist.

Fazit

Die Idee einer intelligenten Getränkeflasche durch eine Manschette, welche über jede beliebige Flasche gezogen werden kann, ist natürlich nicht nur in Alten- oder Pflegeheimen praktikabel. Auch für einen Durchschnittsverbraucher wäre diese Entwicklung geeignet. Dieser könnte sich die ausgewerteten Daten auf seinem Smartphone anzeigen lassen. Um diese Lösung zu vertreiben, kann auch eine Kooperation mit einem Getränkehersteller eingegangen werden, um das bestehende Kundennetz des Getränkeherstellers zu nutzen. Des Weiteren kann auch eine gemeinsame Werbeaktion gestartet werden. Hier könnte der Getränkehersteller seinen Kunden zu jeder zehnten gekauften Getränkekiste die Manschette gratis dazu geben.

Auch eine Kooperation mit Fitnessstudios ist ein vorstellbarer Vertriebsweg für die intelligente Getränkeflasche. Den meisten Leuten in Fitnessstudios ist ihre Gesundheit sehr wichtig, weshalb sie auch bereit sind, Geld in ein verbessertes Trinkverhalten zu investieren. Hier kann die intelligente Getränkeflasche sowohl an das Fitnessstudio, das die Flaschen dann seinen Kunden für die Zeit des Aufenthaltes zur Verfügung stellen kann, als auch an Kunden direkt verkauft werden. Ein weiterer Vorteil ist, dass die Kunden die Möglichkeit haben, durch eine Leihflasche des Fitnessstudios die intelligente Getränkeflasche vor dem Kauf zu testen.

Auch die stationäre Lösung mit einem Ultraschallsensor ergibt in einigen Bereichen Sinn. Gerade in Bürojobs wird oft vergessen, ausreichend zu trinken. Die Ultraschall-Variante wird direkt am Arbeitsplatz aufgestellt und mit dem Computer verbunden. Auf diesem können die Daten direkt ausgewertet und dem Mitarbeiter auf seinem Bildschirm angezeigt werden. Hier ist im Rahmen des Betrieblichen Gesundheits-Managements (BGM) eine Kooperation mit Krankenkassen und Firmen, die etwas für die Gesundheit ihrer Mitarbeiter tun wollen, als möglicher Vertriebskanal denkbar.

3.3 Smart Road – Verbesserung der Infrastruktur in Ballungszentren durch Einsatz vernetzter Parkbuchten

Domikik Peukert, M Ritter, Garritt Walker, Matthias Graichen

Abstract

Durch den Einsatz von drahtlos vernetzten Sensoren in Parkplätzen und Parkbuchten kann in Kombination mit einem Webservice eine App bereitgestellt werden, mit der in Echtzeit ein freier Parkplatz gefunden und angesteuert werden kann. Dadurch kann die Parkplatz-suche in Ballungszentren erleichtert werden. Zusätzlich bietet die App in Zusammenarbeit mit Kooperationspartnern weitere Serviceangebote und Einsparmöglichkeiten und erlaubt dem Nutzer ein entspanntes Einkaufserlebnis.

Einleitung

Nach wie vor ist der PKW das am häufigsten verwendete Verkehrsmittel in Europa [9]. Mit der zunehmenden Anzahl an Fahrzeugen wächst der Bedarf an Parkflächen, vor allem in Ballungszentren, stetig an. In Deutschland besitzt mehr als jeder zweite Einwohner einen PKW. Auf der Suche nach einem freien Parkplatz können je nach Tageszeit und Auslastung mehrere Minuten vergehen. Diese Zeit kann durch intelligente Sensoren und deren Kommunikation untereinander und mit den Fahrzeugen deutlich verkürzt werden. Namhafte Hersteller wie BMW und Audi haben bereits Schnittstellen für die Kommunikation von Fahrzeugen untereinander (Car-to-Car) und darüber hinaus, mit der Infrastruktur (Car-to-X), entwickelt. Daraus ergibt sich ein neues Potenzial, diese Technologien werden in den kommenden Jahren einen erheblichen Einfluss auf die Verkehrsleitung und Auslastung haben.

Der Grundgedanke ist, sämtliche Parkflächen mit jeweils einer Sensoreinheit zu bestücken. Diese wird mittig auf der Parkfläche angebracht, so dass der integrierte Sensor (z. B. Magnetometer) erkennen kann, ob sich ein Fahrzeug auf der Fläche befindet. Durch die zentrale Position wird auch bei gegebenenfalls schief geparkten PKW ein relativ zuverlässiges Ergebnis geliefert. In Verbindung mit einer App können so Routen zum nächsten freien Parkplatz angeboten und in Echtzeit geändert werden, wenn der Parkplatz während der Anfahrt bereits belegt wird. Dabei kann auf freie Parkplätze in der direkten Umgebung umgeleitet werden. Falls keine Parkplätze frei sind, wird dem Nutzer durch die Integration von alternativen Verkehrsmitteln die Möglichkeit gegeben, den Suchradius zu erweitern oder eine andere Verbindung zu finden. Dem Benutzer werden bei hoher Auslastung der Parkplätze in der Innenstadt weitere Möglichkeiten zur Anreise vorgeschlagen. Dieser kann dann aus den einzelnen Varianten seine bevorzugte auswählen und buchen. Ein weiterer Mehrwert der App wird durch die Kombination der Funktionalitäten mit einem Bonusprogramm geboten. Dadurch können die beim Einkauf bei Kooperationspartnern gesammelten Bonuspunkte zum Bezahlen der Fahrtkosten in öffentlichen Verkehrsmitteln oder der in Anspruch genommenen Dienstleistungen der Partner verwendet werden.

Einkaufen und Liefern mit der S.M.A.R.T. Mobility App

Die Sensoreinheiten und die App haben zum Ziel, den Zeitaufwand für die Suche nach freien Stellflächen zu minimieren. Darüber hinaus sind weitere Anbindungen sinnvoll. Beispielsweise lassen sich in den Parkhäusern Schilder mit Daten in Echtzeit steuern, um den Parkplatzsuchenden zum nächsten freien Platz zu navigieren und nicht wie heute üblich zu einem Bereich, in dem noch Parkplätze frei sind. Außerdem sind eine minutengenaue Abrechnung, falls von den Betreibern erwünscht, und die Verlängerung (via App) von Parktickets auf öffentlichen oder privaten Parkplätzen möglich. Um die Situation zu analysieren und zu bewerten, ist eine Weboberfläche mit Monitoring und Analyse-Tools sinnvoll. Eine spätere Integration der Daten aus der von den Automobilherstellern vorgestellten Car-to-X-Technologie ist durchaus vorstellbar. Mit dieser Menge an Daten und den entsprechenden Algorithmen zur Auswertung lassen sich die vorgeschlagenen Routen zu freien Parkflächen optimieren.

In Zusammenarbeit mit Supermärkten und weiteren Geschäften können einige Mehrwerte für den Kunden entstehen. Dazu gehört, dass sich Einkäufe besser planen lassen, denn man sieht zu jeder Zeit, ob Parkplätze bei oder in der Nähe des Geschäfts vorhanden sind. Über die App lässt sich außerdem ein Bringdienst zum Parkplatz im Umkreis des Geschäfts nutzen. Dazu wird beim Einkauf der Standort des Parkplatzes von dem Smartphone an das System des Geschäfts übermittelt. Dadurch kann eine höhere Kundenzufriedenheit und -bindung geschaffen werden, die sich wiederum positiv auf das Geschäft auswirkt. Außerdem besteht die Möglichkeit, bei hoher Akzeptanz und Nutzung Arbeitsplätze zu schaffen. Es muss vor Beginn noch eine großflächige Studie durchgeführt werden, wie viel die Kunden bereit sind für die Lieferung zum Parkplatz zu zahlen, damit diese Arbeitsplätze auch finanziert werden können. Volvo hat im Februar 2014 ein Pilotprojekt [10] gestartet, dass es ermöglicht, Bestellungen direkt in das Auto bzw. den Kofferraum liefern zu lassen.

Die Sensoreinheiten bestehen aus einem Sensor (z. B. Magnetometer) und einem Funkmodul. In Verbindung mit Langzeitbatterien können die Wartungsintervalle für Batteriewechsel auf ein Minimum reduziert werden. Es muss darauf geachtet werden, dass das gewählte Funkmodul möglichst wenig Strom benötigt und eine vermaschte (Mesh) Infrastruktur unterstützt. Durch ein vermaschtes Netz ist sichergestellt, dass bei Ausfall einzelner Einheiten die Kommunikation (durch intelligentes Routing) weiterhin gewähr-leistet ist. Da Kabel entfallen, ist der Montageaufwand vergleichsweise gering. Darüber hinaus muss das Gehäuse robust, wasser- und staubdicht sein, um eine lange Lebensdauer zu gewährleisten.

Die Daten der einzelnen Sensoren umfassen lediglich eine ID des Sensors und ein Bit für den Status, ob der Parkplatz belegt ist. Die Daten werden zu Netzwerkbrücken weitergeleitet, die in einem festen Abstand (je nach eingesetzter Funk-Technologie) auf-gebaut werden und von denen die empfangenen Daten an den Webserver der App wei-tergeleitet werden. Dort kann die ID mithilfe einer Datenbank der Position zugeordnet werden. Außerdem müssen in den Datensätzen zusätzliche Flags zur Zuordnung von Zugehörigkeiten zu bestimmten Geschäften oder anderen Partnern gepflegt werden. Damit sichergestellt werden kann, dass jederzeit die korrekten Informationen an den Anwender übergeben werden. Dadurch kann verhindert werden, dass versucht wird, sich einen Einkauf zu einem Parkplatz liefern zu lassen, der sich nicht im Lieferradius des Geschäfts befindet.

Die Bezahlung solcher Dienste, etwa mit PayPal oder BitBuy, wird in der App integ-riert. Darüber hinaus wird die Barzahlung auch weiterhin möglich sein.

Intelligente Auswahl von Verkehrsmitteln mithilfe der S.M.A.R.T Mobility App

Mobilität zählt zu einer der vielen Errungenschaften der heutigen globalisierten Zeit, in der Wegstrecken immer schneller zurückzulegen sind. Einer Studie des Statis-tischen Bundesamtes zufolge legt jede Person pro Tag im Schnitt 3,4 Wege mit einer Gesamtstrecke von 39 km und einer Dauer von einer Stunde und 19 min zurück. Das meistgenutzte Fortbewegungsmittel in Deutschland ist hierbei immer noch das Auto [11]. In Zeiten von fortschreitender Urbanisierung und zunehmendem Verkehrsaufkom-men werden jedoch insbesondere Großstädte vor Probleme gestellt – so verbringt laut dem Navigationssystemhersteller TomTom bereits jetzt jeder Autofahrer in Stuttgart pro Stunde Fahrtzeit 20 min im Stau [12]. Dieser Wert verdeutlicht, dass dringend neue Kon-zepte für den Verkehr in den Innenstädten benötigt werden.

Bereits heute gibt es eine Vielzahl von Alternativen zu der Anreise mit dem Auto. Ein häufiger Ansatz besteht darin, Park-and-ride-Parkplätze anzubieten, um die Parksituation in den Innenstädten zu entspannen und die Besucher auf öffentliche Verkehrsmittel auszu-lagern. Im Jahr 2009 standen deutschlandweit 9 Mio. Sitz- und Stehplätze in öffentlichen Nahverkehrsmitteln wie Busse, S-Bahn und U-Bahn zur Verfügung – trotzdem werden diese im Schnitt nur bei jedem zehnten zurückgelegten Weg genutzt. Ein häufiges Pro-blem besteht hierbei in der Auslastung der öffentlichen Verkehrsmittel, die vor allem zu den Rushhour-Zeiten stark frequentiert werden und in den restlichen Zeiten nicht voll ausgelastet sind.

Auch alternative Fortbewegungsmittel sind bereits häufig in größeren Städten anzutreffen, wie zum Beispiel Verleihstationen für Fahrräder oder sogenannte Car-Sharing-Angebote, bei denen die Fahrzeuge bei Bedarf ausgeliehen und nach Nutzungszeit abgerechnet werden. Trotz der Vielzahl der Angebote wird dennoch die Eigenanreise im Kfz bevorzugt. Die Gründe hierfür sind vielfältig: Öffentliche Verkehrsmittel seien zu umständlich, vermeintlich kommt es zu keiner Zeitersparnis, oder schlichtweg geht es um das Problem vieler Personen, die Fahrpläne richtig zu kombinieren, um möglichst bequem am Zielort anzukommen.

Diese Vorbehalte können mit dem S.M.A.R.T-Mobilty-Konzept abgebaut werden. Da die App das aktuelle Park- und Verkehrsaufkommen in der Innenstadt analysiert hat, kann bei hoher Auslastung eine Anreiseroute über alternative Verkehrsmittel errechnet werden. Diese wird auf Grundlage mehrerer Datensätze ermittelt. Einerseits stehen die digital abrufbaren Fahrpläne von Bussen, U-Bahn und S-Bahn zur Verfügung, die bereits heute die Ankunftszeit oder eventuelle Verspätungen auf die Minute genau bereitstellen. Hier kann als anschauliches Beispiel der Münchner Verkehrs- und Tarifbund genannt werden, der auf seiner Homepage alle Fahrplanänderungen und Verspätungen der Busse, Tram, S-Bahn und U-Bahn veröffentlicht. Auch die Echtzeit-Position der Bahnen kann dort abgefragt werden. Auf Basis solcher Angaben ist eine Planung der Fahrstrecken und deren Fahrtzeit durchführbar.

Ist ein Zielort über die öffentlichen Verkehrsmittel nicht zu erreichen, ist eine Kopplung zu TaxiApps vorhanden. Dadurch wird automatisch zur gewünschten Zeit ein Taxi bestellt, das den Fahrgast an sein Ziel bringen kann und dadurch die nicht erschlossenen Bereiche der Innenstadt abdeckt.

Weitere Möglichkeiten zur Fortbewegung ergeben sich durch die Kooperation mit anderen Dienstleistern. So können Anbieter, die Fahrräder, Segways, Tretroller oder Autos für die Nutzungszeit an Personen verleihen, sich bei der App mit ihrem Geschäftsmodell registrieren und dadurch von Synergieeffekten profitieren. Einerseits kann die App ihren Nutzern attraktive Alternativen anbieten, wie diese ihr gewünschtes Ziel erreichen können. Andererseits erhalten die Dienstleister eine Plattform, auf der sie ihr Geschäftsmodell vorstellen und einen höheren Kundenkreis gewinnen können. Auch die Abrechnung der genutzten Fortbewegungsmittel kann dann über die App abgewickelt werden.

Aus der Vielzahl an Möglichkeiten zur Anreise errechnet die App die beste Route anhand der vom Nutzer angegebenen Präferenzen. So kann dieser zwischen der kürzesten Wegstrecke, der kürzesten Fahrtdauer oder dem günstigsten Preis die für ihn optimale Alternative auswählen. Außerdem kann der Benutzer angeben, welche Fußstrecken er in Kauf nehmen möchte oder ob er auch bereit wäre, körperlich anstrengende Fortbewegungsmittel wie Fahrräder oder Tretroller zu nutzen. Dadurch kann gewährleistet werden, dass die App auf das Nutzerverhalten zugeschnittene Alternativen ermittelt.

Die Bezahlung kann einfach über die App erfolgen, das Ziehen von Fahrscheinen an Automaten entfällt für den Nutzer, stattdessen bekommt dieser das Ticket in Form eines Barcodes auf dem Handy bereitgestellt. Die Abrechnung kann beispielsweise über eine der

Handypayment-Methoden wie Mpass oder Payleven erfolgen. Alternativ wäre auch eine Abrechnung über kostenpflichtige SMS-Hotlines oder eine monatliche Rechnung denkbar.

Buchung von Verkehrsmitteln

S.M.A.R.T. Mobility bietet die Möglichkeit, auf einfache Weise einen Parkplatz zu finden. Doch was ist, wenn der Parkplatz nur ein Zwischenschritt auf der Reise ist? Wenn die Weiterreise, wie zuvor beschrieben, durch öffentliche Verkehrsmittel erfolgt? Auch hier muss S.M.A.R.T. Mobility eine Integrations- und Buchungsmöglichkeit bieten, um auch auf Reisen eine optimale Unterstützung im Hinblick auf öffentliche Verkehrsmittel bereitzustellen.

Bislang bieten einige öffentliche Verkehrsunternehmen, wie beispielsweise die Deutsche Bahn [13], Lufthansa [14] und die Stuttgarter Verkehrsbetriebe VSS [15], eine mobile Anwendung, mit der es möglich ist, Fahrttickets per Smartphone zu kaufen beziehungsweise sich damit auszuweisen.

Ein weiteres Verfahren ist der reine Onlinekauf z. B. [16]. Hierbei wird ein PDF-Dokument bereitgestellt, welches zum Ausweisen genügt. Nachteil an dieser Methode ist jedoch, dass das Ticket in der Regel in ausgedruckter Form vorliegen muss [in etwa 17]. Daher ist es nicht sinnvoll, diese Methode für Reisende in der S.M.A.R.T.-Mobility-Anwendung zu implementieren, da Reisenden selten ein Drucker zur Verfügung steht.

Somit lässt sich für den mobilen Markt lediglich die erste Lösung implementieren bzw. durch Akzeptieren des reinen PDF-Dokumentes, in digitaler Form auf dem Smart Phone, auch das zweite Verfahren. Problem der ganzen Situation ist, dass es zu viele verschiedene Möglichkeiten gibt, wie solche Ticketsysteme realisiert wurden (Bahn, Lufthansa, lokale Verkehrsbetriebe etc.). Auch beim Kauf solcher Tickets gibt es keine zentrale, digitale und sofort abrufbare Anlaufstelle, welche eine einheitliche Methode bereitstellt. Die Deutsche Bahn ermöglicht es zwar durch Verkauf z. B. des Baden-Württemberg-Tickets, alle öffentlichen Verkehrsmittel innerhalb des Bundeslandes [18] oder bei interregionalen Reisen zu verwenden, jedoch ist das mit Punkt-zu-Punkt-Tickets nicht möglich, da dort ein Tarifverbund mit eigenständigen Preisen gilt. Auch Reisebüros schaffen hier keine Lösung. Es ist zwar möglich, fast jede Reise zu buchen, jedoch wird dies nicht für den Nahverkehr angeboten. Des Weiteren sind Reisebüros gewinnorientiert und fordern deshalb einen Aufpreis, was die Preise für Fahrten mit öffentlichen Verkehrsmitteln erhöht.

Daher gibt es auf Bundesebene keine Möglichkeit, einheitlich Fahrttickets zu kaufen. Um nun das Kaufen von Tickets aus der S.M.A.R.T.-Mobility-Anwendung heraus zu ermöglichen, muss eine regional individuelle Funktion implementiert werden.

Die S.M.A.R.T.-Mobility-Anwendung muss demnach über Zugriff auf eine Datenbank verfügen, in welcher die regionalen Tarifverbünde abgespeichert sind und Informationen darüber, ob diese über ein E-Ticket-System verfügen. Falls dies nicht der Fall ist, wird auf lokale Ticketautomaten oder den Kauf beim Busfahrer verwiesen. Wenn ein E-Ticket erstanden werden kann, wird an entsprechender Stelle der S.M.A.R.T.-Mobility-Anwendung auf den Ticketshop des Verkehrsanbieters verwiesen, da keine einheitliche Schnittstelle existiert. Dadurch wird der Anwender auf ein solches Ticketsystem aufmerksam gemacht und er muss nicht nach der Website und dem Shop des Verkehrsanbieters suchen. Die Implementierung der öffentlichen Verkehrsmittel innerhalb der S.M.A.R.T.-Mobility-Anwendung bietet einen Komfort-Gewinn. Dieses Vorgehen bietet zwar keinen direkten Zugriff auf die E-Ticketsysteme innerhalb der App, jedoch ist es bislang, aufgrund der oben genannten Einschränkungen und Heterogenität, die geeignetste Lösung für die Anwendung. Eine direkte Implementierung innerhalb der Anwendung kann nur dann geschaffen werden, wenn alle Tarifverbünde und Verkehrsanbieter eine Schnittstelle zu ihren Daten schaffen. Dafür bedarf es sowohl einer fachlichen als auch technisch einheitlichen Schnittstelle (Normierung). Zu den fachlichen Aspekten gehören unter anderem Haltestellen, Ankunfts- und Abfahrtzeiten, Fahrzeugtyp, Strecken und Preisinformationen. Die technische Vereinheitlichung bezieht sich auf Dateiformate, Frameworks und Abbildungsmethoden/-modelle [19]. Jedoch ist dies wohl Zukunftsmusik, da einer der größten Verkehrsanbieter, die Deutsche Bahn, sich gegen die Offenlegung der Daten (Fahrplandaten) wehrt. Der Grund hierfür ist laut Birgit Bohle, Vorsitzende der Geschäftsführung der DB Mobility Logistics AG, eine Qualitätssicherungsmaßnahme [20].

Ein weiteres Medium des öffentlichen Verkehrs, welches in der S.M.A.R.T.-Mobility-Anwendung noch integriert wird, ist das Taxi. Wenn beispielsweise eine Flugreise geplant ist und außerhalb des Einzugsgebietes geparkt werden muss, bietet diese Möglichkeit des Taxibestellens eine komfortable Lösung.

Es existieren im Moment diverse mobile Anwendungen, um ein Taxi zum gewünschten Standort zu bestellen. Dabei handelt es sich in der Regel um Apps einzelner Taxiunternehmen, einer Stadt oder Region [21]. Diese funktionieren entweder durch direkte Kommunikation mit den Fahrern [22] oder durch Kommunikation mit den Zentralen der Taxiunternehmen [23].

Da die S.M.A.R.T.-Mobility-Anwendung auch interregional funktionieren soll, muss eine Methodik verwendet werden, welche die Koordination taxiunternehmenübergreifend ermöglicht. Dafür kann eine direkte Kommunikation mit den Taxifahrern oder mit verschiedenen Taxiunternehmen stattfinden. Da jedoch für die direkte Kommunikation im Vergleich zur Kommunikation mit den Zentralen der Unternehmen deutlich mehr Kommunikationswege benötigt werden und sie damit aufwendiger zu implementieren ist, ist es für die S.M.A.R.T.-Mobility-Anwendung nicht in Betracht zu ziehen. Eine direkte Kommunikation ist dann von Vorteil, wenn eine Ansicht der aktuellen Taxisituation mit Positionen der einzelnen Fahrzeuge in der näheren Umgebung wiedergegeben werden soll. Da dies jedoch für eine Anwendung zum Finden eines Parkplatzes irrelevant und zu detailgenau ist, werden lediglich die Zentralen kontaktiert. Somit muss der S.M.A.R.T.-Mobility-Anwendung eine Datenquelle zugrunde liegen, mithilfe derer die entsprechenden Taxizentralen informiert werden können (z. B. durch Push-Notifications oder E-Mails). Dies ermöglicht es dem Anwender ein Taxi zu rufen, ohne über die lokalen Taxiunternehmen Bescheid zu wissen.

Ein Vorteil dieses Vorgehens ist, dass Taxiunternehmen gezielt ausgewählt werden können und somit eine Art Vertragspartnerschaft entsteht.

Bonusprogramme – Nutzung zur Bezahlung mit der S.M.A.R.T. Mobility App

Um einen Anreiz zu schaffen und eine größere Akzeptanz zu erlangen, ist die Verbindung mit bereits bestehenden Bonusprogrammen vorgesehen. Dadurch erhöht sich die Motivation der Kunden zur Wiederverwendung des Produkts und zusätzlich können die in die Bonusprogramme integrierten Zahlungsmethoden verwendet werden. Somit wäre eine einfache Handhabung im Alltag gewährleistet, bei der der Kunde unter anderem auf Münzgeld verzichten kann. Denn die Abrechnung der Parkzeit kann direkt mit den bereits gesammelten (oder beim kommenden Einkauf erhaltenen) Bonuspunkten verrechnet werden. Um auch alternative Verkehrsmittel zu unterstützen, sind gesammelte Bonuspunkte auch mit den ÖVM, kooperierenden Taxiunternehmen und anderen nutzbar. Zusätzlich sind dadurch alle im Bonusprogramm involvierten Partner in die App mit einbezogen. So erspart man sich das Mittragen von Plastikkarten und kann sich auf sein Smartphone beschränken. Denn im Durchschnitt trägt jeder Deutsche 4,4 Karten in seiner Geldbörse mit [24]. Einen weiteren Anreiz bietet die Möglichkeit, zusätzliche Punkte beim Einkaufen zu erhalten, wenn dabei in Kombination die App benutzt wird. Läden können so gezielt Kunden ansprechen, die sonst aufgrund von Parkplatzproblemen einen anderen Laden aufgesucht hätten. Außerdem kann per Bonuspunkten auch das Feature des „Einkauf-Bring-Dienstes" abgerechnet werden.

Laut einer Studie der TNS Emnid Medien und Sozialforschung GmbH sind Bonusprogramme dann attraktiv, wenn sie möglichst viele Geschäfte, Coupons und Angebote vereinen [24]. Diesen Vorteil hat die App. Sie vereint die größten Bonusprogramme Deutschlands als eines ihrer Sonderfeatures. In unserem Fall ist das Programm PAYBACK der American Express Gruppe ideal. Mit 46 % sind bereits fast die Hälfte aller deutschen Haushalte in dieses Bonusprogramm involviert [24].

Um eine einfache Handhabung zu gewährleisten, werden Bonuskarten mit der App verknüpft und so integriert. So entfällt das lästige Suchen und Verlieren der Karten und ein reibungsloser Einkauf wird ermöglicht. Außerdem ist es möglich, seinen aktuellen Punktestand jederzeit per App einzusehen. Die Kommunikation im Hintergrund erfolgt dabei per Webservice über den Webserver der App. Dazu müssen vertragliche Vereinbarungen über technische Schnittstellen und Konditionen mit den Anbietern getroffen werden. Des Weiteren müssen strikte Richtlinien und Maßnahmen für den Datenschutz erarbeitet werden, um Datendiebstahl und -missbrauch vorzubeugen. Dabei ist vor allem auf eine verschlüsselte Datenübertragung zwischen den mobilen Endgeräten und dem Webserver zu achten. Dies ist notwendig, damit zusätzlich zu allen Funktionalitäten auch ein sicheres Nutzen der S.M.A.R.T Mobilty App gewährleistet wird.

Fazit

Durch den Einsatz der S.M.A.R.T Mobility App könnte ein wichtiger Schritt zur Entspannung der innerstädtischen Verkehrssituation gemacht werden. Häufig scheitert die Nutzung der bereits vorhandenen Alternativen zum Automobil an Vorbehalten gegenüber der Zuverlässigkeit der öffentlichen Verkehrsmittel oder daran, dass man sich nicht mit Fahrplänen, Fahrtzeiten oder den Streckennetzen befassen möchte. Die App kombiniert eine Vielzahl von Daten und zeigt dem Nutzer attraktive Alternativen auf, wie er ohne Auto an sein Ziel kommen kann – und dies sogar meist stressfreier. Da beinahe 60 % der täglich zurückgelegten Wege der Freizeit, dem Einkaufen oder privater Erledigungen dienen, ist zudem davon auszugehen, dass bei den meisten Nutzern auch eine gewisse Flexibilität in Bezug auf Fahrtzeiten vorhanden ist, falls die beste Verkehrsverbindung erst zu einem etwas späteren Zeitpunkt zur Verfügung steht. Alles in allem erhöht die Integration des Buchens von öffentlichen Verkehrsmitteln die Einsatzmöglichkeiten der Anwendung, da der Nutzer mit öffentlichen Verkehrsmitteln weiterreisen kann, ohne über die lokalen Gegebenheiten Bescheid wissen zu müssen. Des Weiteren ergibt sich daraus ein Vorteil für den Betreiber der Anwendung, da diese Funktionalität einen Anhaltspunkt für zukünftige Partnerschaften bietet. Aufgrund der Kooperation mit Geschäften und Märkten hat der Anwender bessere Planungssicherheit und mehr Komfort beim Einkauf durch den integrierten Bring-Dienst. Durch Integrieren bereits verbreiteter Bonusprogramme lässt sich zudem die Attraktivität enorm erhöhen. Dem Nutzer bietet sich dadurch ein breites Spektrum an Einsparmöglichkeiten und das Einkaufserlebnis wird erleichtert.

Zukünftig ist eine Erweiterung des Funktionsumfangs denkbar. Die Möglichkeit, Parkplätze zu reservieren (vor allem im öffentlichen Raum), muss noch auf rechtliche Umsetzbarkeit geprüft werden. Dadurch kann der Suchaufwand weiter minimiert und eine zusätzliche Einnahmequelle geschaffen werden. Es ist auch durchaus vorstellbar, dass durch eine Kooperation mit den Automobilherstellern die App direkt in die Bordcomputer der Fahrzeuge integriert wird und die Kommunikation direkt zwischen dem PKW und der Infrastruktur abläuft. Dazu müssen die Sensoreinheiten erweitert werden, damit auch die Identifikation der Anwender und deren Fahrzeuge sichergestellt ist.

3.4   Ein Sensornetz zur Optimierung des Energieverbrauchs der Trockenpartie von Papiermaschinen

Dominik Mai, Till Hänisch

Abstract

Durch den Einsatz drahtlos angebundener Sensoren lassen sich mit geringem Aufwand flexible Langzeitmessungen von Temperatur und Luftfeuchtigkeit in der Trockenpartie durchführen. Auf dieser Basis kann eine Optimierung des Energieverbrauchs erreicht werden. Durch die kontinuierliche Erfassung der Werte an vielen verschiedenen Stellen über verschiedene Produktionszustände hinweg kann die Trockenpartie insgesamt „kritischer", also näher am Auslegungspunkt betrieben werden. Da ein exponentieller Zusammenhang zwischen Betriebstaupunkt und Energieverbrauch besteht, ist das Einsparpotenzial selbst bei kleinen Optimierungen enorm.

Einleitung

Die Papierindustrie gehört zu den "energieintensiven Industrien". Die weltweite Jahresproduktion von Papier beträgt ca. 400 Mio. t auf insgesamt ca. 5500 Anlagen weltweit. Zur Produktion einer Tonne Papier werden von modernen Papiermaschinen je nach Papiersorte zwischen 700 und 1500 kWh Energie benötigt[1]. Der Energieeinsatz einer großen Papiermaschine liegt somit bei durchschnittlich 270 GWh/a (300 kt/a bei 900 kWh/t). Dieser Wert entspricht dem Energieverbrauch von ca. 11.000 Privathaushalten (vier Personen – 5000 kWh Strom; 20.000 kWh Heizenergie).

Durch Optimierungen der eigentlichen Produktionsparameter wie etwa Wassergehalt oder Flächengewicht des fertigen Papiers sowie konstruktive Maßnahmen wie etwa eine bessere Isolierung der Trockenpartie können Einsparungen in der Größenordnung von etwa 10 % realisiert werden [25]. Durch die starke Orientierung auf den Energieverbrauch der energieintensiven Industrien scheinen aber innovative Systeme zur Unterstützung bei der weiteren Energieoptimierung notwendig.

Vom gesamten Energiebedarf einer Papiermaschine entfallen etwa 80 % auf die Trockenpartie [26], hier liegt also das größte Optimierungspotenzial. Ein maßgeblicher Anteil dieser Energie wird als thermische Energie in Form von Dampf benötigt. Die thermische Trocknung ist einer der am wenigsten mit Sensorik ausgestatteten Prozessschritte. Dies liegt zum einen an den harten Umgebungsbedingungen sowie zum anderen daran, dass das Thema der Energieoptimierung in der Trockenpartie lange Zeit, verglichen mit anderen Produktionsanforderungen (z. B. Qualität, Produktionsstabilität, etc.), vernachlässigt wurde.

Bisher werden solche Optimierungen als Einzelmessungen durchgeführt. Diese Einzelmessungen sind in der Regel zwar sehr detailliert, betrachten jedoch nur den aktuellen Betriebszustand. So werden diese Untersuchungen auch maßgeblich dazu eingesetzt, um Produktionsprobleme zu identifizieren und zu beheben.

Eine längere Messung ist aufwendig, da durch die „fliegende" Verkabelung der Betrieb der Maschine gestört wird und so eine kontinuierliche Überwachung erforderlich ist. Eine dauerhafte oder auch nur längerfristige Messung würde eine regelrechte Verkabelung der Sensoren erfordern, die aber bei Weitem zu aufwendig (teuer) ist.

Die wesentlichen Nachteile dieser bisher eingesetzten Verfahren sind, dass erstens nur eine „Momentaufnahme" erstellt werden kann, die Betriebsbedingungen einer Papiermaschine jedoch dynamisch sind (es wird z. B. nicht immer das gleiche Papier produziert),

---

[1] Diese Werte gelten für moderne Maschinen in Deutschland, im Jahr 2008 lag der durchschnittliche Verbrauch in England bei 4000 kWh/t Papier [25].

und zweitens kann nicht „mal eben" eine Messung durchgeführt oder ein zusätzlicher Sensor eingesetzt werden. Deshalb werden Papiermaschinen üblicherweise nicht im effizientesten Bereich betrieben, sondern es werden große „Sicherheitsabstände" eingehalten.

Industrial Internet

Industrielle Produktionsanlagen enthalten eine Vielzahl von Sensoren, deren Informationen zur Steuerung der Produktion und Logistik verwendet werden. Typischerweise werden diese Daten durch spezielle, abgeschlossene Systeme gesammelt und ausgewertet. Werden erstens diese Daten für alle Zwecke (des Unternehmens) zur Verfügung gestellt und wird zweitens die Anzahl der Sensoren drastisch erhöht, kann eine erhebliche Optimierung des Produktionsprozesses realisiert werden. General Electric investiert eine Milliarde US-Dollar in diese Technologien, das weltweite Einsparpotenzial wird auf US$ 150 Mrd. geschätzt [27].

Oftmals werden industrielle Produktionsanlagen zwar etwa in Bezug auf Energieverbrauch optimiert, aber nicht ständig den sich ändernden Produktionsbedingungen angepasst. Dazu wäre eine kontinuierliche Überwachung aller Prozessparameter nötig, die in den wenigsten Anlagen realisiert ist. Alternativ ist eine Erstellung von Betriebsvorschriften anhand einer Langzeiterfassung der Betriebsparameter vorstellbar.

Ein Bereich, in dem hohe Einsparungen realisierbar sind, ist die kontinuierliche Überwachung des Anlagenzustands. Es gibt etwa Papiermaschinen, die in jedem Antrieb und jedem Walzenlager einen Sensor zur Vibrationsmessung integriert haben, dies ist aber selbst beim Bau einer neuen Anlage sehr aufwendig, eine Nachrüstung existierender Anlagen mit einem solchen Machine Health Monitoring System ist extrem aufwendig. Nicht wegen der Kosten der eigentlichen Sensoren[2], sondern wegen der Kosten der notwendigen Verkabelung für Stromversorgung und Datenübertragung, die ein Vielfaches dieses Betrags ausmachen. Verwendet man hier stattdessen Sensornetze, die ohne Stromanschluss auskommen und die Daten drahtlos übertragen, können hohe Einsparpotenziale realisiert werden, da Probleme umgehend erkannt und andererseits Wartungszyklen verlängert werden können. Insbesondere bei schwer zugänglichen Maschinen sind solche Systeme bereits im Einsatz, für einen Überblick etwa im Bereich von Windkraftwerken siehe [29].

---

[2] Es gibt etwa von Analog Devices einen kompletten Sensor mit Auswertungs-Intelligenz, der Anomalien automatisch erkennen kann für etwa US$ 200, siehe [28].

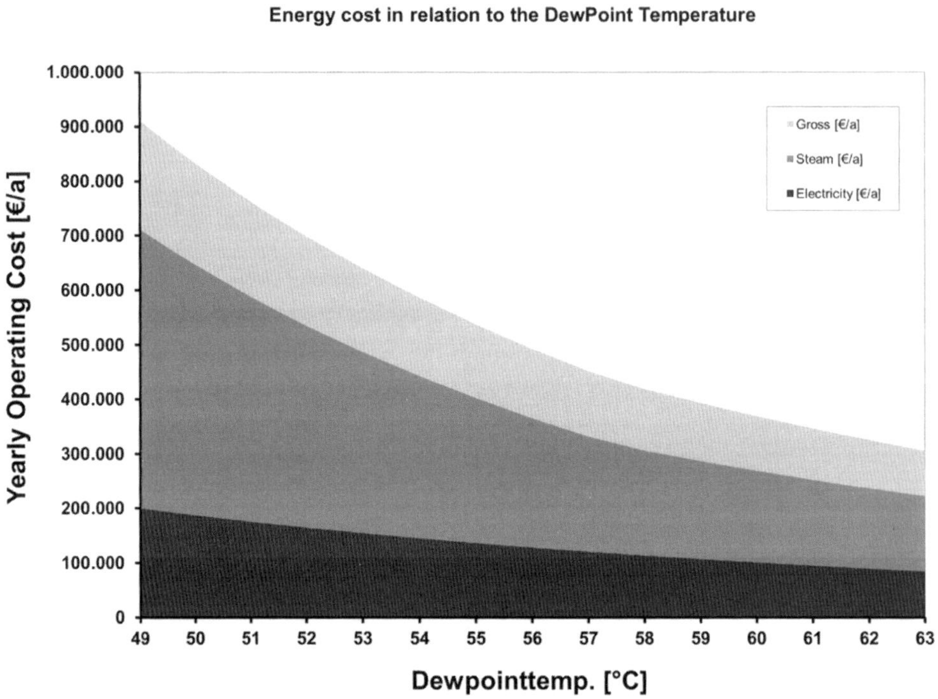

Energy cost in relation to the DewPoint Temperature

Abb. 3.8 Entwicklung der Energiekosten in der Trockenpartie einer typischen Anlage mit dem Taupunkt

Zielsetzung

Eine Möglichkeit, den Energieverbrauch der Trockenpartie zu optimieren, ist es, die Feuchtigkeit der Haubenabluft (also die darin enthaltene Wassermenge) so hoch wie möglich einzustellen: „The amount of exhaust air should be just enough to carry all of the water vapour out of the dryer, with humidity a little above dewpoint" [25].

Je höher dieser Wert, desto geringer ist das Luftvolumen, welches mithilfe von Ventilatoren umgewälzt werden muss, um die aus dem Papier entfernte Feuchte abzutransportieren. Außerdem ist der Exergieinhalt (Menge an für den Prozess nutzbarer Energie) von feuchterer Luft höher, was die Effizienz der Wärmerückgewinnung erhöht. Wie Abb. 3.1 zeigt, lassen sich auch durch eine geringe Erhöhung des Taupunkts deutliche Energiekosteneinsparungen erzielen.

Dieser Bereich verdient zukünftig mehr Aufmerksamkeit als bisher, die Energieagentur NRW sieht die „Energieoptimierung im Bereich Raum- und Haubenablufttechnik" als einen der Bereiche, die näher betrachtet werden sollten [30] (Abb. 3.8).

Es ist allerdings schwierig und aufwendig, bei jeder Produktionseinstellung die optimalen Betriebsparameter zu finden. Daher wird die thermische Trocknung häufig im suboptimalen Sicherheitsbereich (= niedriger Taupunkt) betrieben, um möglichen Produktionsproblemen vorzubeugen.

Die Entwicklung von mobilen autarken Feuchtesensoren, die über einen längeren Zeitraum Messwerte erfassen, ermöglicht es, Daten an den Stellen zu sammeln, die üblicherweise nicht erfasst werden, aber häufig als kritisch angesehen werden müssen.

Durch eine große Anzahl (15 bis 20) dieser Sensoren kann ein quasi-kontinuierliches, produktionsabhängiges Zustandsbild der thermischen Trocknung erstellt werden.

Ziel ist es, über die Korrelation der damit gemessenen Werte mit den ohnehin in der Trockenpartie erfassten Werten Betriebsvorschriften zu entwickeln, die es erlauben, die Betriebsparameter zu optimieren, ohne die Produktivität der Papiermaschine und die Qualität des Endproduktes zu kompromittieren.

Vorgehen

Durch die strategisch günstige Platzierung der autarken Sensoren werden die in der Trockenpartie standardmäßig erfassten Werte ergänzt.

Strategisch besonders günstige Positionen sind:

- Totbereiche (Stellen mit geringem Luftaustausch);
- Positionen in der Hauptverdampfungszone;
- Positionen, an denen erfahrungsgemäß Kondensation auftritt.

Ist das Sensornetz etabliert, beginnt die Datensammlung. Zusätzlich werden die Betriebsparameter der Papiermaschine erfasst.

Es sind insbesondere folgende Korrelationen mit den erfassten Feuchtewerten interessant:

- Produktionsmenge,
- Maschinengeschwindigkeit,
- Sorte,
- Dampfdrücke,
- Trockengehalt nach Presse,
- Feuchte und Temperatur gemessen in der Haubenabluft,
- Stromverbrauch.

Zudem sollten besondere Ereignisse (Filz- und Siebwechsel; Retentionsmittel- oder Mahlgradversuche) zeitlich erfasst werden.

Außerdem können während der Langzeitbetrachtung auch Versuche durchgeführt werden, um die Reaktion des Gesamtsystems auf Prozessveränderungen zu testen. Hier bieten sich beispielsweise die Reduktion der Zu- und Abluft sowie die Reduktion der Zuluft Heizung an.

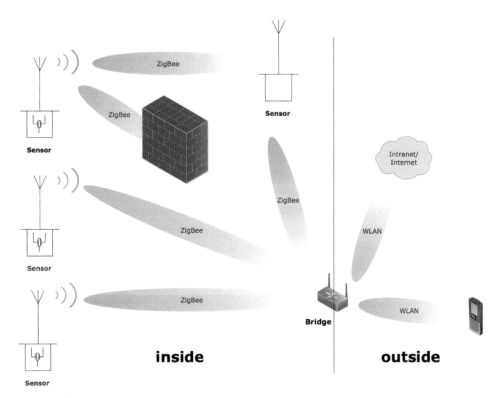

Abb. 3.9 Netzwerkarchitektur

Ist die Messung abgeschlossen, wird die erfasste Datenmenge ausgewertet. Durch Quervergleiche der verschiedenen oben genannten Parameter kann abgeleitet werden, bei welchen Betriebszuständen noch Möglichkeiten zur weiteren Optimierung bestehen und bei welchen Betriebszuständen ggf. schon das Maximum erreicht bzw. überschritten wird.

Technologie

Um eine flexible Anordnung der Sensoren zu ermöglichen, werden batteriebetriebene Sensoren verwendet, die per Funk miteinander kommunizieren. Entscheidend ist hierbei erstens ein möglichst geringer Stromverbrauch und zweitens eine möglichst flexible Netzwerk-Topologie. Aus diesem Grund wird ein Mesh-Netz auf ZigBee-Basis verwendet (Abb. 3.9).

Architektur des Systems

Da eine Papiermaschine im Wesentlichen aus Metall besteht und damit für ein Funknetz schwierige und wechselnde Umgebungsbedingungen bereithält, bietet sich die Verwendung eines Mesh-Netzes an, das führt zu „most importantly automatic route discovery and selfhealing" [31]. Bei einer Stern-Topologie, wie sie etwa WLAN verwendet, muss ein Knoten die Basisstation (den Access Point) direkt erreichen können. In einem Mesh-Netz kann eine Nachricht von Knoten zu Knoten weitergeleitet werden. Die tatsächliche Route, die ein Paket nimmt, kann im laufenden Betrieb durch den Netzwerk-Stack ohne Benutzereingriff umgestellt werden. Ein weiterer Vorteil von ZigBee ist der erheblich geringere Stromverbrauch verglichen mit WLAN bzw. die erheblich größere Reichweite verglichen mit Bluetooth Low Energy Profile.

ZigBee unterscheidet zwischen End Devices, die nicht routen (weiterleiten) können, und Routern. Soll ein Knoten routen, muss er zu der Zeit, an der ein Paket eintrifft, aktiv sein. Da die Knoten batteriebetrieben sind, bedeutet dies, dass alle Knoten synchron aktiv werden müssen. Dies ist allerdings nicht unproblematisch und funktioniert bei den verwendeten XBEE-Modulen von Digi (www.digi.com) nur im Cycle Sleep Mode, bei dem sich das XBEE-Modul nach einer bestimmten Zeit selbst weckt. Dabei läuft die interne Uhr des Systems weiter und führt so dazu, dass alle Module im etwa gleichen Zeitfenster aktiv werden und so ein Mesh-Netzwerk ermöglichen. Dazu darf die Sleep-Zeit aber nicht zu lang sein, dafür wird aber auch kein Router benotigt, der ständig aktiv ist [32]. Im eingesetzten Prototypen wurde, um Strom zu sparen, der Pin Sleep Mode verwendet, der weniger Strom verbraucht. Deshalb wurde ein Router benötigt, der durch 6×2 B-Zellen versorgt wurde und mit einem XBEE-Pro Modul eine Betriebsdauer von etwa einem Monat erreichte. Um diesen Router einsparen zu können, wird deshalb für die nächste Version der Mesh-Betrieb verwendet.

Mit ZigBee kann vergleichsweise leicht ein geringer Stromverbrauch realisiert werden. Die meiste Zeit sind die Module im Ruhezustand und werden nur gelegentlich zur Datenübertragung aufgeweckt. Für den Stromverbrauch letztlich entscheidend ist die Minimierung der Dauer des aktiven Zustands. Man kann zwar mit hochoptimierten Systemen (dazu siehe etwa [33]) durchaus auch mit WLAN eine regelmäßige Datenübertragung bei Batteriebetrieb erreichen, aber ZigBee ist hier bereits „by design" schneller.

Als Sensoren für Temperatur und Luftfeuchtigkeit werden Sensoren vom Typ HYT939 verwendet. Diese bieten eine hohe Genauigkeit bei einfacher Anbindung und einfachem Einbau. Die Vorverarbeitung der Daten erfolgt durch einen Arduino FIO, der von einer LiPo-Batterie versorgt wird.

Die Daten werden von den Sensoren zu einer Basisstation (ein Raspberry Pi mit Funk-Interfaces und einem LCD Display) übertragen, die diese lokal speichert und eine grobe Auswertung zur Zustandsdiagnose durchführt. Diese Basisstation bietet ein WLAN-Interface, um Anzeigegeräte anzubinden. Die Darstellung der Daten erfolgt auf einem Smartphone oder Tablet (Abb. 3.10).

Dadurch ist eine ständige Überwachung der Betriebsparameter durch die Maschinenführer leicht möglich. In einer späteren Ausbaustufe werden die Daten per UMTS-Modem direkt zur Erstellung von Analysen bereitgestellt.

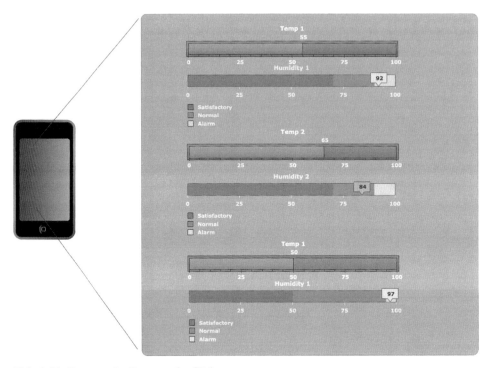

Abb. 3.10 Prototyp der Benutzeroberfläche

Proof of Concept

Nach erfolgreichen Hardwaretests im Laborumfeld ist die erste relevante Frage, ob sich die Hardware auch zum Einsatz im Papiermaschinenumfeld eignet.

Die Konzentration von metallischen Bauteilen sowie die komplette Einhausung insbesondere der Trockenpartie stellen bei den geringen angestrebten Sendeleistungen die größte Herausforderung dar. Um die Qualität der Funkübertragung zu bestimmen, wird die Signaldämpfung bei den verschiedenen Messpunkten erfasst. Je höher die Dämpfung, desto größer die Gefahr, dass Datenpakete verloren gehen.

Die Reichweitenuntersuchungen wurden – um maximale Realitätsnähe zu erreichen – direkt im Bereich der Trockenpartie an Stellen durchgeführt, an denen die Sensoren auch später angebracht werden würden.

Von Messposition 1 aus wurde zuerst die Signaldämpfung horizontal in Maschinenrichtung erfasst (Position 2 – FS).

Im Anschluss wurde von Messposition 1 aus die Feldschwächung zu Position 3 (TS) erfasst. Dies entspricht nahezu der maximalen Distanz innerhalb der Trockenpartie diagonal durch die Sektion (Abb. 3.11).

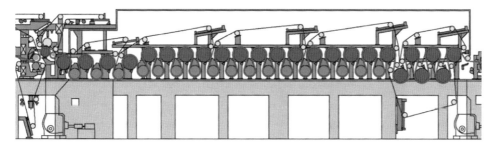

Abb. 3.11 Messposition 1 war auf Führerseite ganz am Anfang - hier also links - der Trocken-partie, Nummer 2 ganz rechts am Ende der Trockenpartie ebenfalls auf Führerseite, Nummer 3 am Ende auf Triebseite

Als zweites Dataset wurde die Signaldämpfung im Übergang von innerhalb der Trockenpartie nach außen erfasst. Dazu wurde auf Höhe der Messposition 1 auf Triebseite der Empfänger außerhalb der Trockenpartie (auf PM Boden) platziert.

Der Sender wurde – zunächst bei geöffneten Haubentüren – auf Messposition 3 positioniert.

Danach wurden die Haubentüren (triebseitig) nacheinander geschlossen, um Auswir-kungen auf die Feldschwächung zu erkennen.

Als Letztes wurde noch die Signaldämpfung mit einem stärkeren Sender (XBee Pro Series 2) vom Haubeninneren bis in die Warte geprüft. Anfangspunkt war die Positio-nierung des Senders in Position 2 und des Empfängers im nächstgelegenen Wartenraum.

Im Anschluss wurde die Dämpfung erfasst, wenn die Distanz erhöht wird. Dazu wurde der Sender auf Position 1 platziert.

Ergebnisse des Proof of Concept

Insgesamt sind die Ergebnisse sehr ermutigend. Im Gegensatz zu den Erwartungen reduziert die metallische Umgebung das Signal wesentlich weniger als beispielsweise Stahlbetonkonstruktionen. Es kann gefolgert werden, dass sich der Sender mit geringer Sendeleistung für den Einsatz eignet. Somit können die Ziele Kompaktheit des Sensors, Einzelkosten, Einsatzdauer voraussichtlich mit reduziertem Aufwand erreicht werden.

Ergebnisse im Detail:

Punkt	Sender	Position S	Position E	Signaldämpfung (gemittelt) (dB)
1,1	Low	2	1 (FS)	−20
1,2	Low	3	1 (FS)	−25
2,1	Low	3	1 (TS außerhalb)	−35

Punkt	Sender	Position S	Position E	Signaldämpfung (gemittelt) (dB)
2,2	Low	3	1 (TS außerhalb, Türen geschlossen)	−55
3,1	High	2	Warte	−25
3,2	High	1	Warte	−35

In einem weiteren Versuch wurden sechs Sensoren in einer Papiermaschine installiert. Die Sensoren wurden dabei als End Devices konfiguriert. Zusätzlich wurde ein Router mit einem XBee-Pro-Modul eingesetzt. Damit wurden über einen Zeitraum von vier Wochen Daten (Temperatur und relative Luftfeuchtigkeit) aufgezeichnet, die zur Optimierung der Betriebsparameter verwendet wurden.

Weitere Optimierungspotenziale

Für Privathaushalte existieren umfassende Konzepte für den Einsatz von Smart Meters zur Optimierung der Lastspitzen im Stromnetz, das Problem hier ist eher die Akzeptanz als die Technik (oder sogar die Standards [34]) [35]. Um ein effizientes Demand Side Management einzuführen, wäre eine an den aktuellen Strombedarf im Netz angepasste Betriebssituation nötig. Aus Sicht der Energieerzeuger wäre eine Direct Load Control optimal, bei der der Erzeuger direkt den Energieverbrauch beim Endkunden steuert [36]. Dies ist für komplexe technische Anlagen wie eine Papiermaschine vermutlich nicht möglich. Es sei denn, der Betreiber der Anlage ist gleichzeitig der Energielieferant.

Papiermaschinen haben (zumindest in Deutschland) meistens ein eigenes Kraftwerk oder kooperieren direkt mit einem benachbarten Stromerzeuger. In einer solchen Situation kann eine dynamische Anpassung der Betriebsparameter (etwa Geschwindigkeit der Maschine, also erzeugte Papiermenge pro Stunde) realisiert werden. Dazu sind allerdings komplexe Änderungen an den Papiermaschinen nötig, diese sind derzeit nur auf einen Betriebszustand hin optimiert (und das ist schwierig genug). Diese Art der Steuerung bietet zwar das größte Potenzial, ist aber kurzfristig nur schwer umzusetzen.

Um aber kurzfristige Lastspitzen im Stromnetz auszugleichen, könnten Parameter wie etwa die Heizleistung in der Trockenpartie für eine kurze Zeit verändert werden, falls entsprechend flexible Messsysteme eingesetzt werden, die kritische Betriebsparameter wie etwa Temperatur und Feuchtigkeit in der Trockenpartie überwachen.

Andere energieintensive Branchen wie etwa Gießereien setzen solche Konzepte bereits um und erreichen damit eine Senkung der Energiekosten um 5 bis 20 % [37].

Fazit

Durch den Einsatz von Sensornetzen und insbesondere durch die Vernetzung einer Vielzahl solcher Systeme kann ein sinnvolles Energiemanagement realisiert werden. Simon

Cook, Chef einer Londoner Venture-Capital-Firma, beschrieb den Mehrwert durch die Vernetzung von Sensoren anhand eines Beispiels: „Now imagine an Internet-of-Things-enabled mousetrap. That is no longer a product, that is a service. Instead of someone going to look to see if a mouse has been caught, they will know once it fires. Then you take that data and you start to track where the mice are and you can solve the mouse problem. That is how you go from a product, via Big Data, to an entirely new service" [38].

3.5 QuantifiedSelf – das Internet der Dinge und der vermessene Mensch

Volker P. Andelfinger

Abstract

QuantifiedSelf entwickelt sich aktuell zu einem regelrechten Hype. Die Anwender erfassen über Sensoren zum Beispiel gelaufene Schritte, Aktivität, Schlafqualität und zunehmend andere Vitalwerte. Damit werden verschiedene Geschäftsmodelle rund um Fitness, E-Health oder betriebliches Gesundheitsmanagement ermöglicht. Eine Einsatzmöglichkeit ergibt sich bei der zunehmenden Anzahl von übergewichtigen Menschen. QuantifiedSelf wird hier zum Abnehmen mit dem Smartphone.

Die Sensoren des Internets der Dinge sind allgegenwärtig. Einer der absoluten Trends, oder gar Hypes, ist mit dem Begriff QuantifiedSelf überschrieben. Dabei werden die Anwender – ja, was eigentlich? Quantifiziert? Vermessen? Sie werden getrackt, also überwacht, jedenfalls für den Eigengebrauch. So zumindest sollte es zunächst einmal sein. Das QuantifiedSelf ist bei genauer Betrachtung ein Teil des E-Health-Gedankens, einer der viel versprechendsten Ansätze des Internets der Dinge. Sowohl vom Nutzen für die Menschen her betrachtet als auch vor dem Hintergrund wirtschaftlicher Erwartungen an das IoT.

QuantifiedSelf finden wir heute in erster Linie in der Prävention, im Wellness- oder Fitness-Umfeld. Das ist einfacher zu handeln als das medizinische Umfeld, wo wir uns in Deutschland schwertun. Weder die elektronische Gesundheitskarte noch E-Health-Plattformen, wie beispielsweise HealthVault von Microsoft, konnten sich bislang bei uns durchsetzen. In Schweden etwa ist das anders, dort wird über das Gesundheitssystem genau diese Plattform flächendeckend umgesetzt. Alle medizinisch relevanten Informationen, quasi die „Betriebszustände" des Menschen, werden dort auf der Plattform verwaltet. Jeder Arzt oder Apotheker kann vom Versicherten berechtigt werden, über die Plattform auf Gesundheitsdaten, Berichte, Dokumente zuzugreifen. In einem Flächenstaat wie Schweden natürlich noch viel wichtiger als in einem eng bewohnten Land wie Deutschland.

Lassen Sie mich den Quantified-Self-Ansatz also genauer beschreiben. Die Ausführungen basieren auf einem ausführlichen Selbstversuch. Er dürfte der Einstieg in spätere umfassendere Lösungen des E-Health sein. QuantifiedSelf dient zunächst einmal ganz „banal" dazu, das Verhalten des Menschen hinsichtlich Bewegung und Essverhalten zu vermessen. Es hilft, gesünder zu leben, sich mehr zu bewegen und sich der Balance zwischen Energieverbrauch und Energieaufnahme bewusster zu werden. Und es fängt oft mit dem Wunsch, das Gewicht zu reduzieren, an. QuantifiedSelf schafft das ohne Diäten.

Um QuantifiedSelf weiter zu beschreiben, gehen wir jetzt einfach mal davon aus, dass Sie zu denjenigen – der Mehrheit der Menschen in Deutschland – gehören, die aus gesundheitlichen Gründen besser etwas weniger wiegen sollten. Die Minderheit muss sich ersatzweise ihrer Vorstellungskraft bedienen. Zur Beschreibung, was QuantifiedSelf ist, bleiben wir also bei diesem Beispiel: Wie das Internet der Dinge helfen kann, das Körpergewicht in den Griff zu bekommen. Für den Gesamtzusammenhang muss ich ein wenig weiter ausholen.

Dazu eine kleine Geschichte aus dem täglichen Leben: Schon wieder so eine E-Mail. Die Überschrift besteht aus einem Kunstwort, welches auf Med endet. Daneben ist eine Ananas abgebildet. Schon die Bezeichnung verspricht also, absolut seriös zu sein, denn Med, das weiß ja jeder, steht für Medizin. Medizin ist uns heilig. Tolle Sache. Der Text beginnt vielversprechend: „Liebe Leser! Heute möchte ich Ihnen ein echtes Wundermittel gegen Übergewicht vorstellen: xxxxxxMed. Nehmen Sie mit der Kraft der Ananas mühelos bis zu zwölf Kilo in nur zwei Wochen ab! Medizinischer Durchbruch. Bei der Entwicklung von xxxxxxMed ist es gelungen, die Kraft von zwei Ananas in einer kleinen Kapsel zu konzentrieren. xxxxxxMed enthält dadurch doppelt so viel Bromelain wie herkömmliche Diät-Produkte….“ Und so weiter und so weiter.

Kennen Sie Bromelain?

Was ist eigentlich Bromelain? Wir nehmen dieses Fremdwort dankbar auf, und diätgläubig, wie wir sind, gehen wir der Einfachheit halber davon aus, dass es offensichtlich ein besonders wertvoller Inhaltsstoff ist, den wir überhaupt nicht infrage stellen müssen. Oder wäre es vielleicht doch besser, den Begriff einmal zu googeln? Dann finden wir heraus, dass es sich um ein Enzym handelt, welches 1957 im Stamm der Ananaspflanze entdeckt wurde. Seither wird es für unterschiedliche Zwecke aus der Ananas gewonnen. Es wirkt entzündungs- und gerinnungshemmend. In der Industrie dient es als Zartmacher für Fleisch oder zur Lederaufbereitung. Man kann es auch zum Stabilisieren von Latex-Farben verwenden. Der Stoff wird tatsächlich in der Medizin verwendet, jedoch ist der Nutzen als Nahrungsergänzungsmittel eher fraglich. Das Enzym wird meist bereits im Magen abgebaut, kann so im Körper im Grunde keine ernst zu nehmende Wirkung entfalten. Diese kurze Recherche zeigt uns, dass wir es hier nicht mit etwas Neuem zu tun haben, welches nun plötzlich als Wundermittel auf den Markt kommt. Neu ist allenfalls der erneute Versuch, wieder einmal alten Wein in neuen Schläuchen teuer zu verhökern.

Alle paar Tage flattern per Post oder über die Regenbogenpresse und inzwischen vermehrt über E-Mails derartige Informationen über Wunder-Diäten auf den Tisch. Und sie sprechen damit eine zunehmende Anzahl Menschen auf ganz wundersame Art und Weise an. Denn der Mensch ist bequem. Zwölf Kilo in zwei Wochen, das klingt doch super. Warum also große Anstrengungen unternehmen, wenn es reicht, ein paar Pillen einzuwerfen? Wozu soll ich mich anstrengen, wie mein Nachbar, der jede Woche 5-mal zum Sport geht, wenn ich während des Abnehmens auch die Füße hochlegen kann? Und außerdem gibt es immer mehr Menschen mit zu viel Gewicht. Die Zielgruppe dieser Werbebotschaften wächst also stetig.

Warum springen Menschen auf derartige Versprechungen so leicht an? Nicht nur weil sie bequem sind. Es entspräche einer längeren psychologischen Abhandlung, dies genau zu begründen. Ein wesentlicher Grund dabei ist auf alle Fälle, dass unser Gehirn zwei Modi benutzt, um Entscheidungen zu treffen. Meistens denkt das Gehirn schnell. Schnell denken bedeutet, wir treffen auf relativ unsicherer Basis mit meist unzureichenden Informationen eine Entscheidung, die wir uns notfalls hinterher mit irgendwelchen Begründungen zurechtbiegen. Langsam denken, also genauer nachdenken, Informationen sammeln und Informationen prüfen, gewichten und werten, das dauert uns zu lang. Bei den vielen Entscheidungen, die wir zu treffen haben, reicht uns schlicht nicht die Zeit, um jede Entscheidung langsam anzugehen. Daher läuft eben das allermeiste, was wir entscheiden, im Unterbewusstsein. Wir entscheiden aus dem Bauch heraus, wie wir das gerne bezeichnen. Wir leben den größten Teil des Tages, das können Neuro-Wissenschaftler und Hirnforscher heute belegen, in einer Art Automatik-Modus. Wir sind nicht der Homo Sapiens Sapiens, der rationale Mensch, der im Bewusstsein seiner geistigen Kräfte handelt. Wir sind regiert vom Unterbewusstsein. Das Unterbewusstsein ist geprägt von Erfahrungen, Haltungen und Einstellungen, Wünschen und Zielen. Ob etwas zu unseren Haltungen und Wünschen passt, erkennt unser Unterbewusstsein ziemlich schnell.

Im vorliegenden Fall weiß unser Unterbewusstsein, spätestens nach einem kurzen Blick in den Ganzkörperspiegel, dass wir durchaus ein paar Pfunde zu viel auf den Rippen haben. Das ist jetzt in uns abgespeichert. In Kilogramm ebenso wie im Unterbewusstsein. Es entspricht also durchaus unserem Wunsch, abzuspecken. Und nun kommt da jemand daher, der uns das auf ganz einfache und bequeme Weise verspricht. Wirf täglich zwei Pillen ein, in 14 Tagen hast du deine Kilos weg. Klar, da sind wir dabei.

Werbeversprechen sind völliger Unsinn

Und wie oft sind wir schon genau darauf hereingefallen. Das verdrängt unser Unterbewusstsein ganz gerne. Wenn wir länger darüber nachdenken würden, könnten wir sofort erkennen, dass derartige Werbeversprechungen völliger Unsinn sind. Was wir uns über viele Jahre angefuttert haben, können wir nicht innerhalb von zwei Wochen wegzaubern.

Mediziner und Ernährungswissenschaftler erklären uns daher, dass wir langsam und stetig abnehmen sollen. Wir sollen uns Zeit lassen, von unserem zu hohen auf ein normales Gewicht herunterzukommen.

Die schnelle Bikini-Figur im Frühjahr ist allenfalls ein Thema, welches alljährlich die vielen Hefte der Regenbogenpresse füllt. Die Verfasser dieser Artikel müssen im Grunde jedes Jahr nur die Texte leicht anpassen und schon können sie erneut veröffentlicht werden. Es hat sich ja nichts geändert. Die Situation ist die gleiche, bis auf die mittlerweile statistisch erwiesene Tatsache, dass es immer mehr Menschen gibt, die zu viel Gewicht auf die Waage bringen. Einmal mehr laufen wir auf amerikanische Verhältnisse zu. In vielen Dingen haben wir die Amerikaner schon kopiert, uns ihren Lebensstil und ihr Konsumverhalten antrainiert. Beim Essverhalten nähern wir uns dem Vorbild mit großen Schritten.

Eine langsame Gewichtsreduktion bedeutet, dass wir uns über eine längere Zeit ein neues Verhalten antrainieren müssen. Nur so sind wir in der Lage, unser Wunschgewicht in kleinen Schritten zu erreichen und dann auch zu halten. Nur so können wir den typischen Jo-Jo-Effekt vermeiden, von dem jede Wunderdiät zwangsläufig begleitet wird. Und während ein normales Jo-Jo mit der Zeit an Energie verliert und am Seil unten hängen bleibt, bewegt sich unser Gewichts-Jo-Jo am Ende immer ein Stückchen weiter nach oben. Nach der Diät ist vor der Diät.

Um dauerhaft abzunehmen, ist eine Diät jedoch überhaupt nicht nötig. Essen Sie einfach, was Ihnen Spaß macht. Das Einzige, was Sie lernen müssen, ist zu bilanzieren. Jeden Tag. Und dann in längeren Zeitabschnitten. Sie werden mit der Zeit ein ganz anderes Bewusstsein zum Thema Energieaufnahme und Energieverbrauch entwickeln. Nur darum geht es. Es ist der einzige Weg.

Sie müssen nicht komplett auf Obst oder Gemüse umsteigen. Sie müssen auch nicht zukünftig ausschließlich Eiweiß essen. Oder das andere Extrem: ausschließlich Kohlenhydrate. Sie müssen auch nicht einzelne Mahlzeiten durch irgendwelche Shakes ersetzen. Sie brauchen keinerlei Nahrungs-Ergänzungsmittel. Sie werden einfach genau das essen, was Sie gerne essen möchten. Ihr Körper weiß ganz genau, was er gerade braucht. Er braucht kein spezielles Diätkochbuch. Selbst wenn es auch dort durchaus leckere Rezepte gibt. Und jetzt kommt unser QuantifiedSelf zum Einsatz!

QuantifiedSelf funktioniert anders. Das Internet der Dinge treibt Sie von der Couch runter. Unsere mobilen Endgeräte, allen voran die Smartphones und Tablet-PCs, scheinen ansonsten in erster Linie dazu geeignet zu sein, uns in die Passivität zu drängen, denn am einfachsten können wir diese Geräte nutzen und ihren Inhalt konsumieren, während wir an unterschiedlichen Orten herumsitzen.

Smartphone – digitaler Assistent

Smartphones sind jedoch mittlerweile zu einem zunehmend intelligenten digitalen Assistenten geworden. Dieser digitale Assistent nutzt zunehmend die Möglichkeiten des Internets der Dinge. Was das Internet der Dinge ist, wird Ihnen in diesem Buch technisch und anhand von Beispielen erläutert. Ihr Smartphone kommuniziert zunehmend mit Sensoren, Geräten und Dingen, die eine Internetverbindung besitzen. Es sammelt Daten, wertet diese aus und kommt zu Ergebnissen, die Ihnen nützlich sein werden. Algorithmen beherrschen zunehmend Ihren Tagesablauf. Wenn Sie die Chancen des QuantifiedSelf nutzen wollen, werden Sie zusätzlich auch selbst Daten erfassen und sammeln und damit zu einem völlig anderen Verständnis kommen, was Ihre Energiebilanz angeht. Sie werden sich in einem überschaubaren Zeitraum ein Bewusstsein schaffen, welches Ihnen hilft, zu beurteilen, wo Ihre Kilogramm, die Sie zu viel mit sich herumtragen, herkommen, wie es dazu kommen konnte, dass Sie dieses Gewicht aufgebaut haben, und gleichzeitig werden Sie ein Bewusstsein dafür schaffen, wie Sie dieses Gewicht auch wieder loswerden. Und zwar dauerhaft.

Ihr Smartphone wird sich durch das Internet der Dinge und das QuantifiedSelf zu Ihrem digitalen Coach entwickeln. Sie werden tatsächlich einige Zeit damit verbringen, mit diesem Gerät sinnvoll zu arbeiten. Und Sie werden sehen, es lohnt sich.

Klären wir aber erst einmal, was denn eigentlich Übergewicht ist.

Was als übergewichtig gilt, ist einerseits eine Frage kultureller Vorlieben, andererseits gibt es jedoch auch konkrete Werte, an denen sich nach wie vor Mediziner, Sportwissenschaftler, Ernährungsberater und letztlich wir alle orientieren. Wir sprechen von Begriffen wie Wunschgewicht, Idealgewicht, wir nutzen den sogenannten BMI, den Body-Mass-Index.

Ihr Wunschgewicht würde ich als Ihr Wohlfühlgewicht sehen. Das ist etwas, was Sie nur selbst spüren und fühlen können. Sie müssen diesen Wert selbst festlegen. Bei diesem Gewicht fühlen Sie sich vital, beweglich, Sie mögen sich, wenn Sie in den Spiegel schauen. Das Idealgewicht ist ein in der Regel nach wissenschaftlichen Erkenntnissen festgelegter Wert, der sich an Ihrer Körpergröße, Ihrem Geschlecht, Ihrem Alter und Ihrer gesundheitlichen Situation orientiert. Und ein Wert, der häufig herangezogen wird, ist – leider – der BMI.

Für den BMI gibt es Tabellen, die Ihr tatsächliches Gewicht zu Ihrer Körpergröße in Bezug setzen. Er errechnet sich aus dem Verhältnis von Körpergewicht und Körpergröße und stellt einen Richtwert dar. Die Berechnung teilt Ihr Gewicht in Kilogramm durch die Größe in Meter im Quadrat. Bringen Sie beispielsweise 90 Kilo auf die Waage und sind 1,70 m groß, dann sind Sie bereits adipös. Dabei fragt diese Berechnung nicht danach, ob Sie ein Couch-Potato sind, sich kaum bewegen und daher keine Muskelmasse haben, oder ob Sie jede Woche 5-mal zum Sport gehen und daher über eine sehr große Muskelmasse verfügen. Muskeln sind deutlich schwerer als Fett. Ein durchtrainierter Sportler bringt also zwangsläufig mehr Gewicht auf die Waage, ist jedoch von seiner Konstitution her üblicherweise besonders gesund. Es wird auch beim BMI nicht danach gefragt, ob es Sinn machen könnte, bei alten Menschen etwas Gewichtsreserve zu haben, die im Falle von jederzeit zu erwartenden Erkrankungen sehr schnell aufgebraucht ist.

BMI – umstrittener Wert mit sehr eingeschränkter Aussagekraft

Leider kommt dieser Wert also ohne Korrekturfaktoren daher. Von vielen wird er als das absolute Maß gesehen. Und das ist grundsätzlich falsch. Wie hoch die tatsächliche Muskelmasse prozentual bei einem Menschen ist, womit auch der Wert in Kilogramm berechnet werden kann, lässt sich mit modernen Messmethoden sehr gut feststellen. Es wäre daher sehr sinnvoll, beim Umgang mit dem BMI Korrekturfaktoren zu erarbeiten. Ein solcher Korrekturfaktor wäre beispielsweise die Ermittlung der tatsächlichen Muskelmasse, die Abweichung vom Durchschnitt in einer Bevölkerungsgruppe, in deren Folge das „Zuviel" an Muskelmasse aus dem Gewicht herausgerechnet wird. Es macht schlicht keinen Sinn, eine große Muskelmasse zur Verschlechterung eines Wertes heranzuziehen, wo sie doch im Grunde einen sehr positiven Faktor, zum Beispiel auch beim Verbrauch von Energie, darstellt.

Sie sollten sich daher nicht blind auf diesen Wert verlassen. Nehmen Sie ihn kritisch zur Kenntnis.

Auch andere Körperwerte können bei der Beurteilung, ob Abnehmen für Sie zwingend notwendig ist, herangezogen werden. Dazu gehört beispielsweise der Umfang Ihres Bauches oder Ihrer Extremitäten. Die Bestimmung der Fettmasse. Und besonders spannend ist es herauszufinden, wie viel Bauchfett sich um Ihre inneren Organe abgelagert hat. Dieses unsichtbare Fett ist für Ihre Gesundheit bedeutend gefährlicher als Ihre sichtbaren Rundungen. Um Ihre prozentualen Werte zum Körperfett zu ermitteln, können Sie beispielsweise eine spezielle Personenwaage verwenden, wobei Sie, bevor Sie sich eine solche Waage zulegen, sich über Testberichte genau informieren sollten, wie zuverlässig diese Geräte tatsächlich sind. Professionelle Waagen, die eine ganze Reihe von Körperwerten ermitteln können, sind extrem teuer, jedoch lohnt es sich, zu recherchieren, wo Sie ein solches Gerät nutzen können, um einen konkreten Status zu ermitteln. Den dort ermittelten Körperfettwert können Sie anschließend auch als Referenz für eine eigene Personenwaage nutzen.

Übrigens ist es grundsätzlich möglich und wurde bereits von Microsoft im Zusammenhang mit dem schon erwähnten HealthVault-Projekt gezeigt, die Messwerte von professionellen Systemen (Bio-Impedanz-Analyse mit speziellen Waagen) in eine App oder eine Online-Plattform zu integrieren. Ärzte haben weitere Möglichkeiten, Ihre Körperfettanteile zu messen. Auch hier lohnt es sich also, zunächst mit einem Arzt zu sprechen.

Wovon Sie allerdings auch nicht ausgehen sollten, ist, dass Sie zu den Menschen gehören, die besonders schwere Knochen haben. Dieses besonders beliebte Märchen können Sie getrost vergessen. Ein Mann mit einer Körpergröße von etwa 1,70 m hat eine Knochenmasse von wenig mehr als 3 kg. Dieser Wert fällt also im wahrsten Sinne des Wortes nicht ins Gewicht.

Damit QuantifiedSelf zum Abnehmen funktioniert, ist es wichtig, Ihren individuellen Grundumsatz möglichst genau zu kennen

Damit QuantifiedSelf zum Abnehmen funktioniert, ist es wichtig, Ihren individuellen Grundumsatz möglichst genau zu kennen. Um ihn zu ermitteln, können Sie einen ersten Näherungswert beispielsweise auf einschlägigen Internetseiten mittels eines Online-Rechners errechnen. Ein 53-jähriger Mann, 1,71 m groß, 91 kg schwer, kommt nach dieser

Methode auf einen Grundumsatz von 1848 Kalorien. Diese Werte entsprechen meinen aktuellen Werten.

Ich könnte diesen individuellen Umsatz natürlich auch mit anderen Methoden berechnen lassen, zum Beispiel bei einem Ernährungsberater. Welche Werkzeuge er benutzt, wird individuell verschieden sein.

Die Internetanwendung von Fitbit, einem führenden Unternehmen in Sachen Tracking und QuantifiedSelf, hat mit meinen Werten einen ungefähren Grundumsatz von rund 2000 Kalorien errechnet.

Da ich seit März 2013 an einem trainingswissenschaftlichen Projekt der Universität Landau teilnehme, wurde im Rahmen der Messungen mit einem sogenannten Body Composition Analyzer, einer hochkomplexen Waage, die über eine Bio-Impedanz-Analyse eine ganze Reihe von Körperwerten ermittelt, ein individueller Grundumsatz von 1922 kcal gemessen.

Korrekte Werte brauchen viele Parameter als Grundlage

Da diese Messung im Rahmen dieses Projekts die meisten Daten erfasst und berücksichtigt, gehe ich davon aus, dass die hier ermittelten Werte dem tatsächlichen Grundumsatz am nächsten kommen.

Wenn Sie Ihren individuellen Grundumsatz also nicht nur näherungsweise über eine Online-Anwendung ermitteln wollen, empfehle ich Ihnen, sich gezielt zu informieren, wo in Ihrer Nähe eine Bio-Impedanz-Analyse mit einem hochwertigen Messinstrument unter fachkundiger Aufsicht durchgeführt werden kann.

Bewegung – ohne geht nichts

Der menschliche Körper ist für Bewegung gemacht. Unsere Vorfahren mussten die meiste Zeit viele Kilometer täglich zu Fuß gehen. Ob sie zur Jagd gingen, ob sie pflanzliche Nahrung sammelten, ob sie einfach nur als Nomaden zur nächsten Lagerstelle zogen oder die nächste Wasserstelle suchten, sie mussten dazu laufen. 20 km täglich waren dabei sicher keine Seltenheit. Keine Sorge, so weit müssen Sie nicht laufen.

Wie weit sind Sie heute gelaufen?

Wie viele Schritte laufen Sie täglich? Wie viele Stockwerke laufen Sie zu Fuß? Wie oft betätigen Sie sich sportlich?

Das war jetzt für viele sicher ein ungemütlicher Triggerpunkt. Die Deutschen verhalten sich nach neuesten Umfragen völlig konträr. Während einige immer mehr Sport machen, weil sie die Vorteile sehen und es ihnen Spaß macht, gibt es auf der anderen Seite immer mehr bekennende Nichtsportler.

Die Techniker Krankenkasse (TK) hat jüngst eine Studie herausgebracht, über die das ZDF im Fernsehen ausführlich berichtete. In Deutschland gibt es demnach rund 7000 Fitnesscenter, die Zahl steigt stetig. In diesen Fitness-Tempeln sind sage und schreibe rund 7,8 Mio. Menschen Mitglied. Die Zahl wird nach den Erwartungen des Fachverbandes der Fitnessstudiobetreiber in den nächsten Jahren auf bis zu 12 Mio. ansteigen. Wir haben außerdem über 90.000 Sportvereine. Trotzdem ist mehr als die Hälfte der Deutschen Sportmuffel und bekennt sich auch dazu. Besonders träge sind die Ostdeutschen. Die Verweigerer sind in den letzten Jahren, genauer seit 2007, von 45 auf 52 % der Bevölkerung angewachsen. In Ostdeutschland sind es über 60 %, die mit Sport rein gar nichts am Hut haben wollen. Jedenfalls nicht aktiv. Und auch das ist sicherlich auf die USA oder Kanada und andere westliche Länder übertragbar.

Die Karteileichen der Fitnessstudios

Es ist kein Geheimnis, dass in den Fitnessstudios eine sehr große Anzahl von Menschen zwar ihre Mitgliedsbeiträge zahlt, jedoch nie zum Training erscheint. Sie haben es 14 Tage lang versucht, haben den schnellen Erfolg vermisst und die Flinte ins Korn geworfen. Sie haben nicht begriffen, dass es schnelle Erfolge weder durch Diäten noch durch Sport gibt. Die Mitgliedschaft verkommt zum Feigenblatt. Ausdauer wäre gefragt.

Die TK-Studie zeigt auf der anderen Seite, dass eine kleine Gruppe von Menschen immer intensiver Sport treibt. Nach dieser Studie zählt sich ungefähr jeder Fünfte zu den Leistungs- und Freizeitsportlern mit mindestens drei Stunden Training pro Woche. Wer noch mehr trainiert, muss häufig schon aufpassen, nicht in den Geruch des Arbeitsverweigerers zu kommen. Wer zehn Stunden pro Woche in Sport investiert, der kann ja beruflich nur ein fauler Hund sein. Wann arbeitet der eigentlich?

Es ist reichlich Zeit vorhanden

Dabei dürfte es doch eigentlich überhaupt kein Problem sein, bei fünf Arbeitstagen und rund 40 Arbeitsstunden pro Woche, was bei Vollzeitbeschäftigten die Regel ist, zehn Stunden in die Gesundheit und in den eigenen Körper zu investieren. Immerhin hat eine Woche 168 h. Wer jeden Tag acht Stunden schläft, verbraucht dafür 56 h. Wobei Schlaf ebenfalls einen hohen Einflussfaktor auf unser Gewicht darstellt. Wer zu wenig schläft, riskiert Gewichtszunahme. Wie auch immer, bei unserer Berechnung bleiben wöchentlich 72 h Freizeit. Und zehn Stunden Sport müssen ja auch nicht unbedingt sein. Drei bis fünf Stunden pro Woche sportlich schwitzen reichen im Grunde auch.

Warum so viele Sportmuffel?

Aber warum sind die Menschen eigentlich solche Sportmuffel? Ich gebe zu, Sport hatte bis zu meinem 40. Geburtstag für mich auch keine Bedeutung. Mein Körper und meine Gesundheit hatten darunter allerdings ziemlich zu leiden. Das wurde mir erst bei einem längeren Aufenthalt in einer Fachklinik für Orthopädie bewusst. Dem Fachpersonal dort bin ich heute noch sehr dankbar. Sie haben mich ganz einfach – unter anderem – in das hauseigene Fitnessstudio gesteckt und mich dazu gebracht, mich wieder mehr zu bewegen. Für meine Gelenke Rettung in letzter Minute. Ich persönlich war zuvor Sportmuffel, weil es unter anderem in der Schule niemand geschafft hatte, mir den Spaß am Sport beizu-bringen. Schulsport war das exakte Gegenteil von dem, was angetan gewesen wäre, mich zu Bewegung zu motivieren.

Das liegt zum Teil an unserem etwas verkorksten Bildungssystem. Und vielleicht auch an den Lehrern, die Sport unterrichten. Ich könnte aus der Erinnerung einige benennen. In den Schulen und auch vor allem im Sport wurde bis heute noch nicht verstanden, dass nicht jeder Mensch zum Leistungssportler geboren ist, dass es aber durchaus möglich ist, individuell dafür zu sorgen, dass Schülerinnen und Schüler Spaß an Bewegung finden. In unserem Bildungssystem tun wir so, als könnten alle dieselben Leistungen vollbringen. In einem Cartoon kommt dies sehr schön zur Geltung. Dieses Cartoon habe ich kürzlich zu-fällig entdeckt. Ein Lehrer sitzt in der Savanne an seinem Schultisch. Vor ihm eine Reihe von Tieren. Ein Affe, ein Elefant, ein Goldfisch in seinem Glas, ein Pinguin. Und wegen der Chancengleichheit erwartet der Lehrer, dass alle dieselben Leistungen erbringen, und for-dert die Tiere auf, einen Baum hochzuklettern. Schöner könnte man es nicht verdeutlichen.

Passiv konsumieren ist bequemer

Aber auch unsere Gesellschaft insgesamt hat einiges dazu beigetragen, dass die Menschen sich ihres Körpers nicht mehr bewusst sind. Sie werden durch die vielfältigen Angebote, sich passiv zu beschäftigen, so geflutet, dass sie sich lieber mit einer großen Tüte Chips auf der Couch niederlassen.

Dabei macht Bewegung ja sogar Spaß. Je öfter man sich bewegt, umso mehr. Wer den inneren Schweinehund erst einmal überwunden hat, fragt sich hinterher, warum dieser Schweinehund überhaupt so bedrohlich ausgesehen hat. Denn nach dem Training fühlt sich jeder deutlich wohler als zuvor. Sport ist für die Gesundheit eine Allzweckwaffe. Er hilft sowohl dem Körper als auch der Psyche.

Bewegung macht Spaß

Regelmäßiger Sport hat bei depressiven Menschen dieselbe Wirkung wie eine Behand-lung mit typischen stimmungsaufhellenden Medikamenten. Diabetes-Patienten können mit leichtem Sport ihre Zuckerwerte deutlich senken. Die Beweglichkeit wird verbessert, Kraft und Ausdauer werden trainiert. Der gesamte Körper fühlt sich bei regelmäßigem Training bald völlig anders an.

Da uns im Zusammenhang mit QuantifiedSelf jedoch in erster Linie interessiert, wie wir unser Gewicht reduzieren können, empfehle ich zum Thema Sport und Gesundheit die Lektüre weiterführender Literatur, von der es reichlich im Angebot gibt.

Bewusstsein für die Energiebilanz erzeugen

Dass Sie Bewegung brauchen, um Ihr Gewicht in den Griff zu bekommen, liegt einfach daran, dass es nicht reicht, auf den Grundumsatz zu schielen, den Ihr Körper täglich verbraucht. Dieser Grundumsatz reicht ganz einfach nicht, um das auszugleichen, was Sie ihm üblicherweise an Energie zuführen. Das ist Ihnen nur normalerweise nicht bewusst. An dieser Stelle wollen wir es damit bewenden lassen, da Sie nun wissen, dass Sie Bewegung brauchen, um den Energieverbrauch deutlich über Ihren individuellen Grundumsatz anzuheben.

Sie nehmen ab, wenn mehr verbraucht als zugeführt wird

Um dieses einfache Prinzip geht es: Sie können nur dann abnehmen, wenn Sie mehr Energie verbrauchen, als Sie Ihrem Körper zuführen. Und bisher haben Sie sich vermutlich nie tatsächlich damit auseinandergesetzt, wie viel Ihr Körper verbraucht, wie viel Energie Sie durch Bewegung und Aktivitäten verbrauchen, und wie viel Sie Ihrem Körper tatsächlich täglich zuführen.

Wie viele Kalorien hat ein Hamburger?

Ein einfaches Beispiel ist ein Besuch in einem typischen Schnellrestaurant einer dieser bekannten Ketten. Sie entscheiden sich für ein ganz normales Menü, bestehend aus einem mittelgroßen Hamburger, einer Portion Pommes und einer mittelgroßen Cola. Für Sie ist das vermutlich ein ganz normaler Snack, von dem Sie aus Erfahrung wissen, dass Sie nicht lange davon satt sein werden. Ein weiteres typisches Phänomen unserer heutigen Ernährung. Die Zusammensetzung dessen, was wir essen, führt nicht zu nachhaltiger Sättigung. Was Sie jetzt in Form eines Menüs vor sich stehen haben, entspricht schon fast Ihrem Grundumsatz. Wenn Sie dieser 53-jährige Mann, 1,71 m groß und 91 kg schwer, sind, von dem wir vorhin sprachen. Denn dieses Menü beinhaltet in dieser Konstellation rund 1500 kcal. Und das ist genau das, was Sie bisher nicht bewusst wahrgenommen haben. Weil Sie dieses Menü womöglich so lecker finden, haben Sie es vielleicht auch einfach verdrängt und wollen es nicht wahrhaben.

Übrigens hat in genau diesem Moment eine Frau, 40 Jahre alt, 1,70 m groß und 70 kg schwer, ihren Grundumsatz bereits um 100 Kalorien überschritten. Wer sich an diesem Tag bereits ein üppiges Frühstück gegönnt hat, was Sie tatsächlich sollten, und es darf tatsächlich gerne zwischen 800 und 1000 Kalorien beinhalten, und wer sich dann außerdem auch noch abends eine Kleinigkeit auf den Teller legen möchte, der muss sich jetzt schon ganz schön anstrengen, um seine Energiebilanz noch im Griff zu behalten.

Energie bilanzieren

Wir müssen also im Prinzip jeden Tag Bilanz ziehen. Wir müssen genau verstehen, was unser Körper im Ruhezustand verbraucht, wie viel wir zusätzlich durch Bewegung an Energie verzehren, wie viele Kalorien wir also insgesamt an einem Tag verbraucht haben, und wir müssen auf der anderen Seite genau verstehen, mit welchem Lebensmittel wir welche Energiemengen zuführen und wie viel Energie wir insgesamt aufgenommen haben. In der Bilanz muss auf der Verbrauchsseite eine größere Zahl stehen als auf der Seite der Zufuhr. Das ist das ganze Geheimnis.

Diese Bilanz müssen wir täglich ziehen und einüben. Genau da hilft uns QuantifiedSelf. Auf Dauer sehen wir die Wochenbilanz und die Monatsbilanz. Das ist dann viel wichtiger als der einzelne Tag. Denn selbstverständlich ist nicht jeder Tag wie der andere und selbstverständlich dürfen Tage dabei sein, bei denen mehr gegessen wird als verbraucht. Wie gesagt, quälen wollen wir uns ja nicht.

Eine Bilanz besteht aus zwei Seiten. Das wissen Sie. Beide Seiten müssen ordentlich „vermessen" werden. Die Buchhaltung muss stimmen, alles muss genau erfasst sein, sonst wird das nichts mit der Bilanz. Und genau das ist auch beim QuantifiedSelf und dem damit verbundenen Wunsch, abzunehmen, wichtig.

QuantifiedSelf stellt die Werte für Ihre Körperbilanz zur Verfügung

QuantifiedSelf stellt die Werte für Ihre Körperbilanz zur Verfügung. Solange es noch nicht den funktionierenden Scanner für Ihre Nahrungsaufnahme gibt – auch daran wird gearbeitet –, müssen Sie die Nahrungszufuhr noch weitgehend händisch erfassen, z. B. in einer App. Aktuell ist jedoch ein Start-up dabei, das Geld für die Verwirklichung eines IoT-Sensors, eines Food Scanners, zu sammeln. Die wichtigsten Werte für Ihren Körper lassen sich über bereits erhältliche Sensoren ermitteln und automatisiert in Apps und Fitness-Portale übertragen.

Am weitesten verbreitet sind Activity-Tracker, Schrittzähler, Geräte, die zusätzlich auch die Schlafqualität messen können. Sie kommen beispielsweise von Fitbit, Withings, Nike, Garmin, es gibt den JawboneUp und eine Vielzahl weiterer Anbieter und Modelle. Andere Sensoren erlauben zusätzliche Messwerte, wie z. B. Herzfrequenz oder Herzfrequenz-Variabilität, Körpertemperatur, Sauerstoffsättigung des Blutes. Die Sensoren werden immer kleiner, besser, genauer, vielfältiger. Je mehr Werte zur Verfügung stehen, desto besser funktioniert QuantifiedSelf, denn aus den Werten können Handlungsoptionen und Hinweise abgeleitet werden. Werden Werte der Bio-Impedanz-Analyse mit einbezogen, werden Trainer oder Sportwissenschaftler in die Lage versetzt, individuelle Trainingsempfehlungen auszusprechen oder auch Ernährungshinweise zu geben.

Für den Anfang reicht für Ihr individuelles QuantifiedSelf ein einfacher Aktivitäts-Tracker, der schon für überschaubare 50 bis 140 € zu haben ist. Und wenn Sie noch etwas warten wollen: Die zukünftigen Smartphones und wahrscheinlich die lange angekündigte Smartwatch von Apple werden die meisten der benötigten Sensoren bereits selbst integriert haben.

Und was bringt uns das jetzt?

Haben Sie schon einmal von Biofeedback gehört? Biofeedback wird in unterschiedlichen Zusammenhängen in der Medizin und der Psychologie angewandt. Ihr Verhalten wirkt auf den Körper, er reagiert. Die Reaktion bekommen Sie widergespiegelt, und durch diese Bewusstwerdung der Reaktion verändert sich automatisch Ihr Verhalten, es entsteht eine automatische Rückkopplung und damit eine Anpassung des Verhaltens und der Körperreaktionen zugunsten eines gewünschten Zustandes.

Smartphone als Biofeedback-Maschine

Um es etwas präziser und technischer auszudrücken: Bio steht für Leben und Feedback für Rückmeldung. Bei Biofeedback handelt es sich um eine Methode, bei der Veränderungen von Zustandsgrößen biologischer Vorgänge, die der unmittelbaren Sinneswahrnehmung nicht zugänglich sind, mit technischen, oft elektronischen, Hilfsmitteln beobachtbar gemacht werden. Sie werden dem eigenen Bewusstsein zugänglich gemacht. Es gibt dabei eine inhaltliche Nähe zu verhaltenstherapeutischen und lerntheoretischen Ansätzen.

Dieser Ansatz ist für unser Ziel, unser Gewicht zu kontrollieren und zu reduzieren, übertragbar. Indem wir ein Bewusstsein für unsere Energiezufuhr und unseren Energieverbrauch schaffen, verändert sich in der Folge automatisch unser Verhalten in Bezug auf diese beiden Größen. Ich habe zum Beispiel die Erfahrung gemacht, dass ich gegen Abend meine Tageswerte beobachte und feststelle, dass ich vermutlich an diesem Tag mehr Energie zugeführt haben werde, als ich verbraucht habe. Das führt automatisch zu einem Anreiz, zumindest noch einen kurzen Spaziergang um den Block zu machen.

Elektronisches Bewusstsein

Die Erfassung von Lebensmitteln, die ich beim Frühstück, beim Mittagessen oder beim Abendessen gegessen und getrunken habe, hat dazu geführt, dass ich mich mit den einzelnen Lebensmitteln genauer auseinandersetze. Ich schaffe mir ein Bewusstsein für die einzelnen Nahrungsmittel. Ohne dieses Bewusstsein esse ich normalerweise vermutlich zu viel von Dingen, die zu viele Kalorien haben. Lerne ich mit der Zeit, welche Lebensmittel für mich und mein Körpergewicht negativ sind, führt dies automatisch dazu, diese Lebensmittel zu meiden.

Im Prinzip entsteht auf diese Weise eine Art digitaler WeightWatcher, ohne dass ich mich regelmäßig mit einem kostenpflichtigen Angebot auseinandersetzen und mich mit Gruppen treffen muss. Ich bin dadurch zeitlich und räumlich ungebunden und habe dennoch eine Art Aufpasser für mein Ess- und Bewegungsverhalten.

Verschiedene Apps bieten außerdem die Möglichkeit, sich in einer Community mit anderen zu messen und zu vergleichen. Dieser Gedanke ist im Internet weitverbreitet und wird von vielen gerne genutzt. Der Vergleich mit anderen Anwendern und Abnehmwilligen erhöht die Begeisterung und den Ehrgeiz, seine Ziele zu erreichen. Das funktioniert erstaunlich gut, im Freundeskreis ebenso wie mit Kolleginnen und Kollegen in der Firma.

Die weiteren Beschreibungen beschränken sich auf die aktuellen Sensoren von Fitbit, dem Hersteller, für den ich mich entschieden habe. Dabei beschreibe ich sowohl die App und die Online-Anwendung als auch die unterschiedlichen Geräte.

Erfahrungsbericht mit Fitbit

Ich habe mich für Fitbit nach einem Vergleich unterschiedlicher Hersteller und Methoden sowie nach Empfehlungen entschieden. Das Ergebnis war also rein subjektiv und orientiert sich an meinen Bedürfnissen und Vorlieben. Möglicherweise hätte ich mit einem anderen Hersteller ganz ähnliche Ergebnisse gehabt. Vielleicht entscheiden Sie sich schon einfach aus Gründen der Ästhetik für ein ganz anderes Gerät. Weil es Ihnen schlicht besser gefällt. Vielleicht legen Sie, nachdem Sie sich individuell umgeschaut haben, Wert auf andere Informationen, die die zugehörige App liefert.

Fitbit deckt genau meinen Bedarf

Grundsätzlich bin ich mit Fitbit sehr zufrieden. Die Internet-Anwendung und die App für Android und Apple iOS haben sich im Verlaufe der letzten Monate bereits weiterentwickelt. Es war mir wichtig, dass die Anwendung auf verschiedenen Geräten funktioniert. Die Funktionen und Informationen decken genau meinen Bedarf. Die Geräte und Anwendungen von Fitbit lassen sich außerdem mit einer ganzen Reihe anderer Fitness- und Gesundheits-Apps verknüpfen. Zum Beispiel lässt sich Fitbit mit HealthVault von Microsoft kombinieren und so in eine medizinische Plattform einbinden.

Einige dieser Anwendungen habe ich getestet und nutze lediglich zwei zusätzliche Online-Anwendungen weiter, darunter HealthVault. Die andere Anwendung heißt Trend-Weight und ermittelt anhand der gemessenen Gewichts- und Fettanteilwerte im Tagesverlauf einen Gesamttrend der Gewichtsentwicklung, und sie differenziert das Gewicht noch etwas genauer nach Gesamtgewicht, Fettanteil, Gewicht ohne Fettanteil etc. Alle anderen Anwendungen hatten für mich keinen erkennbaren Zusatznutzen. Die Anwendungen von Fitbit sind sehr umfangreich und ohne Bedienungsanleitung leicht zu durchschauen. Alles funktioniert sehr intuitiv.

Problemlose Bedienung

Die Gewöhnung an die Geräte und Anwendungen von Fitbit war alles in allem problemlos. Wenn auch nicht ganz ohne Fehler in der Anfangszeit. Diese lagen jedoch einfach nur daran, dass es notwendig ist, die Einstellungen korrekt vorzunehmen. Wer sich hier nicht intensiv mit den Möglichkeiten befasst und herausfindet, welche Eigenheiten die Sensoren nach wie vor haben, der wird nicht zu befriedigenden Ergebnissen kommen. Das zeigen auch Tests in den Medien, die offensichtlich bei einem ersten Eindruck stehen geblieben sind. Vermutlich stand nicht genug Zeit für einen ausführlichen Test zur Verfügung, weshalb einige Fitness-Tracker kritisiert wurden.

Aber auch bei diesen Tests schnitten die Produkte von Fitbit am besten ab. Das hat meine Entscheidung nur noch einmal bestätigt. Schauen wir uns Fitbit also genauer an.

Warum gerade Fitbit? Tracker in der Presse

„Fitness-Armbänder sind gerade in und sollen zu mehr Bewegung im Alltag anregen. Doch wie genau arbeiten sie und wie sinnvoll sind sie tatsächlich? COMPUTER BILD hat drei beliebte Bänder eingehend getestet (Heft 16/2013)". So lautete eine Meldung vom 12. Juli 2013, die mir auf den Tisch geflattert ist. In diesem Test gab es zwar einen Testsieger, das Fitbit Flex, das ich ebenfalls nutze, aber wirklich gut hat keines der getesteten Geräte abgeschnitten. Im Test war außerdem das Nike Fuelband und das JawboneUp.

Tracker lassen sich überlisten

Kritisiert wurde in erster Linie, dass die Tracker ungenau messen würden und man sie sogar überlisten könnte, indem man mit einem Glas Bier auf der Couch sitzt und einfach nur mit dem Handgelenk wackelt. Das mag natürlich sein. Aber wer für einen solchen Tracker 100 € oder mehr ausgibt, der wird dies ja nicht tun, um sich anschließend damit selbst zu betrügen.

Im Testbericht wurde außerdem – völlig unverständlich – zum Ausdruck gebracht, dass eine Pulsuhr die bessere Wahl sei. Eine Pulsuhr wird jedoch nur während des Sports genutzt und sie misst nur den Puls, nicht meine gesamten Aktivitäten während des Tages. Der Pulswert, ohne zu wissen, in welchem Bereich meine optimale Fettverbrennung stattfindet, ist nahezu nutzlos. Es wird auch nichts aufgezeichnet, ich bekomme keinen Überblick über längere Zeiträume, es gibt keine App, die mir Auswertungen bereitstellt. Hier werden klar Äpfel mit Birnen verglichen.

Auch zum Thema Datenschutz wurde Kritik laut. Diese Diskussion wird insbesondere in Deutschland heftig geführt. Wir Deutschen sind hier offenbar besonders sensibel. Grundsätzlich ist das natürlich völlig in Ordnung. Alle Informationen, die wir in diesen Fitness-Apps erfassen, landen auf einem Server des Unternehmens, welches die Anwendung betreibt.

Schattenseiten des Internets

Ob Sie also eine solche Fitness-App nutzen wollen, müssen Sie genauso selbst entscheiden, wie sie entscheiden müssen, ob sie grundsätzlich die Dienste des Internets für sinnvoll erachten und deshalb weiterhin nutzen. Daher möchte ich mich hier auf die reine Leistungsfähigkeit der mobilen Sensoren und der Fitbit-Anwendungen beschränken.

Erste Erfahrungen in der Anwendung

In den ersten Wochen habe ich lediglich die Online-Anwendung und die Apps von Fitbit genutzt. Ich habe dort manuell mein Bewegungsverhalten erfasst und auch die Nahrungszufuhr aufgezeichnet. Bereits dies hat mir sehr viel geholfen. Ich habe dadurch einen kompletten Überblick darüber erhalten, wie oft und wie intensiv ich mich bewege, welche Lebensmittel mit wie vielen Kalorien zu Buche schlagen und wie meine Bilanz am Abend aussieht. In den Anwendungen von Fitbit ist eine Lebensmittel-Datenbank enthalten, die sich individuell um typische Nahrungsmittel ergänzen lässt, die der Anwender regelmäßig zu sich nimmt. Nach einiger Zeit ist das meiste in einer überschaubaren Liste enthalten und kann daher sehr schnell nach den Mahlzeiten registriert werden.

Die ersten Lerneffekte waren die, dass mir in Bezug auf einige Lebensmittel, die ich zuvor eher bedenkenlos gegessen habe, klar wurde, dass ich möglicherweise vielleicht doch öfter darauf verzichten sollte. Ein Beispiel war der Hamburger. Ich hatte ihn tatsächlich völlig falsch eingeschätzt. Obwohl ich ihn auch zuvor nur selten, zum Beispiel auf Dienstreisen, auf meinen Speiseplan gesetzt habe und ihn außerdem wenn möglich mit einem Salat anstatt Pommes kombiniert habe, verzichte ich auf ihn mittlerweile vollständig. Das Gleiche gilt für Schweinesteaks, die zur absoluten Ausnahme geworden sind.

Schnelle Lerneffekte

Es wurde mir durch die Anwendung dieser Apps auch sehr bald bewusst, welche Auswirkungen ein kompletter Bürotag oder ein Sitzungstag in einer Veranstaltung auf meine Energiebilanz haben kann. Solche Tage sind für einen Menschen, dessen Körpergewicht sich leicht nach oben entwickeln kann, absolut fatal. Häufen sich solche Tage, fängt der Hosenbund bald an zu zwicken.

Was die Geräte angeht, bietet Fitbit eine Auswahl aus unterschiedlichen Typen. Im oben erwähnten Test befand sich lediglich das Flex. Das Flex wird mit einem Kunststoff-Armband am Handgelenk befestigt. Angeboten werden jedoch auch Sensoren, die man am Hosenbund befestigen kann, das Fitbit Zip, sowie ein sehr kleines Gerät, welches man einfach in die Hosentasche steckt. Dieses FitbitOne zählt außer den Schritten auch noch die Stockwerke, die man gegangen ist. Zu den einzelnen Geräten komme ich gleich noch etwas differenzierter.

Die App

Die Fitbit-App steht sowohl für die mittlerweile am häufigsten verbreiteten Smartphones mit Android-Betriebssystem bereit als auch für Apples iOS, also für die iPhones und iPads. Außerdem kann die Anwendung im Internet mit jedem gängigen Webbrowser genutzt werden. Egal, in welcher Anwendung Daten erfasst werden, sie stehen sofort in allen anderen ebenfalls bereit und können ausgewertet werden.

Am gelungensten erscheint die Online-Anwendung auf dem PC oder dem Tablet. Sie ist grafisch sehr ansprechend aufbereitet, bietet also dem Technikverliebten auch etwas fürs Auge. Die Apps auf Android und iOS sind weitgehend identisch und bieten alle benötigten Informationen mobil und zuverlässig.

Auf dem iPad kann ich sowohl die App als auch über den Browser die optisch viel ansprechendere Internetanwendung nutzen. Das Dashboard, also die Übersichtsseite, zeigt alle wichtigen Infos auf einen Blick in einem modernen Kachel-Design. Jede Kachel kann man anklicken und erhält zusätzliche Details (Abb. 3.12).

Die Synchronisation funktioniert mit iPad und iPhone problemlos, bei Android-Geräten nicht mit allen Versionen und Gerätetypen. Ich synchronisiere den Tracker daher mit dem iPad. Wahlweise kann mit einem kleinen Dongle auch mit dem PC synchronisiert werden. Um die Synchronisation muss man sich nicht aktiv kümmern, wenn man Synchronisation im Hintergrund eingestellt hat. Dann funktioniert die Bluetooth-Verbindung automatisch, sobald die Geräte sich in räumlicher Nähe befinden (üblicherweise 6 bis10 m) (Abb. 3.13).

Die Geräte

Im Mittelalter hatten sie Guillotinen, Streckbänke, Peitschen und Ketten. Heutzutage haben wir ein viel effektiveres Folterwerkzeug, genannt die Badezimmerwaage.
Stephen Phillips

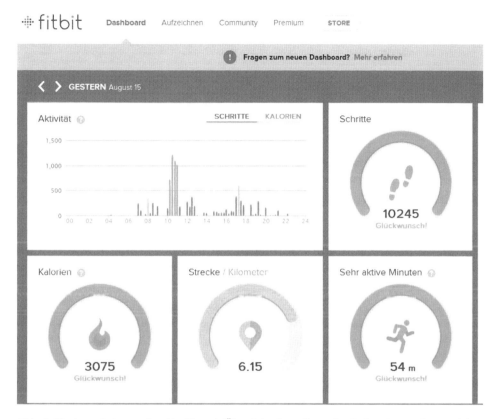

Abb. 3.12 Ausschnitt aus dem Dashboard, Übersichtsdarstellung der Online-Anwendung auf dem PC

Die Aria-Badezimmerwaage. Die Einrichtung hat etwas länger gedauert als gedacht. Zwar ist eine gute Beschreibung dabei, aber die WLAN-Verbindung war dennoch widerspenstig. Sie lässt sich auf verschiedenen Wege konfigurieren, über den PC online im Browser oder über die App. Einer klappte dann schlussendlich. Sie zeigt rund ein halbes Kilo mehr an als unsere alte Waage. Die aber auch immer ein halbes Kilo weniger anzeigte als die große Waage im Fitnessstudio. Also wird sie wohl stimmen. Die gemessenen Fettwerte kommen auch denen im Studio sehr nahe. Sie kann mehrere Personen erkennen und automatisch wiegen und den Personen das Gewicht zuordnen. Die Aria kostet aktuell knapp 120 €. Der Dauerbetrieb wird zeigen, ob sie das auch wert ist.

Drei verschiedene Tracker

Fitbit bietet derzeit drei unterschiedliche Tracker an. Vereinzelt tauchen im Internet noch ältere Modelle auf, aber offiziell verkauft das Unternehmen derzeit den Flex, den One und das Zip (Abb. 3.14).

Abb. 3.14 Fitbit Flex (*links*), One (*Mitte*) und Zip (*rechts*)

Das Flex kostet 99,95 € und zeichnet Schritte, Strecke, verbrannte Kalorien und Minuten mit Aktivität auf. Dieses Gerät wird mit einem mitgelieferten Armband am Handgelenk getragen. Eingebaute LED-Lämpchen signalisieren, wie nah der Anwender seinen Tageszielen bereits gekommen ist. Das Gerät überwacht zusätzlich den Schlaf und es kann ein geräuschloser Weckdienst eingerichtet werden. Feuchtigkeit macht diesem Gerät nichts aus. Schwimmen und Duschen sind möglich. Zum Aufladen des Akkus wird der Tracker aus dem Armband entnommen und über ein mitgeliefertes Ladekabel aufgeladen. Die Erfahrung zeigt, dass das Gerät gut fünf Tage ohne Aufladen durchhält. Mitgeliefert wird außerdem ein Dongle zur Synchronisierung mit dem PC.

Der FitbitOne wird zum gleichen Preis wie das Flex angeboten und zeichnet Schritte, Strecke, verbrannte Kalorien und bewältigte Stockwerke auf. Auch die Schlafüberwachung gelingt mit diesem Gerät. Dazu wird eine Schlafmanschette mitgeliefert, mit der das Gerät nachts am Handgelenk befestigt wird. Das Gerät ist schweiß- und regenresistent und gegen Spritzwasser geschützt. Zusätzlich wird ein Clip mitgeliefert. Dieses Gerät wird üblicherweise in der Hosentasche getragen. Damit ist auch der aus meiner Sicht größte Nachteil dieses Geräts gleich beschrieben. Selbst mit dem Clip ist aus meiner Sicht die Gefahr, dieses Gerät zu verlieren, relativ groß. Und bleibt es versehentlich in der Hosentasche und die Hose wird gewaschen, sind fast 100 € zum Teufel. Interessant ist auf der anderen Seite, dass dieses Gerät auch die zu Fuß bewältigten Stockwerke mitzählt. Aus mir nicht bekannten Gründen kann dies das Flex nicht.

Die preiswerteste Variante der Fitbit-Geräte ist das Zip. Es kostet 59,95 € und zeichnet Schritte, Strecke und verbrannte Kalorien auf. Das Gerät ist nicht aufladbar, die austauschbare Batterie hat eine Betriebsdauer von vier bis sechs Monaten. Das Gerät ist schweiß- und regenresistent und gegen Spritzwasser geschützt. Es wird mit einem Clip an der Kleidung befestigt. Da es etwas größer ist als das One, ist die Gefahr, es zu verlieren, vermutlich etwas geringer.

Die Geräte werden in unterschiedlichen Farben angeboten, leider sind jedoch in Deutschland nicht alle Varianten erhältlich. Insbesondere beim Flex existiert eine Reihe von bunten Armbändern, in Deutschland werden jedoch nur schwarze und graue geliefert.

Die drei Geräte haben nicht nur ein unterschiedliches Design, sondern auch einen leicht unterschiedlichen Funktionsumfang sowie weitere Vor- und Nachteile, die abgewogen werden wollen.

Neben der Gefahr des leichteren Verlustes insbesondere des One und des Zip gegenüber dem ständig am Handgelenk befestigten Flex ist es eine individuelle Entscheidung, ob es notwendig ist, die gelaufenen Stockwerke zählen zu können. Außerdem eignen sich die Geräte unterschiedlich gut für unterschiedliche Sportarten. Alle drei können auf jeden Fall die gelaufenen Schritte zählen. Das tun sie, sobald sie korrekt eingestellt sind, auch sehr genau.

Da ich mich für das Flex entschieden habe, werde ich dazu anschließend mehr Details berichten.

Start mit der App

Wie bereits beschrieben, ist im Grunde die App das Herzstück in diesem Konzept zur Gewichtskontrolle und Gewichtsreduktion per QuantifiedSelf. Sie stellt für uns den Überblick über die benötigte Balance zwischen Energiezufuhr und Energieverbrauch dar. Auf den Tracker könnten wir mit der Hilfe dieser Anwendung im Grunde dann verzichten, wenn wir auch unsere Spaziergänge und Wege, die wir zu Fuß zurücklegen, manuell erfassen. Dabei werden uns vermutlich einige Schritte verloren gehen, und weil wir es genau wissen wollen, macht eben der Tracker dann doch Sinn. Auch die Waage ist grundsätzlich entbehrlich. Das Gewicht können wir auch manuell in der Anwendung erfassen. Aber es ist eben sehr viel bequemer, sich einfach nur auf die Waage zu stellen und automatisch die gemessenen Werte zu Gewicht und Fettanteil in der App wiederzufinden.

Die App ist das Herzstück

Um die Anwendung nutzen zu können, ist es notwendig, einen Account bei Fitbit anzulegen. Dort werden verschiedene Angaben zur Person, E-Mail-Adresse, auf Wunsch ein Spitzname, falls man sich mit anderen Anwendern messen möchte, Geschlecht, Geburtstag, Körpergröße, Schrittlänge, Schrittlänge im Lauftempo und aktuelles Gewicht abgefragt. Zusätzlich kann die Kalorienschätzung aktiviert oder deaktiviert werden. Sie analysiert über die Dauer das übliche Verhalten des Anwenders und kann daher schon morgens den ungefähren Kalorienverbrauch des kommenden Tages anzeigen. Die Lebensmitteldatenbank kann für unterschiedliche Länder ausgewählt werden. Nachdem das Profil mit den persönlichen Einstellungen vervollständigt ist, wird als Nächstes ein vorhandener Tracker mit dem Account verbunden. Das gilt auch für die Waage.

In den Einstellungen kann außerdem gewählt werden, ob und – wenn ja – wie zu bestimmten Ereignissen Benachrichtigungen erfolgen sollen. Der Anwender kann sich beispielsweise über einen niedrigen Akkustand des Geräts oder der Waage informieren lassen. Das Erreichen von Meilensteinen, also bestimmten Teilzielen, die man sich gesetzt hat, oder Freundschaftsanfragen und Nachrichten von Freunden können signalisiert werden. Interessant ist auf jeden Fall eine wöchentliche Zusammenfassung der Ergebnisse.

In den Einstellungen wird auch der stumme Alarm festgelegt. Sobald das Gerät synchronisiert wird, erhält es auch diese Information. Das Wecken geschieht mit einer leichten Vibration des Geräts und ansonsten lautlos.

Einstellungen zum Datenschutz

Auf den Datenschutz kann der Anwender ebenfalls Einfluss nehmen, zumindest was die Sichtbarkeit für andere Personen von einzelnen Informationen angeht. Das grundsätzliche Problem, welches, wie bereits weiter oben beschrieben, kritisiert wird, ist dadurch natürlich nicht aus der Welt geschafft.

Auch das Zusammenspiel mit anderen Anwendungen und Applikationen wird in den Einstellungen festgelegt.

Sind diese grundsätzlichen Einstellungen erledigt, kann es im Prinzip direkt losgehen. Die wesentlichen Funktionen sind in den Bereichen Dashboard und Aufzeichnen zu finden. Das Dashboard stellt dem Anwender eine komplette Übersicht über alle wichtigen Informationen zur Verfügung. Aufzeichnen lassen sich die Ernährung, unterschiedliche Aktivitäten, das Gewicht, der Schlaf, ein Tagebuch, die Pulsfrequenz, der Blutdruck sowie Blutzucker. Herz, Blutdruck und Blutzucker sind natürlich separat mit geeigneten Methoden zu messen, dann können sie erfasst werden. Automatisiert passiert hier nichts. Wie bereits erwähnt: Zukünftige Sensoren könnten auch hierzu Werte liefern, zumindest Herz und Blutdruck (Abb. 3.15).

Die einzelnen Unterpunkte Ernährung, Aktivitäten, Gewicht et cetera sind insbesondere in der Internet-Anwendung sehr detailliert dargestellt. Nahrungsmittel, die regelmäßig

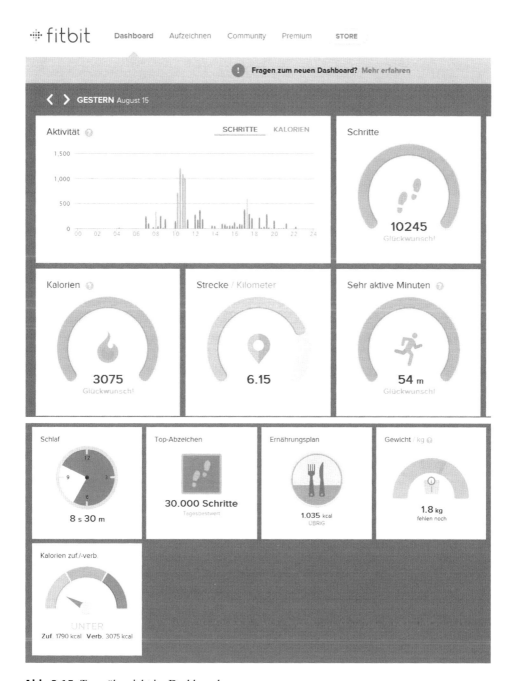

Abb. 3.15 Tagesübersicht im Dashboard

vormittags-Snack   Keine Lebensmittel für diese Tageszeit aufgezeichnet
                                                    Hinweis hinzufügen

Mittagessen

                                                    Hinweis hinzufügen

Lebensmittel	Menge	Kcal	Fett	Ball.	Kohl.	Nat.	Eiweiß	Fav.
Cappu mit Milch	150 ml	90	0	0	0	0	0	☆
Spaghettisauce	1 Portion	60	1,9	2,2	9,1	238,7	1,3	☆
Parmesan, gerieben	2 Essl.	42	2,9	0	0,4	152,9	3,8	☆
Erdbeeren, gesüßt, ganz	250 Gramm	194	0,3	4,8	52,5	2,5	1,3	☆
Rührkuchen	1 oz	81	0,8	0,1	17,3	69,2	1,5	☆
Spaghetti	100 Gramm	357	2,5	6,5	70,4	21,8	13,4	☆
	Zwischensumme	824	8,3	13,5	149,8	485	21,4	

Nachmittags-Snack   Keine Lebensmittel für diese Tageszeit aufgezeichnet
                                                    Hinweis hinzufügen

Abb. 3.16 Detailansicht aus der Erfassung von Lebensmitteln

gegessen werden, können als Favoriten gespeichert werden. Damit stellt sich der Anwender auf Dauer eine Liste zusammen, die schnell im Zugriff ist und daher die Erfassung des Ernährungsverhaltens schon nach wenigen Tagen zum Kinderspiel macht (Abb. 3.16).

An was man sich zunächst gewöhnen muss, ist die Auswahl aus der Nahrungsmittel-Datenbank. Dort findet man nicht wirklich jedes Nahrungsmittel wieder, welches man erfassen möchte. Dann ist es nötig, die Tabelle durch eigene Einträge zu ergänzen. Ist dies einmal geschehen, können auch diese Lebensmittel wieder jederzeit abgerufen werden. Um eigene Nahrungsmittel in die Tabelle einzutragen, ist es nötig, im Internet deren Kaloriengehalt zu recherchieren. Das Erfassen von Nahrungsmitteln ist nach wenigen Tagen auf dem Weg zur Routine (Abb. 3.17).

Aktivitäten zu erfassen macht ohnehin Spaß. Denn jede Aktivität treibt den Kalorienverbrauch des Tages nach oben. Und damit fällt dann auch der Abgleich mit der Nahrungszufuhr gleich wieder freundlicher aus. Wie gesagt: Es kommt uns ja auf genau diese Bilanzierung an. Und die ist in der Anwendung sehr übersichtlich dargestellt (Abb. 3.18).

Abb. 3.17 Detailansicht Aktivitätsverlauf

Abb. 3.18 Auswertung eines 14-Tage-Abschnittes

Das Abnehmtempo einstellen

Kommen wir jetzt zum wichtigsten Punkt: die Einstellungen zu Ihrem persönlichen Gewichtsziel. Dazu benötigt die App zunächst die Information zu Ihrem aktuellen Aus-

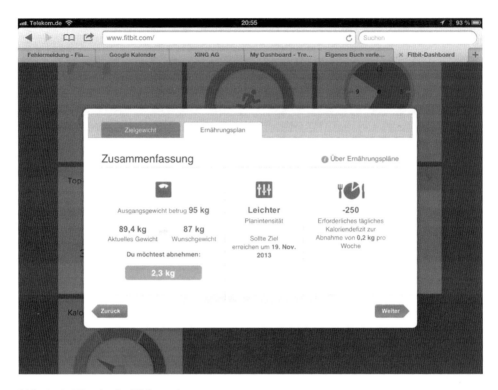

Abb. 3.19 Eingabe der Zielvorgaben

gangsgewicht. Also bitte einmal, am besten morgens, vor dem Frühstück, auf die Waage. Behalten Sie diese Zeit bei. Interessant sind ja ein wirklich vergleichbarer Wert und dadurch der Verlauf. Die Waage behalten Sie am besten ebenfalls bei und wiegen sich nach Möglichkeit nicht auf anderen Geräten, da es zwischen unterschiedlichen Waagen zu Abweichungen kommt. Das verwirrt nur (http://www.shellypalmer.com/2013/09/inaccurate-scales/) oder es frustriert.

Danach geben Sie Ihr Wunschgewicht ein. Nehmen Sie nicht gleich ein zu großes Ziel in Angriff. Setzen Sie sich nur ein paar Kilo weniger als realistisches Ziel, dann haben Sie auch bald ein erstes Erfolgserlebnis. Danach nehmen Sie sich die nächsten Kilos vor, in überschaubaren Etappen. Hier kommt die Psychologie ins Spiel. Jedes Erfolgserlebnis spornt an, während zu große, unrealistische Ziele frustrieren, weil es zu lange dauert, bis Sie diese erreichen. Und wir wollen ja verhindern, dass Sie vorzeitig aufgeben (Abb. 3.19).

Mein Zwischenziel von 90 kg ist inzwischen erreicht und die nächste Etappe liegt bei 87 kg. Da ich mich für sehr langsames Abnehmen entschieden habe, berechnet die Software, wann ich dieses Ziel erreichen werde. Meine Voreinstellung bedeutet also, dass ich täglich 250 Kalorien weniger zuführen möchte, als ich verbrauche. Dabei muss ich nun unter Umständen berücksichtigen, dass mein Energieumsatz, mein Grundumsatz, niedriger als berechnet ist. Aufgrund des Alters, zu vieler Diäten im Leben etc. Stelle ich also

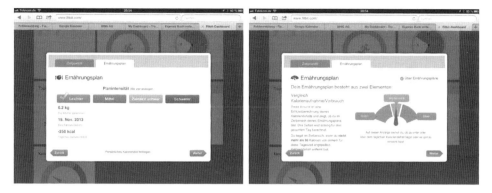

Abb. 3.20 Diese beiden Schaubilder verdeutlichen nochmals, wie die Systematik in der Anwendung funktioniert

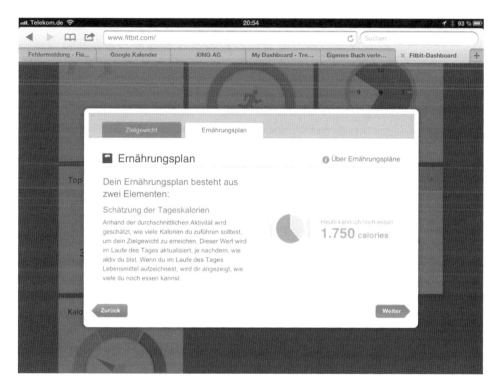

Abb. 3.21 Schätzung des Grundumsatzes anhand persönlicher Daten

fest, dass 250 Kalorien weniger zu wenig sind, um tatsächlich abzunehmen, muss ich das Minus vergrößern. Das wird hier ausgewählt (Abb. 3.20, 3.21):

Jetzt kann es also losgehen. Zu jeder Tageszeit bekommen Sie, resultierend aus errechnetem Grundumsatz, gewähltem Kalorienminus, konkreter Nahrungszufuhr, die Sie erfassen, und Ihrer gemessenen und erfassten Aktivität errechnet und dargestellt, wie viel Sie an diesem Tag noch essen dürfen.

So funktioniert sie konkret – die Biofeedback-Maschine

Jetzt werden Sie auch besser verstehen, was ich meinte, als ich beschrieben habe, dass diese Methode zu einem neuen Bewusstsein führt. Was ich meinte, wenn ich geschrieben habe, dass es sich zukünftig bei Ihrem Smartphone um eine Biofeedback-Maschine handelt. Alle bisherigen Anwender bestätigen mir: Sobald ich nachmittags erkenne, dass ich zu viel gegessen, aber mich zu wenig bewegt habe, und mir klar wird, dass ich auf diese Weise mein Gewicht zwangsläufig erhöhe, entsteht ein Wunsch, mich zu bewegen. Der Wunsch, weniger zu essen, entsteht dabei weniger. Die Auswahl der Nahrungsmittel wird positiv beeinflusst. Aber im Grunde ausnahmslos alle Anwender sagen, sie bewegen sich mit dieser Methode freiwillig mehr. Und leben gesünder.

Einsatz des Fitbit Flex

Fahrradfahren soll neben Laufen beim Flex ebenfalls gut erfasst werden können, verspricht der Hersteller. Meine Erfahrung ist: Das funktioniert nicht perfekt. Insbesondere Fahrten mit dem Mountainbike auf holprigen Wegen führen zu falschen Messungen. Das Rütteln führt häufig dazu, dass das Gerät in den Schlafmodus fällt. Erneutes Rütteln weckt es auf. Und genau dieses Hin und Her der Betriebszustände war der Grund, dass ich das Flex mittlerweile vor einer Fahrradtour ablege.

Auch irritierend war für mich, dass der Effekt mit dem Schlafmodus eintritt, wenn man in den Supermarkt geht und einen Einkaufswagen über einen holprigen Parkplatz schiebt. Diese Vibrationen versetzen das Gerät in den Schlafmodus.

Fahrradtouren besser manuell erfassen

Eine Fahrradtour erfasse ich daher nachträglich über die App oder die Internet-Anwendung, wo ich auch die Strecke oder die Intensität des Trainings festlegen kann. Mit dieser Erfassung wird der entsprechende Zeitraum ganz einfach überschrieben und nach der in der Anwendung genutzten Tabelle mit einem Kalorienverbrauchswert belegt.

Das Gleiche gilt für alle anderen möglichen Aktivitäten, wie zum Beispiel Übungen im Fitnessstudio oder Schwimmen.

Kein Problem stellt es dar, den Schlaf nachträglich zu erfassen. Es kommt schon mal vor, dass man abends vor dem Einschlafen vergisst, das Gerät in den Schlafmodus zu bringen. Dass man das vergessen hat, stellt man am nächsten Tag fest, wenn das Gerät synchronisiert wird und die App oder Internet-Anwendung signalisiert, dass kein Schlaf aufgezeichnet wurde. Um das nachzuholen, kann man die Zeit, zu der man zu Bett gegangen ist, und die Zeit, zu der man aufgestanden ist, nachträglich eintragen. Die gemessenen Daten des Trackers werden dann nachträglich entsprechend umgerechnet und dargestellt. Die Schlafqualität ist übrigens durchaus auch ein wichtiger Faktor bei der Gewichtskontrolle. Wer zu wenig schläft, neigt in der Regel zu Übergewicht.

Präzision hängt von korrekter Einstellung ab

Grundsätzlich ist zu sagen, dass die Genauigkeit der Resultate davon abhängt, dass das Gerät ordnungsgemäß eingestellt ist. Bei dem weiter oben erwähnten Test von Fitness-Trackern wurde dies mit Sicherheit nicht korrekt vorgenommen. Wer das Gerät einfach nur aus der Schachtel nimmt und ans Handgelenk packt, wird also mit falschen Resultaten belohnt und muss sich nicht wundern oder ärgern.

Das kann dann natürlich auch schon einmal sehr positiv aussehen. Das Flex will nämlich zunächst wissen, welche Schrittlänge sein Träger hat. Es will außerdem wissen, ob es an der dominanten Hand befestigt ist. Dies beeinflusst nämlich die Empfindlichkeit der Sensoren. Der Hersteller geht davon aus, dass ein Rechtshänder mit der rechten Hand naturgemäß aktiver ist als mit der linken. Dies hatte ich anfangs missachtet und mich am ersten Tag der Nutzung des Geräts über einen Kalorienverbrauch von deutlich über 6000 gefreut. Das konnte natürlich überhaupt nicht sein.

Nachdem ich das Gerät an der linken Hand, ich bin Rechtshänder, befestigt und eingestellt hatte, dass es sich an der dominanten (!) Hand befindet, und nachdem ich meine Schrittlänge gemessen hatte, konnte ich mich anschließend über sehr korrekte Werte freuen. Dies lässt sich im Verlauf auch relativ einfach testen. Ich habe mir eine Wanderroute mit Kilometerangabe ausgesucht, die wir ohnehin gehen wollten. Das Ergebnis des Flex und die Angabe im Wanderführer waren, nachdem das Gerät nun korrekt eingestellt war, fast perfekt übereinstimmend.

Es funktioniert

Dass die Methode im Paket aus Smartphone, Sensor und App im Zusammenspiel mit einem besseren Bewusstsein für die Energiebilanz und einem individuellen Bewegungsprogramm funktioniert, zeigt das Resultat nach ein paar Monaten. Das Zwischenergebnis kann sich sehen lassen, inzwischen sind sogar mehr als 6 kg weg, denn gestartet bin ich ja anfangs mit 97 Kilo.

Die alte Motorradhose passt wieder, die Legende vom Schrumpfleder ist widerlegt und meine Harley Davidson freut sich über etwas weniger Ballast. Ältere Jeans passen auch wie angegossen. Es bereitet eine regelrechte Freude, zu beobachten, wie sich die Körpermaße langsam wieder dem Wohlfühlgewicht nähern. Bis dorthin habe ich noch einmal rund 5 kg vor mir.

Die Legende vom Schrumpfleder ist widerlegt

Wie ist das nun zu erklären? Ich fasse noch einmal zusammen. Die Methode basiert im Grunde auf denselben Prinzipien wie Biofeedback. Es geht darum, ein Bewusstsein zu schaffen für das Essverhalten, die Nahrungszufuhr, die Auswahl von Nahrungsmitteln und auf der anderen Seite für das Bewegungsverhalten. Es geht insgesamt um die Bilanz der beiden Komponenten Energiezufuhr und Energieverbrauch. Das Smartphone wird zusammen mit dem Internet der Dinge, einem Sensor und einer Waage, die Daten untereinander austauschen, zur Biofeedback-Maschine. QuantifiedSelf bedeutet die Erfassung aller relevanten Daten, um die Biofeedback-Maschine in Gang zu setzen.

Während unsere Urahnen ein Problem damit hatten, diese Bilanz im Gleichgewicht zu halten, weil sie im Verhältnis zu ihrem Bewegungspensum oft zu wenig Nahrungsmittel zur Verfügung hatten, ist es bei uns heute in der westlichen Welt das genaue Gegenteil. Nahrung steht in Hülle und Fülle zur Verfügung, während wir gleichzeitig unser Bewegungspensum zurückgefahren haben.

Bewusstsein für Nahrung wiedererlangen

Während unsere Vorfahren sich über die Nahrungsmittel, deren Beschaffung und Lagerung sowie die Verarbeitung noch sehr genau Gedanken gemacht haben, haben die meisten Menschen dies heute in unseren Breitengraden verlernt. Sie verlassen sich auf die Industrie, die ihnen fertig vorbereitete Nahrungsmittel liefert.

Dieses Bewusstsein für die Ernährung und deren Zusammensetzung müssen wir uns zurückerobern. Das funktioniert nur, wenn wir uns intensiver mit den Nahrungsmitteln, die wir einkaufen, auseinandersetzen. Indem wir mit der App alle diese Nahrungsmittel, die wir täglich zu uns nehmen, erfassen, wird uns mit jedem Tag bewusster, was wir da eigentlich tatsächlich essen und welchen Energiegehalt dieses Essen hat.

Bewusstsein für Energieverbrauch

Sobald uns bewusst wird, welche Nahrungsmittel unserer Energiebilanz zuträglich sind und welche nicht, verändert sich automatisch das Verhalten. Wir wählen ganz wie von selbst die Nahrungsmittel, die uns guttun. Und lassen zunehmend diejenigen weg, die uns die Bilanz verhageln. Zwang wird durch einen schleichenden Lerneffekt ersetzt.

Gleichzeitig signalisiert uns die App, ob wir uns an diesem Tag, in dieser Woche oder in diesem Monat ausreichend bewegt haben. Nutzer von Fitness-Trackern, die ich kenne, berichten alle von demselben Phänomen: Sobald ein solcher Sensor genutzt und das tägliche Bewegungsverhalten erfasst wird, entsteht, ebenfalls wie von selbst, ein zunehmender Drang, sich über die Zeit immer etwas mehr zu bewegen. Wer beobachtet hat, dass er problemlos 7000 Schritte am Tag gehen kann, wird sein Pensum bald auf

10.000 oder mehr steigern wollen. Wenn Sie Hunde mögen, kommen Sie diesen Zielen sehr viel einfacher näher. Zusätzlich kommt der Effekt der sozialen Medien ins Spiel. Da viele dieser Fitness-Apps, auch die von Fitbit, eine soziale Komponente beinhalten, sie sich also mit Freunden und Bekannten vergleichen und austauschen können, entsteht ein Wettbewerb zwischen den Anwendern. Auch dies führt dazu, dass das Bewegungspensum steigt.

Bis zur Routine durchhalten

Vertrauen ist gut, Kontrolle ist besser. Dieser Satz gilt hier mit Sicherheit. Es reicht nicht, ungefähr zu wissen, wie viel Energie Sie an einem Tag oder in einem Zeitraum verbraucht und zu sich genommen haben. Um ein echtes Bewusstsein zu schaffen, müssen Sie sich zwangsläufig die Zeit nehmen, die Daten genau zu erfassen. Irgendwann werden Sie zu einer Routine kommen, bei der Sie das möglicherweise nicht mehr brauchen. Aber nachdem Sie sich über viele Jahre unbewusst ein Verhalten antrainiert haben, bei dem Sie langsam zugenommen haben, können Sie nicht erwarten, dass ein solches Verhaltensmuster, vielleicht sogar eine Einstellung, sich innerhalb weniger Tage ändert. Die Änderung eines Verhaltensmusters braucht einfach Zeit.

Die Kontrolle von wichtigen Körperwerten, zumindest Gewicht, führt dazu, dass Sie Ihre Erfolge genau im Blick haben. Wenn Sie zusätzlich weitere Körperdaten sammeln, beispielsweise Ihren Puls, Ihren Blutdruck, bei Diabetikern auch den Blutzucker, werden Sie feststellen, dass sich auch diese Werte im Zeitverlauf verbessern. Auch dies gehört zum Biofeedback-Grundsatz, der mit dieser Methode verfolgt wird. Die Verbesserung Ihrer Werte ist ein zusätzlicher Ansporn, die Methode weiterzuverfolgen und sich die nächsten Ziele zu setzen. Sie werden feststellen, dass Ihnen das sogar Spaß machen kann. Und dass Sie sich auf Dauer wohler fühlen.

Realistische Ziele für Bewegung und Gewicht

Machen Sie sich Gedanken, welche Sportart am besten zu Ihnen passt. Ihr Bewegungs- oder Sportprogramm muss auf Ihre individuellen Voraussetzungen abgestimmt sein. Sprechen Sie mit einem Fitnesstrainer, probieren Sie vielleicht ein Fitnessstudio aus, und wenn Sie eine noch bessere Kontrolle über die Entwicklungen haben möchten, nutzen Sie die bereits beschriebenen Verfahren, um Ihre Körperwerte zu erfahren und zu testen, wie gut und in welchem Bereich Ihre Fettverbrennung am besten funktioniert.

Setzen Sie sich überschaubare Ziele. Egal, wie viel Ihre Waage anzeigt und wie weit Sie insgesamt Ihr Gewicht reduzieren wollen, tun Sie es in Etappen und langsam. Setzen Sie sich Ziele von wenigen Kilogramm. Es ist einfach erfreulicher, zwischendurch Etappenziele zu erreichen, als ein weit entferntes Ziel gefühlt nur viel zu langsam erreichen zu können. Dass Wunderdiäten nicht helfen, habe ich Ihnen erklärt. Selbst wenn Sie eine

Methode wählen, mit der Sie in wenigen Wochen 10 oder 15 Kilos abnehmen können, Sie wissen jetzt, dass dies weder gesund noch nachhaltig ist. Sobald Sie Ihr Etappenziel erreicht haben, können Sie sich das nächste setzen. Und haben Sie Geduld. Es geht bei dieser Methode darum, ihr Gewicht dauerhaft, nachhaltig zu reduzieren. Den Jo-Jo-Effekt gilt es zu vermeiden.

Zurück zum Anfang – QuantifiedSelf

Zusammengefasst: QuantifiedSelf – Sensoren des Internets der Dinge – helfen, den Menschen zu vermessen und, wie an diesem Beispiel gezeigt, zu Verhaltensänderungen zu bringen. Die Sensoren überwachen, messen und protokollieren den gesamten Tagesablauf und liefern permanent Werte zu unterschiedlichen Vitalfunktionen, Körperwerten und Verhalten, mit deren Hilfe der Mensch mehr über sich erfährt, sich besser kennenlernt und mit deren Kenntnis er sein Verhalten positiv verändern kann. In der Medizin werden die Möglichkeiten weitreichender sein. Aber schon hier wird der Nutzen deutlich, den moderne Technologie stiften kann.

QuantifiedSelf vereinfacht ausgedrückt ist: Sensoren sammeln Daten über das Bewegungsverhalten des Menschen und animieren ihn im Vergleich mit sich selbst und anderen zu mehr Bewegung, einem besseren Leben. Das ist die minimale Essenz dessen, um was es geht und was hier sehr ausführlich in einen weiten Kontext gestellt wurde.

Geschäftsmodelle

Die Geschäftsmodelle, die sich daraus ableiten lassen, sind vielfältig. Ein Beispiel sind die Wellness-, Fitness- oder Gesundheitsportale, die in der Regel einen kostenfreien Umfang an Möglichkeiten bereitstellen, darüber hinaus jedoch für Premiumdienste eine monatliche Gebühr verlangen. Dacadoo, ein Anbieter aus der Schweiz, ist nach einer Probephase grundsätzlich gebührenpflichtig und setzt auf die zunehmende Zahlungsbereitschaft der Kunden rund um Prävention und Gesundheit.

Der Verkauf von Sensoren war für einige Hersteller bisher ein gutes Geschäft. Nach wie vor kommen neue Fitness-Tracker auf den Markt. Wie lange dieses Geschäftsmodell noch Früchte trägt, ist indes fraglich, denn immer mehr Sensorik wird in Smartwatches oder Smartphones integriert. Samsungs Gear 2 oder gear Fit beispielsweise haben inzwischen einen sehr brauchbaren Reifegrad erreicht. Die Akkuleistung reicht für mehrere Tage, die Geräte sind stylische Uhr und gleichzeitig Fitness-Tracker. Die Sensorik umfasst inzwischen auch die Herzfrequenz. Die lange erwartete Smartwatch von Apple wird – sobald sie auf den Markt kommt – dem sicher nicht nachstehen.

Für Anbieter von Dienstleistungen des betrieblichen Gesundheitsmanagements bietet sich die Integration von Trackern und Gesundheitsportalen als Erweiterung des Spektrums an. Der Ölmulti BP hat Anfang 2014 23.000 Mitarbeiter mit einem Fitbit-Armband ausgestattet. Wer eine Million Schritte im Jahr zurücklegt, verdient 500 Wellness-Punkte. Wer auch anderweitig vorbeugt und so insgesamt 1000 Punkte sammelt, darf die 50 % preiswertere HealthPlus-Krankenversicherung des Konzerns abschließen.

Krankenversicherung ist ein weiteres Feld, auf dem sich Geschäftsmodelle mit QuantifiedSelf realisieren lassen. Heutige Angebote privater Krankenversicherer, besonders die Zusatztarife, ließen sich mit dem Einsatz von Trackern verbessern. Viele Kunden können aus gesundheitlichen Gründen diese Versicherungen gar nicht mehr oder nur erschwert abschließen. Oft reichen ärztliche Diagnosen im Grenzbereich, erhöhter Blutdruck etwa. Mehr Bewegung wirkt sich günstig auf derartige Gesundheitsprobleme aus. Ein neues Tarifwerk mit einer Bonus-Malus-Regelung, verbunden mit einer vorbehaltlichen Vertragsannahme, könnte das Geschäftsvolumen erhöhen und Versicherten zu einem Schutz verhelfen, den sie anders nicht bekämen. Werden sie aktiv und können über ein Scoring, resultierend aus den Tracker-Daten, zeigen, dass sie ein Fitnessprogramm absolvieren, kann ein eventueller Zuschlag entfallen oder für andere Versicherte sogar noch zum Rabatt führen.

Damit sind die Möglichkeiten noch lange nicht ausgeschöpft.

Literatur

3.2 Smart Bottle – die intelligente Getränkeflasche

1. Deutsches Institut für Ernährungsforschung (2002): Körperzusammensetzung – Woraus besteht unser Körper? http://www.dife.de/de/index.php?request=%2Fde%2Fpresse%2Fpressemitteilungen%2F05032002.php. Abfrage am 06.02.2014.
2. Deutsche Gesellschaft für Ernährung e. V. (2008): Trinkverhalten und Gesundheit. http://www.dge.de/modules.php?name=News&file=article&sid=808. Abfrage am 04.02.2014.
3. Deutsche Gesellschaft für Ernährung e. V. (2013): Ernährungsbericht 2012. http://www.dge.de/modules.php?name=News&file=article&sid=1276. Abfrage am 04.02.2014.
4. HydraCoach (a): Produktinformationen. http://www.hydracoach.com/product/index.html. Abfrage am 10.02.2014.
5. HydraCoach (b): Hydration Calculator. http://www.hydracoach.com/calculation/index.html. Abfrage am 15.02.2014.
6. Cambridge Consultants (2010): Real-time hydration advice from new ‚smart' drinks bottle. http://www.cambridgeconsultants.com/news/pr/release/27/en. Abfrage am 15.02.2014.
7. Bundesinstitut für Bevölkerungsforschung (2012): Anzahl der Pflegebedürftigen steigt vor allem bei den Hochbetagten. http://www.demografie-portal.de/SharedDocs/Informieren/DE/Statistiken/Deutschland/Pflegebeduerftige_Alter.html. Abfrage am 10.02.2014.
8. Bundesministerium für Gesundheit (2014): Pflegefachkräftemangel. http://www.bmg.bund.de/pflege/pflegekraefte/pflegefachkraeftemangel.html. Abfrage am 15.02.2014

3.3 Smart Road – Verbesserung der Infrastruktur in Ballungszentren durch Einsatz vernetzter Parkbuchten

9. http://epp.eurostat.ec.europa.eu/tgm/refreshTableAction.do?tab=table&plugin=1%20&pcode=tsdtr210&language=de. Abgerufen am 14.03.14
10. http://www.multivu.com/mnr/65010-volvo-pilots-roam-delivery-service. Abgerufen am 11.03.2014
11. https://www.destatis.de/DE/Publikationen/Thematisch/TransportVerkehr/Querschnitt/BroschuereVerkehrBlick0080006139004.pdf?__blob=publicationFile. Abgerufen am 14.03.14
12. http://www.tomtom.com/lib/doc/trafficindex/2013-1101%20TomTomTrafficIndex2013Q2EUR-km.pdf. Abgerufen am 12.03.14
13. http://www.bahn.de/p/view/buchung/onlineticket/onlineticket.shtml. Abgerufen am 10.03.14
14. http://www.lufthansa.com/de/de/etix-das-papierlose-Flugticket. Abgerufen am 10.03.14.
15. http://www.vvs.de/handyticket/. Abgerufen am 10.03.14
16. http://www.vrs-ticketshop.de/. Abgerufen am 10.03.14
17. http://www.vrs-ticketshop.de/Ticket-ausdrucken/. Abgerufen am 10.03.14
18. http://www.bahn.de/regional/view/regionen/bawue/freizeit/bawue_ticket.shtml?dbkanal_007=L01_S01_D001_KIN0031_bawue-ticket_LZ01. Abgerufen am 10.03.14
19. http://download.springer.com/static/pdf/201/art%253A10.1007%252FBF03252672.pdf?auth66=1394642988_0691ca8ab79f52cfcaa9b4760337cb65&ext=.pdf. Abgerufen am 10.03.14
20. http://www.db-vertrieb.com/db_vertrieb/view/service/open_plan_b.shtml. Abgerufen am 10.03.14
21. https://play.google.com/store/search?q=taxi%20bestellen&c=apps&hl=de. Abgerufen am 10.03.14
22. https://www.mytaxi.com/taxifahrer/so-gehts.html. Abgerufen am 10.03.14
23. https://play.google.com/store/apps/details?id=net.gefos.deintaxideutschland&hl=de. Abgerufen am 10.03.14
24. http://www.tns-emnid.com/presse/pdf/presseinformationen/TNS_Emnid_Studie_Bonusprogramme_2012.pdf

3.4 Ein Sensornetz zur Optimierung des Energieverbrauchs der Trockenpartie von Papiermaschinen

25. Paul C. Austin et al. Improved Energy Efficiency in Paper Making Through Reducing Dryer Steam Consumption Using Advanced Process Control, PaperCon 2011
26. A. K. Ghosh, Fundamentals of Paper Drying – Theory and Application from Industrial Perspective in Evaporation, Condensation and Heat transfer, Intech, 2011. http://www.intechopen.com/download/get/type/pdfs/id/19429
27. General Electric, New Industrial Internet Service Technologies From GE Could Eliminate $150 Billion in Waste, November 2012, http://www.gereports.com/new_industrial_internet_service_technologies_from_ge_could_eliminate_150_billion_in_waste/
28. ADIS 16228: DIGITAL TRIAXIAL VIBRATION SENSOR WITH FFT ANALYSIS AND STORAGE. http://www.analog.com/en/mems-sensors/mems-accelerometers/adis16228/products/product.html
29. National Instruments, Wind Turbine Condition Monitoring, http://www.ni.com/white-paper/9231/en/
30. Energieagentur NRW, Energieeffizienz in der Papierindustrie. http://www.energieagentur.nrw.de/unternehmen/energieeffizienz-in-der-papierindustrie-4043.asp, 2014
31. Drew Gislason, ZigBee Wireless Networking, Newnes, 2008

32. Designing a sleeping XBee sensor. http://www.digi.com/wiki/developer/index.php/Designing_a_Sleeping_XBee_Sensor

33. B. Ostermeier et al. Connecting Things to the Web using Programmable Low-power WiFi Modules, WoT '11 Proceedings of the Second International Workshop on Web of Things, Article No. 2, ACM, 2011

34. J. Katz, Data – The Power Behind the Smart Grid, IEEE Smart Grid, 8/2011

35. G. Pascal Zachary, Saving Smart Meters From a Backlash, IEEE Spectrum, 8/2011

36. Z. Fadlullah, Research Methods and Challenges in Demand Side Management, IEEE Smart Grid, 2/2013

37. M. Bosse, Lastmanagement als Kontrollsystem für den Energieeinsatz und Lastspitzen von Induktionsöfen, 2005. http://effguss.bdguss.de/?wpfb_dl=58. Abfrage 18.1.2014

38. Rooney, B., Internet of Things Poses Big Questions. The Wall Street Journal, us ed. (3.Juli 2013). http://online.wsj.com/article/SB10001424127887323899704578583372300514886.html

39. http://www.stern.de/wissen/technik/navi-missgeschicke-in-100-metern-fahren-sie-in-den-fluss-617666.html. Abfrage am 14. März 2014

40. http://www.incobs.de/tests/items/ios-gps-apps.html. Abfrage am 14. März 2010

41. http://www.m4guide.de/. Abfrage am 14. März 2014

42. Expertengespräch Ben Hofer, am 26. Februar 2014

Voraussetzung für Fortschritt: Die Entwicklung einer Innovationskultur

Volker P. Andelfinger und Till Hänisch

Die meisten Unternehmen, unabhängig von der Branche, versuchen, Innovationen über Regeln und Prozesse zu erreichen. Sie optimieren Prozesse, passen Regeln an und bezeichnen das Ergebnis einer Prozessoptimierung als Innovation. Dieser Ansatz ist unvollständig. Innovationen werden außerdem in den Unternehmen häufig durch starre Strukturen und lange Entscheidungsprozesse behindert. Innovationen brauchen jedoch Freiräume und schnelle Wege. Viel zu wenige Unternehmen sind bereit, für Innovationen auch Experimente einzugehen. Sie lieben es, Risiken immer perfekt zu kalkulieren. Innovationen mit einer Art Vollkaskoschutz sind jedoch schwerlich umzusetzen. Die Konsequenz ist: Bis die Unternehmen zu echten Innovationen kommen, dauert es zu lange. Und die Innovationen sind nicht radikal und weitreichend genug.

Der erste Schritt, den Unternehmen gehen und konsequent als Weg weiterverfolgen müssen, ist die Entwicklung einer eigenen Innovationskultur. Diese muss dem jeweiligen Unternehmen angepasst sein. Sie muss individuell und maßgeschneidert sein. Ohne diesen Schritt wird es nicht gehen. Das Innovationmanagemant muss dabei weitreichende Freiräume haben und die Erlaubnis, schnell zu handeln und auch experimentieren zu dürfen. Notfalls müssen Innovationen in einer Ausgründung des Unternehmens ausgelagert werden. Dort ist das Risiko überschaubar und die Ergebnisse können zur Keimzelle für das gesamte Unternehmen werden.

V. P. Andelfinger (✉)
Berwartsteinstraße 21, 76855 Annweiler, Deutschland
E-Mail: volker.p.andelfinger@googlemail.com

T. Hänisch
Ziegelstrasse 17, 89518 Heidenheim, Deutschland
E-Mail: haenisch@dhbw-heidenheim.de

© Springer Fachmedien Wiesbaden 2015
V. P. Andelfinger, T. Hänisch (Hrsg.), *Internet der Dinge,*
DOI 10.1007/978-3-658-06729-8_4

Für eine funktionierende Innovationskultur gibt es Vorbilder. Jeder kann sich dabei am erfolgreichen Verhalten anderer Branchen orientieren. Innovationskultur lässt sich erlernen.

Lernen Sie Innovation

Eine Innovationskultur kostet Geld. Im ersten Schritt. Kostenlos sind innovative Ideen nicht zu bekommen. Andererseits muss den Unternehmen bewusst sein, dass diese Investitionen letztendlich ihre Zukunftssicherung darstellen. Mit dem herkömmlichen Vorgehen ist die Zukunft von vielen Unternehmen kaum sicherzustellen.

Dazu muss zunächst ein neuer Führungsstil entwickelt werden. Die Unternehmen benötigen einen Führungsstil, der Innovation überhaupt erst ermöglicht. Die Führungskräfte müssen den Mitarbeitern erlauben, innovativ zu sein und Ideen zu entwickeln. Damit ist nicht gemeint, was die Betriebe bisher im Sinne eines betrieblichen Vorschlagswesens umgesetzt haben. Hiermit ist gemeint, insbesondere den Querdenkern eine Chance zu geben. Querdenker jedoch werden in vielen Unternehmen bisher eher als Querulanten gesehen. Ohne Querdenker, die immer wieder Dinge infrage stellen, kommt es aber nicht zu Veränderungen. Die Führungskultur muss sich dabei von oben nach unten entwickeln. Nur was im Vorstand gewünscht und erlaubt ist, kann in den Hierarchiestufen darunter gelebt werden. Innovatives Denken muss vom Vorstand durch alle Hierarchiestufen hindurch vorgelebt werden.

Die Unternehmen benötigen außerdem geeignete Strukturen, am besten eine Innovationsabteilung. Diese muss losgelöst von allen anderen Fachbereichen agieren können. Sie kann, muss aber nicht der Konzernentwicklung untergeordnet sein. Ideal ist eine völlig losgelöste Rolle, die ein unabhängiges Forschen und Agieren ermöglicht.

Innovation gehört in die Gesamtstrategie. Und beginnt im Vorstand

Die Innovationsstrategie muss in die Gesamt-Unternehmensstrategie integriert sein. Sie darf also nicht als reine Hobbyküche betrachtet werden und so nebenbei mitlaufen. Das Unternehmen muss sich bewusst sein, dass zur zukünftigen Unternehmensstrategie komplementär eine Innovationsstrategie gehört.

Die Aufgabe einer Innovationsabteilung muss es sein, den Blick weit über den üblichen Tellerrand zu richten. Die Menschen in dieser Abteilung müssen die Möglichkeit, sie müssen die Erlaubnis haben, sich umfassend und vielfältig zu informieren. Auch dies kostet Geld. Mitarbeiter, die zu Zwecken der Marktforschung und darüber hinaus zur Beobachtung fremder Branchen und technologischer Entwicklungen sehr viel auf Reisen sind, verursachen Kosten. Was sie jedoch von diesen Dienstreisen mitbringen, ist äußerst wertvoll und unverzichtbar.

Über das Internet der Dinge kann man Bücher lesen. Sie lesen ja auch gerade eins. Noch greifbarer wird das jedoch, wenn Mitarbeiter beispielsweise einen Workshop zum Thema Internet der Dinge besuchen, wie er regelmäßig von IEEE angeboten wird. Oder der Besuch auf einer Tagung zum Thema Robotik. Oder der Besuch einer Tagung von

Innovation-Managern unterschiedlicher Branchen. Oder der Austausch mit den innovativen Unternehmen anderer Branchen.

Innovation braucht interdisziplinären Austausch

Ein solcher Austausch mit hochinnovativen Unternehmen wurde beispielsweise für Kolleginnen und Kollegen aus der Versicherungswirtschaft bei den letzten Assekuranz Trendtagen im Mai 2013 organisiert. Die Teilnehmer der Tagung besuchten am Abend ein mittelständisches Unternehmen, die Rampf-Gruppe, in deren Innovationszentrum. Fast 10 % der Beschäftigten dieses Unternehmens arbeiten in Forschung und Entwicklung. Zusätzlich leistet sich die Unternehmensgruppe einen Forscher, der völlig abseits der normalen Produktionsprozesse agiert und dazu weltweit die Entwicklungen seines Metiers beobachtet. Im Entwicklungslabor steht ihm ein eigener Bereich zur Verfügung.

Kennzeichnend für dieses Unternehmen ist im Übrigen die Innovationskultur, die, wie weiter oben gefordert, tatsächlich von der Unternehmensleitung her bis hinunter zum einzelnen Mitarbeiter gelebt wird. Auch die Methoden sind bemerkenswert. Die Mitarbeiter werden regelmäßig motiviert, neben der üblichen Arbeit sich in Innovationsworkshops einzubringen. Außerdem werden verschiedene motivierende Veranstaltungen angeboten. So werden beispielsweise interessante Vordenker für Vorträge und Diskussionen eingeladen. Dieses Unternehmen lebt Innovation.

Arbeitswelten – grundsätzliche Trends und Einflüsse des Internets der Dinge

5

Volker P. Andelfinger und Till Hänisch

Wenn wir uns mit den zukünftigen Arbeitswelten befassen, stoßen wir auf eine Reihe von Themen und Trends, die dabei eine wesentliche Rolle spielen werden. Die Ansichten, die verbreitet werden, klingen bisweilen euphorisch, drastisch, manchmal spannend und vielversprechend. Aber auch mahnend. Die demografische Entwicklung soll beispielsweise nach Ansicht einzelner Experten dazu führen, dass wir eine Art Vollbeschäftigung bekommen, die die Wirtschaft sogar in Schwierigkeiten bringen könnte. Gemeint ist der Fachkräftemangel durch den Bevölkerungsschwund, der sich in einigen Jahren drastisch äußern soll. Deutschland wäre dann ganz einfach nicht mehr in der Lage, den heutigen Stand des Vordenkens, Entwickelns, Erfindens und Produzierens aufrechtzuerhalten. Wir würden als Wirtschaftsnation schnell an Bedeutung verlieren.

Aus dem Fokus? Die Rolle der Frauen
In den letzten Jahren wurde außerdem heftig darüber diskutiert, wie die Rolle der Frauen, insbesondere in Führungspositionen, zukünftig aussehen soll. Eine Diskussion, die für kurze Zeit aufgeflammt war und mittlerweile fast schon nicht mehr wahrgenommen wird. Die tatsächlichen Entwicklungen gehen nur extrem langsam vonstatten. Bezüglich der Vereinbarkeit von Beruf, Karriere und Familie gibt es nach wie vor sehr viel Nachholbedarf.

Jede Schöpfung ist ein Wagnis.
Christian Morgenstern

V. P. Andelfinger (✉)
Berwartsteinstraße 21, 76855 Annweiler, Deutschland
E-Mail: volker.p.andelfinger@googlemail.com

T. Hänisch
Ziegelstrasse 17, 89518 Heidenheim, Deutschland
E-Mail: haenisch@dhbw-heidenheim.de

© Springer Fachmedien Wiesbaden 2015
V. P. Andelfinger, T. Hänisch (Hrsg.), *Internet der Dinge,*
DOI 10.1007/978-3-658-06729-8_5

Die Diskussion über einen Fachkräftemangel ist indessen weiterhin sehr präsent. Auch über die Beschäftigungsmöglichkeiten für ältere Mitmenschen wird heftig diskutiert, und tatsächlich mag es an der einen oder anderen Stelle bereits kleine Fortschritte geben, insbesondere dort, wo es echte Engpässe schon gibt. Die Wirtschaft will und muss erfahrene Mitarbeiter halten und vor allem gesund erhalten.

Kontrovers: Homeoffice

Technologie wird weiter auf dem Vormarsch sein und uns vielleicht das Leben erleichtern. Oder im schlimmsten Fall den Job kosten. Sie könnte allerdings beispielsweise die Arbeit im Homeoffice immer stärker begünstigen. Da jedoch nach wie vor zu viele Führungskräfte diesem Thema gegenüber wenig aufgeschlossen sind, kommt es hier zu recht kontroversen Reaktionen. Hochinnovative Unternehmen aus dem IT-Umfeld schwenken mit neuer Führungsmannschaft um 180 Grad und schaffen das Homeoffice von jetzt auf nachher komplett ab, während Microsoft in Deutschland zuletzt verkündet hat, das Thema Homeoffice zu forcieren. Ideen, das Homeoffice völlig anders zu gestalten, nämlich nicht tatsächlich in den eigenen vier Wänden zu gestatten, sondern in von unterschiedlichen Firmen und Freiberuflern genutzten Büroanlagen in der Nähe der Wohnorte der Fachkräfte einzurichten, sind jüngst ebenfalls aufgetaucht.

Nach einer Pressemeldung auf der Experten Plattform vom 8. August 2013 wird von der ARAG SE behauptet, das Arbeiten zu Hause würde immer beliebter werden. „Der eine kann durch die Verlagerung seines Jobs ins Home Office Familie und Beruf besser unter einen Hut bringen. Beim anderen ist es der Arbeitgeber, der durch die Heimarbeit seiner Mitarbeiter fixe (Büro-) Kosten sparen will. Und auch Außendienstler erledigen die Kommunikation mit dem Arbeitgeber oft von zu Hause aus." Die Verlautbarung befasst sich ansonsten mit den Rahmenbedingungen, die für das Arbeiten im Homeoffice aufgestellt werden müssen. Fortschrittliche Unternehmen wie die SwissRe in München bieten ihren Mitarbeitern bereits seit Jahren vertraglich Homeoffice-Arbeitsplätze an. Die Erfahrungen, wie man hört, sind gut. „Jede Schöpfung ist ein Wagnis", so lautet das Zitat am Anfang dieses Kapitels. Das Homeoffice ist aus vielerlei Gründen ein attraktives Wagnis.

Trends und Themen der neuen Arbeitswelten

Eine ganze Reihe von Themen wird demnach besprochen, und zu vielen Zielen bekennen sich viele auch öffentlich, jedoch die Realität, wie sie sich bei den konkret betroffenen Menschen zeigt, ist in den allermeisten Fällen eine ganz andere.

Das sind die Trends und Themen:

- Nachwuchsmangel,
- Beschäftigung älterer Arbeitnehmer,
- zunehmende Projektarbeit,
- fluide Unternehmen,
- prekäre Arbeitsverhältnisse,
- steigende Zahl von Freelancern,

- betriebliches Gesundheitsmanagement,
- Technologie und Vernetzung,
- Homeoffice.

Abschied von der Sicherheit

Am zutreffendsten und gleichzeitig nahe an der aktuell bereits erlebten Realität der Arbeitswelten scheinen die Prognosen und Perspektiven von Horst W. Opaschowski zu sein, wie er sie in seinem Buch „Deutschland 2030" beschreibt. Bereits 1974 schrieb er im Übrigen: „Die ausschließliche Konzentration auf Wachstumssteigerung und die Einführung technischer Neuerungen sind abzulehnen, wenn schwerwiegende soziale und ökologisch nachteilige Folgen zu erwarten sind." Dieser Rat wurde weitgehend nicht befolgt. Daher beschreibt er heute ein Risikoszenario, in welchem Arbeiten ohne Ende, sich ausbreitende atypische Beschäftigungsverhältnisse und befristete Jobs im Niedriglohnbereich zunehmend zu einem Ungleichgewicht in unserer Gesellschaft führen.

Zunehmende Ungleichverteilung in der postindustriellen Gesellschaft

Was sich heute nach Auffassung des renommierten Zukunftsforschers sowie anderer Wissenschaftler entwickelt, ist eine postindustrielle Gesellschaft. Menschen, die in der Vergangenheit in der Industrie gutes Geld verdient haben, arbeiten zunehmend in schlechter bezahlten Servicejobs. Über 80 % der Bevölkerung in den westlichen EU-Ländern, so Opaschowski, arbeiten heute eben nicht mehr in Industrie und Landwirtschaft. Im Dienstleistungssektor dominieren allerdings mittlerweile in vielen Bereichen Niedriglohnjobs, die außerdem auch nur wenig Sicherheit bieten.

Während sich die Politik rühmt, die Arbeitslosenquote in den letzten Jahren deutlich gedrückt zu haben, bedeutet dies in der Realität, dass zunehmend Menschen mit ihrer Arbeit nicht mehr genug verdienen können, um damit einen angemessenen Lebensstandard aufrechterhalten zu können. Praktika, befristete Jobs, Zweitjobs, Minijobs, Leiharbeit, Zeit-und Teilzeitarbeit, die Zahl atypisch Beschäftigter hat sich in den letzten 25 Jahren fast verdoppelt und liegt seit 2006 bei etwa 22 %.

Nebenbei bemerkt: Diese unter der Ungleichverteilung zunehmend leidenden Mitbürger sind eine wachsende Zielgruppe, die einerseits einen hohen Bedarf an Absicherung und Altersvorsorge hat, den sie sich aber aus Kostengründen nicht in ausreichendem Umfang leisten kann. Die Ungleichverteilung vernichtet wesentliche Teile des Absatzmarktes auch und gerade der Versicherungsunternehmen.

Zu senior

Mittlerweile gelten Menschen jenseits der 45 bereits als zu alt, wenn sie sich auf Stellenangebote bewerben. Während in der Wirtschaft und in der Politik betont wird, dass Deutschland auf die Erfahrung der älteren Mitarbeiter nicht verzichten könne, werden diese als „zu senior" abgewiesen. Vor diesem Hintergrund ist es nicht verwunderlich, dass mehr als 50 % der Arbeitnehmer Angst vor dem Abstieg haben. Wir leben in Zeiten, in denen die Ungleichverteilung des Wohlstands nur noch durch den Rotstift, der bei politischen Thesenpapieren angesetzt wird, beseitigt wird. Aber auch Opaschowski geht davon aus, dass wir sehr bald sehr viel stärker auf die älteren Arbeitnehmer angewiesen sein werden. Es bleibt nur zu hoffen, dass es die, die heute schon etwas älter sind, nicht in einer Übergangsphase allzu hart treffen wird.

Chancen nutzen

Gelingt es, die aufgezählten Themenstellungen intelligent miteinander zu verbinden und zu den richtigen Schlüssen zu kommen, ließen sich für alle Beteiligten eine ganze Reihe von Vorteilen realisieren.

Die beschriebenen Rahmenbedingungen sind damit noch nicht vollständig erfasst. Dies ist jedoch auch nicht das Thema dieses Buches. Für diejenigen, die gerne mehr und zuverlässige Details erfahren möchten, empfehlen wir nochmals die Lektüre von „Deutschland 2030". Die Ausführungen hier an dieser Stelle sollen daher genügen, zumindest die kritischen Felder kurz beleuchtet zu haben. Im Folgenden wollen wir uns auf die Themen beschränken, bei denen ein Zusammenhang zwischen dem Internet der Dinge und den sich abzeichnenden Arbeitswelten besteht.

Attraktives Arbeitsumfeld schaffen

Wenn Unternehmen tatsächlich Sorge haben, einem Nachwuchsmangel ausgesetzt zu sein, diesen vielleicht sogar tatsächlich schon zu spüren bekommen, kommt es umso mehr darauf an, für die zur Verfügung stehenden Fachkräfte ein Umfeld zu schaffen, welches attraktiv ist, um darin zu arbeiten, und welches die Voraussetzungen schafft, mit einer gesunden Belastung das Rentenalter zu erreichen. Zu diesem Umfeld gehört eine moderne Technologie, wie sie insbesondere von Nachwuchskräften schlicht erwartet wird.

Innovation macht attraktiv

Diese Technologien, gerade die Internet-Technologien und das Internet der Dinge, ermöglichen es umso besser, flexibel, mobil – oder eben im Homeoffice – arbeiten zu können. Wegfallende Fahrtzeiten zu weit entfernten Arbeitsstätten sparen Ressourcen, Geld und schonen die Umwelt. Das größte Hindernis sind hier die Führungskräfte, die einen neuen Führungsstil lernen müssen. Bereits in früheren Veröffentlichungen (Andelfinger: „2025 – Die Versicherung der Zukunft") wurde in diesem Zusammenhang von ergebnisorientierter Führung statt anwesenheitsorientierter Führung gesprochen.

Mangel und Überkapazität

Einige Branchen kämpfen also auf der einen Seite mit einem Fachkräftemangel, während die weitere Industrialisierung dazu führen wird, dass wir zum Beispiel im Innendienst verschiedener Branchen mit einem Stellenabbau zu rechnen haben.

Um die Arbeitsplätze zu sichern, wäre es also dringend nötig, beispielsweise das Potenzial des Internets der Dinge zu erkennen und zu nutzen und Ideen zu entwickeln, die dem jetzigen Trend entgegenwirken.

Trendforscher gehen davon aus, dass Projektarbeit noch stärker zunehmen wird. Fluide Unternehmen führen dazu, dass immer mehr Menschen für spezielle Aufgaben zusammengewürfelt werden, die sich nach Ende des Projekts wieder verteilen und in anderen Projekten die nächste Aufgabe zugeteilt bekommen. Dies betrifft jedoch nicht nur die fest angestellten Mitarbeiter eines Unternehmens. Dies betrifft noch sehr viel stärker die zunehmende Zahl von Freelancern.

Neuer Klassenkampf. Angestellt vs. Freelancer

Volker P. Andelfinger und Till Hänisch

Greift in diesem Zusammenhang die bereits in vielen anderen Bereichen vorgefundene Kultur des ständigen Bewertens von Waren und Dienstleistungen noch mehr um sich, wird der Druck auf alle diese Fachkräfte noch weiter enorm zunehmen. Nicht nur die Tatsache, dass immer rechtzeitig das nächste Projekt gefunden werden muss, sondern auch der Konkurrenzkampf und der zunehmende Stress werden zu unangenehmen Begleiterscheinungen. Hier beginnt eine Art Klassenkampf zwischen den fest angestellten, sich noch etwas sicherer fühlenden Mitarbeitern und den externen Jobnomaden.

Die Vernetzung dieser Mitarbeiter jedoch wird über das Internet und alle seine Komponenten immer besser funktionieren. Technisch dürfen sowohl das Thema Home office als auch die Themen fluide Unternehmen und Mobilität als weitgehend gelöst betrachtet werden, während die zunehmende Bereitstellung von Daten aus dem Internet der Dinge diese Situation weiter verbessern wird.

6.1 Alles nur Science-Fiction oder ein Blick in die Glaskugel?

Invent the Future – das ist die sicherste Methode, sie vorauszusagen. Alan Kay, amerik. Computerspezialist

V. P. Andelfinger (✉)
Berwartsteinstraße 21, 76855 Annweiler, Deutschland
E-Mail: volker.p.andelfinger@googlemail.com

T. Hänisch
Ziegelstrasse 17, 89518 Heidenheim, Deutschland
E-Mail: haenisch@dhbw-heidenheim.de

© Springer Fachmedien Wiesbaden 2015
V. P. Andelfinger, T. Hänisch (Hrsg.), *Internet der Dinge,*
DOI 10.1007/978-3-658-06729-8_6

Unter dem Begriff Science-Fiction verstehen wir in der Regel ein Genre innerhalb der Literatur oder des Films sowie teilweise auch in anderen Disziplinen, wie zum Beispiel der Kunst. Es zeichnet sich dadurch aus, die Gesellschaft, die Welt, Technologien oder grundsätzlich die Entwicklungsstufen der Menschheit zeitlich, räumlich oder historisch alternativ darzustellen. Es werden in der Regel zukünftige Szenarien, die auch räumlich entfernt liegen können, entwickelt und Konstellationen des Möglichen beschrieben. Diese Beschreibungen betreffen die Auswirkungen auf die Gesellschaft und den Menschen und es werden reale wissenschaftliche und technische Möglichkeiten mit fiktionalen Spekulationen angereichert.

Die Menschen haben schon immer diesen Ausblick in eine spekulative Zukunft genossen. Und vieles, was in Science-Fiction-Romanen oder Filmen beschrieben wurde, ist auch tatsächlich eingetreten.

Waren die Amerikaner auf dem Mond?
Ein gutes Beispiel ist sicherlich Jules Verne. Er beschrieb unterschiedliche Szenarien in Werken wie „Reise um die Erde in 80 Tagen", „20.000 Meilen unter dem Meer", „Reise zum Mittelpunkt der Erde" oder die „Die Reise zum Mond". Seine Werke wurden bereits sehr früh verfilmt. „Die Reise zum Mond" beispielsweise schon 1902 von Georges Méliès in einem Stummfilm.

Viele der Leser haben sicherlich noch Raumschiff Orion im Fernsehen flimmern sehen. Raumschiff Enterprise ist ohnehin bei allen Generationen bekannt. Während die ersten Filme noch relativ primitiv gemacht waren und insbesondere im Raumschiff Orion mit einem ausgedienten Bügeleisen gesteuert wurde, können wir heute im Kennedy Space Center in Florida die Requisiten aus den unterschiedlichen Staffeln von Raumschiff Enterprise in einer Ausstellung bewundern. Diese Requisiten sind teilweise aus den 1960er- und 1970er-Jahrens, also 40 bis 50 Jahre alt. Wer sich diese Requisiten genau anschaut, wird feststellen, dass Geräte, die wir heute täglich nutzen, wie zum Beispiel Tablet-PCs und Smartphones, bereits in diesen Filmen genutzt wurden. Jedenfalls taten die Schauspieler so, als würden diese Geräte funktionieren. Das Aussehen gleicht jedoch frappierend den heutigen Geräten. Die Funktionen, die die Geräte im Film hatten, sind heute Realität.

Bedeutet dies nun, dass die Themen in diesem Buch Science-Fiction sind? Von Jules Vernes Buch „Die Reise zum Mond" bis die Amerikaner Ende der 60er-Jahredes letzten Jahrhunderts tatsächlich zum Mond flogen, dauerte es fast ein Jahrhundert. Von den Tablet-PCs auf dem Raumschiff Enterprise bis zu tatsächlich funktionierenden Geräten dauerte es schon sehr viel kürzer. Trotzdem liegt in diesem Fall zwischen der Fiktion und der Realität eine Zeitspanne von mehreren Dekaden.

Insofern sind wir bei den Themen in diesem Buch weit entfernt von Fiktion. Was hier beschrieben wird, ist in vielen Fällen mit den heutigen technologischen Mitteln bereits umsetzbar. Der Zeithorizont der Entwicklungen, die hier beschrieben werden, ist bis auf Ausnahmen kürzer als zehn oder gar fünf Jahre. Ein digitaler Versicherungs-Assistent beispielsweise ist keine Entwicklung, die sich kurz- bis mittelfristig realisieren lässt. Es sei denn, man beschränkt sich auf Ausschnitte der Leistungsfähigkeit.

Die Vorschläge für die Veränderung der Dienstleistungs- und Produktlandschaft sind heute machbar. Keine Fiktion.

Die magische Glaskugel und die Propheten
Viele stellen sich zudem die Frage, ob all dies, was hier oder in ähnlichen Veröffentlichungen und Vorträgen beschrieben wird, einfach nur einem trüben Blick in die Glaskugel entspricht. Ein Kommentator in der aktuellen Studie „Innovationsverhalten der Versicherer 2013" spricht im Zusammenhang mit Zukunfts- und Trendforschern von „Propheten", mit deutlich negativer Konnotation. Die Technologien, die unter anderem auf diesen Buchseiten beschrieben wurden, sind jedoch Realität und nicht wegzudiskutieren. Die absehbaren Entwicklungen sind ebenfalls klar. Die Glaskugel darf also gerne im Esoterikbereich bleiben, während wir uns hier mit seriöser Trend- und Zukunftsforschung befassen.

Basis der hier beschriebenen Möglichkeiten ist also die Beobachtung von Entwicklungen in unterschiedlichen Bereichen, vor allem Technologien, Internet der Dinge, Kundenverhalten oder auch die demographische Entwicklung. Selbstverständlich ist niemand heute in der Lage, vorherzusagen, wie unsere Welt 2020 oder 2030 ganz konkret aussehen wird. Beschreibbar sind Zukunftsszenarien in Bezug zu einzelnen Themenstellungen, die sich mit einer hohen Wahrscheinlichkeit in einer gewissen Art und Weise entwickeln werden. Diese denkbaren Ergebnisse werden miteinander in Beziehung gesetzt und damit wiederum neue Möglichkeiten, aus der Kombination heraus, beschrieben. Möglichkeiten, auf die wir uns durchaus vorbereiten können.

Die Arbeit der Zukunftsforscher
Quellen für die Beobachtungen sind beispielsweise die Ansichten und Veröffentlichungen von renommierten Zukunftsforschern. Wer es besonders ausführlich mag, der möge das Buch „Deutschland 2030: wie wir in Zukunft leben" von Horst W. Opaschowski lesen. Es hat etwas mehr als 800 Seiten und wurde hier bereits mehrfach erwähnt oder zitiert. Es geht auf unterschiedlichste Bereiche sehr detailliert ein. Selbstverständlich gibt es auch hier keine Garantie, dass Dinge ganz genauso, wie beschrieben, eintreffen werden. Die gibt es nirgends. Da mag der Zukunftsforscher noch so renommiert sein.

Opaschowski beschreibt jedoch sehr treffend, wozu Trendforschung oder Zukunftsforschung gut ist. Er sagt: „Ein Blick in die Entwicklung der nächsten zwei Jahrzehnte muss weder utopisch noch spekulativ sein. Der Zeitraum bis 2030 repräsentiert einen günstigen mittleren Zeithorizont, erreicht also weit genug über die Tagespolitik hinaus, um Strukturveränderungen sichtbar zu machen. Gleichzeitig ist diese Zeitperspektive nah genug, um Chancen und Risiken der gesellschaftlichen Entwicklung abschätzen und zukunftsorientiert handeln zu können…ein solcher Zukunftsreport auf wissenschaftlicher Basis will Wissen über die Zukunft vermitteln, d. h. Orientierungen geben und konkrete Aussagen darüber machen, wie wir morgen leben. Analysen und Prognosen zeigen die Richtung an, wohin wir uns entwickeln. Dabei geht es um Perspektiven, nicht um Spekulationen. Wohl steht am Ende die Vision einer wünschbaren Zukunft, die Wirklichkeit werden kann, wenn wir bereit sind, die „richtigen" Wege zu gehen."

Ein Blick in die Entwicklung der nächsten zwei Jahrzehnte muss weder utopisch noch spekulativ sein.
Horst W. Opaschowski

Um was es in diesem vorliegenden Buch geht, drückt Opaschowksi ebenfalls in seinem aktuellen Werk sinngemäß übertragbar aus: „Prognosen sollen Entscheidungsträgern helfen, die Gestaltung der Zukunft selbst vorzunehmen, also das Wünschenswerte wahrscheinlich und das Unerwünschte weniger wahrscheinlich zu machen: die Zukunft kann kommen!" Und weiter: „Ohne ein solches Zukunftsbild können wir weder planen noch uns in der Gegenwart orientieren."

Hilfreich sind auch Bücher wie „Be prepared" von Oliver Leisse. Hier wird ganz besonders auf die Veränderungen in den Kunden-Interaktionen eingegangen. Leisse geht der Frage nach, wie sich Konsumenten verändert haben und warum. Es geht um die Bedürfnisse, Ängste und Vorlieben der Verbraucher. Auch um die Frage, wofür sie zukünftig ihr Geld ausgeben werden. Die Kundenbedürfnisse sind dabei in einen sogenannten „Trend Circle" aufgeteilt. Große Themen sind dort Ausbau, Ausrichtung, Absicherung, Ausgleich, Anregungen und Aufbruch. Problemstellungen, die mit Technologien des Internets der Dinge und den passenden Innovationen und Ideen erreicht werden können.

Ganz entscheidend ist jedoch auf alle Fälle, sich selbst ein Bild davon zu machen, was sich rings um uns herum entwickelt. Scheuklappen sind hier extrem hinderlich. Die gilt es sofort abzusetzen.

What you see is all there is?
Sich mit ausschließlich dem zu befassen, was die eigene Branche an ureigensten Themen bereithält, reicht bei weitem nicht. Hier ist Neugier gefragt und eine enorme Offenheit. Und darüber hinaus die Fähigkeit, die aufgenommenen Informationen zueinander in Beziehung zu setzen. Insbesondere alles, was sich mit dem Internet der Dinge entwickelt, ist immer ein Geflecht von interdisziplinären Ansätzen, die Kombination mehrerer Ansätze und auch Branchen. Branchen im herkömmlichen Sinn werden wir nicht mehr so scharf abgrenzen können wie bisher. Oder sie werden neu und ganz anders sein, anders heißen.

Mit oder ohne Glaskugel, es gibt keine Zukunft, es gibt lediglich Zukünfte. Es liegt an uns, wie wir mit den Trends und Entwicklungen um uns herum umgehen und was wir daraus gemeinsam machen. Bis zu einem bestimmten Grad haben wir also die Entwicklungen selbst in der Hand.

Nicht alles können wir selbst bestimmen. Regulative Eingriffe sind erst dann konkret, wenn sie beschlossen sind und umgesetzt werden müssen. Wie sie möglicherweise oder aller Wahrscheinlichkeit nach aussehen werden, ist jedoch schon relativ früh absehbar. Und es ist jederzeit möglich, sich auf unterschiedliche Szenarien einzustellen und rechtzeitig Ideen zu entwickeln, wie man mit Situation A oder B umgehen könnte.

Zumindest sollte man die wahrscheinlichsten Szenarien bei dieser Zukunftsplanung, bei der Entwicklung einer Strategie im Auge haben.

6.2 Zukunft formen statt auf sie zu reagieren

Dieser aus meiner Sicht besonders wichtige Punkt ist bereits mehrfach in diesem Buch angeklungen. Die Zukunft lässt sich nicht voraussagen. Niemand ist in der Lage, konkret vorherzusagen, wie unsere Welt in 10, 15 oder 20 Jahren aussehen wird. Erkennen können wir Trends und Strömungen, wir können auch bestimmte kurz- bis mittelfristige Entwicklungen relativ konkret beschreiben. Gleichzeitig sind wir jedoch einer Unzahl von unterschiedlichen Einflussfaktoren ausgeliefert, wissen noch nicht, wie die aktuelle Euro-Krise ausgehen wird und wann die nächste Krise auf uns zukommt, schon gar nicht, welches Antlitz sie trägt. Aber sie wird kommen, irgendwann in den nächsten fünf Jahren.

Vor diesem Hintergrund könnten wir uns zurücklehnen und uns als Spielball betrachten, wir könnten abwarten und versuchen, noch einigermaßen rechtzeitig auf die veränderten Bedingungen zu reagieren.

Spieler oder Spielball?

Das ist die Situation, wie wir sie in den letzten Dekaden lange genug hatten und die wir uns nicht mehr leisten sollten. Wir sind durchaus in der Lage, aus den erkennbaren Entwicklungen das Wünschenswerte, wie es Opaschowski ausdrückt, zu erkennen und zu beschreiben, um es anschließend wahrscheinlich werden zu lassen. Und wir sind durchaus in der Lage, auch das Unerwünschte weniger wahrscheinlich zu machen.

Dazu sind sicherlich erhöhte Anstrengungen notwendig. Sie beginnen mit der Entscheidung, sich mit Themen auseinanderzusetzen, die bisher außerhalb des Blickwinkels lagen.

6.3 Viele neue Technologien sind schon da, wir müssen sie kreativ nutzen

Auch wenn Sie als Leser jetzt in weiten Teilen immer noch denken, die zuvor beschriebenen Technologien seien Zukunftsmusik, so sieht die Realität tatsächlich ganz anders aus. Die Vernetzung von Gegenständen ist in vollem Gange. Die Kommunikation zwischen Maschinen ist bereits in vielen Fällen Realität. Die Miniaturisierung beschert uns Sensoren und Aktoren, die wir bereits heute auf kleinstem Raum nutzen können.

Was wir permanent beobachten können, ist, dass uns die Realität überholt, während wir noch glauben, Zukunftsmusik zu hören. Während wir spekulieren, ob zukünftig Fahrzeuge autonom fahren werden, kommen solche Modelle demnächst auf den Markt, selbsttätig einparkende Fahrzeuge gibt es bereits seit einigen Jahren. Es ist übrigens faszinierend, zuzusehen, wie sich das Lenkrad beim Rückwärtsfahren in die Parklücke selbsttätig dreht. Wenn Sie es noch nicht ausprobiert haben, tun Sie es. Und stellen Sie sich dann einfach nur noch vor, dass Sie zukünftig weder Bremse noch Kupplungspedal bedienen müssen.

Knöpfe drücken, ohne Knöpfe zu drücken

Seit einigen Monaten wird ein Gerät ausgeliefert, mit dem wir in die Lage versetzt werden, ein Notebook oder einen PC mit Gestensteuerung zu bedienen. Vor etwas mehr als einem Jahr schon konnte man dafür einen Leap Motion Controller bei einem Start-up-Unternehmen bestellen. Die Einführung wurde zwar mehrfach verschoben, dies diente jedoch der Qualitätssicherung, und das Ergebnis kann sich durchaus sehen lassen. Auch wenn es einer gewissen Übung bedarf, selbst die Windows-Oberfläche lässt sich mit dieser Technologie berührungsfrei bedienen. Das Gerät ist nur wenige Zentimeter groß und liegt vor dem Bildschirm oder vor der Tastatur. Relativ einfach zu erlernende Handbewegungen genügen, um den Computer zu bedienen. Die Technologie ähnelt der von Spieleboxen, die in den Wohnzimmern bereitsweitverbreitet sind. Der Unterschied: Ich benötige keinen Controller, den ich in der Hand halte.

Die zuvor besprochenen Fitness-Tracker wiegen nur noch wenige Gramm. Sie sind in der Lage, nicht nur Schritte zu zählen, sondern auch weitere Aktivitäten zu erfassen – Radfahren, Treppensteigen – oder eben die Ruhephasen zu überwachen, sprich auch den Schlaf bzw. seine Qualität zu messen. Heute mögen wir noch weitere Sensoren benötigen, die sich um andere Messungen kümmern, wie beispielsweise die Herzfrequenz oder die Körpertemperatur. Allerdings ist es nur noch eine Frage der Zeit, bis diese Funktionen in einem einzigen winzigen Sensor zusammengefasst werden können.

Kreativität für neue Märkte

Es liegt also an den Menschen, sich aufgrund dieser Entwicklungen Gedanken zu machen und Geschäftsmodelle zu entwickeln, die den Bedürfnissen der zukünftigen Kunden entsprechen. Sicherlich wird es auch den Kollegen aus dem Marketing gelingen, Bedürfnisse zu erfinden, die die Menschen heute noch gar nicht haben. Viel entscheidender ist jedoch, zu untersuchen, welchen Bedarf, welche Bedürfnisse, welche Wünsche die Menschen haben. Diese sind die Orientierungspunkte, die kreativ genutzt werden müssen, um mit den neuen technologischen Möglichkeiten die passenden Produkte und Dienstleistungen zu entwickeln.

Jetzt ist die Zeit

Es kann also im Prinzip jetzt sofort losgehen. Jetzt ist die Zeit, sich Gedanken zu machen, welche Lösungen auch die Kunden eigentlich haben wollen und wie wir diese Lösungen auch unter Zuhilfenahme der Technologien des Internets der Dinge erarbeiten können.

6.4 Was ein Mensch sich denken kann, wird ein anderer umsetzen

Vermutlich wurde noch nie eine Idee nur an einem Ort zu einer Zeit entwickelt. Die Erfindung des Rades erfolgte an mehreren Orten gleichzeitig. Die Entwicklung der Glühbirne fand nicht nur im Labor von Edison statt. Autos wurden nicht nur in Deutschland entwickelt, genauso wenig wie das Flugzeug nur von einem einzigen Ingenieur gebaut wurde. Bei diesen Entwicklungen gab es harte Rivalität und wahre Wettrennen, um nach Möglichkeit der erste zu sein, der erfolgreich war.

Ideen, die erst einmal gedacht sind, werden umgesetzt. Häufig kommt es vor, dass ein Mensch eine Idee hat, sie aber nicht umsetzen kann. Die Idee ist dennoch geboren. Und es wird sich immer jemand finden, der die Idee tatsächlich auch umsetzt. Vielleicht ist die ursprüngliche Idee nur noch nicht vollständig durchdacht. In diesem Fall ist es möglicherweise für denjenigen, der das fehlende Puzzleteilchen besitzt, dem die noch fehlende Facette der Idee einfällt, am Ende relativ einfach, aus der Idee ein konkretes Produkt oder eine konkrete Dienstleistung zu erstellen. Und dann Geld damit zu verdienen.

Glühbirnen ohne Stromnetz sind ein untaugliches Produkt
Thomas Edison ist tatsächlich ein sehr gutes Beispiel in diesem Zusammenhang. Andere Erfinder hatten sich bereits vor ihm mit der Glühbirne beschäftigt. Sie waren allerdings entweder nicht ausdauernd genug oder ihnen mangelte es an einem komplett durchdachten Gesamtkonzept. Edison war der erste, der mit einer enormen Ausdauer und Willenskraft an die Entwicklung der Gluhbirne ging und dafür in seinen Labors viele unterschiedliche Materialien zum Beispiel für die Glühfäden ausprobierte. Nachdem rund 1000 Versuche fehlgeschlagen waren, gab er nicht auf, sondern sagte, er wisse nun 1000 Möglichkeiten, wie es nicht funktioniere. Für Edison bestand der Erfolg aus einem Prozent Inspiration und 99 % Transpiration.

Darüber hinaus war er jedoch von all den Erfindern rund um die Elektrifizierung der erste, der erkannt hatte, dass es eines Gesamtkonzeptes bedurfte. Die Glühbirne allein war nicht marktfähig. Er musste dafür sorgen, dass ein Stromnetz zur Verfügung stand, mit dem die Glühbirne überhaupt erst betrieben werden konnte. Stromerzeugung, das Kabelnetz, die Verbindung der Teile und die Glühbirne zusammen führten zum Erfolg.

Für Ihr Unternehmen bedeutet dies, dass es Dritte geben wird, die die Möglichkeiten des Internets der Dinge nutzen werden, um neue Dienstleistungen und Produkte zu erfinden, bei denen Ihr Produkt eine Rolle spielen wird. Wenn Sie die Chancen nicht selbst erkennenund die Möglichkeiten für neue Dienstleistungen und Produkte nicht selbst nutzen, werden es andere tun.

Volker P. Andelfinger und Till Hänisch

> Über die Jahre habe ich gelernt, dass jede wesentliche Erfindung mehrere charakteristische Merkmale hat. Erstens muss sie erstaunen und unerwartet sein. Zweitens muss man herausfinden, wie die Erfindung ihren Weg zum Publikum finden kann.
> Edwin H. Land, amerik. Physiker, Erfinder, Unternehmer (Polaroid)

Bietet uns das Internet der Dinge am Ende nun eine Entlastung in der täglichen Arbeit und die Möglichkeit zur Konzentration auf die wesentlichen, qualitativ hochwertigen und wirklich wichtigen Arbeiten, oder nimmt die Gefahr, die von Spitzer und Carr beschworen wird, noch weiter zu? Verlassen wir uns immer stärker auf Technologien und verlernen dabei, die Dinge selbst zu tun?

Ohne Zweifel hat im Verlauf der letzten Dekaden die Beschleunigung in unserem Arbeitsleben enorm zugenommen. Das hat die Menschen mehr belastet als entlastet. Der Druck, immer mehr Arbeit in immer kürzerer Zeit zu erledigen und sich dabei oft auch auf Technik verlassen zu müssen, die eben gerade noch nicht perfekt funktioniert, macht offenbar immer mehr Menschen krank. Dafür sprechen jedenfalls die deutlich gestiegenen Zahlen psychischer und psychosomatischer Erkrankungen.

Die Zunahme prekärer Arbeitsverhältnisse war kein wünschenswertes Ergebnis
Die Träume von Philosophen und Ökonomen, die Technologie würde dazu führen, dass wir entlastet werden und dadurch vielleicht auch weniger arbeiten müssen, das Leben

V. P. Andelfinger (✉)
Berwartsteinstraße 21, 76855 Annweiler, Deutschland
E-Mail: volker.p.andelfinger@googlemail.com

T. Hänisch
Ziegelstrasse 17, 89518 Heidenheim, Deutschland
E-Mail: haenisch@dhbw-heidenheim.de

© Springer Fachmedien Wiesbaden 2015
V. P. Andelfinger, T. Hänisch (Hrsg.), *Internet der Dinge,*
DOI 10.1007/978-3-658-06729-8_7

mehr genießen können und trotzdem genug Einkommen haben, sind nicht in Erfüllung gegangen. Die Zunahme prekärer Arbeitsverhältnisse war kein wünschenswertes Ziel. Dabei waren die Chancen eigentlich gar nicht schlecht. Wir haben sie geopfert.

Das Internet der Dinge, bei dem sich zunehmend Maschinen mit Maschinen unterhalten und Daten automatisiert zu neuen Informationen, Dienstleistungen und am Ende in der Produktion zu Waren geformt werden, bietet wieder die Chance für beides: Entlastung der Menschen, Zeit für das Wesentliche, die Chance auf mehr Qualität statt Quantität.

Aber gleichzeitig bedeutet es erneut eine Gefahr für Arbeitsplätze. Und auch Spitzer und Carr könnten sich bestätigt sehen, denn auch die Gefahr, dass Menschen sich immer stärker auf Technologien verlassen und dabei tatsächlich verlernen, Dinge selbst zu tun und zu entscheiden, schlussendlich selbst zu denken, ist nicht von der Hand zu weisen.

Eine Industrie, die immer mehr automatisiert erledigt und auf funktionierende Datenströme und Internetverbindungen angewiesen ist, die nicht mehr auf das Können, die Fertigkeiten und die Anwesenheit von Menschen vertraut, ist extrem anfällig. Cyber Risks stehen aktuell sehr stark im Fokus und für Versicherer sind sie auf den ersten Blick ein lukratives Geschäftsfeld. Das Risiko steigt, damit auch der Bedarf und die Absicherungsbereitschaft der Kunden. Dabei sind die Angriffe, die hier versichert werden, bisher nur die Spitze des Eisbergs. Industrie 4.0 bringt eine Reihe von Vorteilen, ist jedoch noch angreifbarer als die bisher bekannten Produktionsverfahren. So wie diese Industrie remote über Tablets gesteuert werden kann, kann sie mit den gleichen Mitteln auch gestört und sabotiert werden.

Cyber Risk oder Cyber Chance

Noch einmal will ich also sinngemäß diesen so signifikanten Satz aus Opaschowskis Buch „Deutschland 2030" zitieren: Wir müssen dafür sorgen, dass die wünschenswerten Ergebnisse eintreffen und gleichzeitig alles daran setzen, das Unerwünschte zu verhindern.

Im Idealfall schaffen wir es, die Vorteile des Internets der Dinge zu nutzen und gleichzeitig die negativen Auswirkungen zumindest zu begrenzen.

Wünschenswert wäre es in der Tat, mithilfe des Internets der Dinge neue Produkte und Dienstleistungen zu erschaffen, die für die Kunden einen tatsächlichen Mehrwert in Form von deutlich verbesserten Dienstleistungen bieten. Wenn es uns gelingt, mit neuen Dienstleistungen die Probleme der Kunden zu lösen. Wenn wir es schaffen, die Wünsche der Kunden nach Sicherheit, Bequemlichkeit, Einfachheit und Transparenz zu befriedigen.

Zusammenfassung und Ausblick

8

Volker P. Andelfinger und Till Hänisch

> Statt unablässig den Verlust der alten Industrien zu bejammern, müssen wir uns einfach dem Abenteuer stellen, neue Industrien zu entwickeln.
> John Naisbitt, amerik. Prognostiker

Als wir im Internet nach passenden Zitaten für die Einleitung der einzelnen Kapitel suchten haben, fiel uns dieses von John Naisbitt als eines der ersten auf. Es springt direkt ins Auge und beschreibt die Situation in einem einzigen Satz.

Wir beklagen uns, dass äußere Eingriffe unser – wie auch immer geartetes – Geschäftsmodell mehr beeinflussen, als wir uns das gewünscht haben. Wir beklagen uns, dass regelmäßig erhebliche Veränderungen anstehen und wir uns darauf einstellen müssen. Wir beklagen uns darüber, dass andere mit ihren Geschäftsmodellen unser eigenes angreifen und unsere Dienstleistung in deren Angebote integrieren.

Im Angriff liegt die Chance
Dabei besteht für jede Branche eine riesige Chance darin, das gleiche Verhalten an den Tag zu legen und aktiv die Trends und sich bietenden technischen Möglichkeiten anzugehen. Und diese Chancen liegen aktuell in der Entwicklung des Internets der Dinge.

Jenseits von IoT
Was wird eigentlich nach dem Internet der Dinge kommen? Wir haben immer den Eindruck, dass die Evolution des Internets doch irgendwann einmal eine Verlangsamung oder vielleicht

V. P. Andelfinger (✉)
Berwartsteinstraße 21, 76855 Annweiler, Deutschland
E-Mail: volker.p.andelfinger@googlemail.com

T. Hänisch
Ziegelstrasse 17, 89518 Heidenheim, Deutschland
E-Mail: haenisch@dhbw-heidenheim.de

© Springer Fachmedien Wiesbaden 2015
V. P. Andelfinger, T. Hänisch (Hrsg.), *Internet der Dinge,*
DOI 10.1007/978-3-658-06729-8_8

sogar einen Stillstand erfahren müsste. Die Erfahrung zeigt uns, dass wir in immer kürzeren Abständen neu überrascht werden. Die Technologie entwickelt sich in einer Art und Weise, wie sie einfach nur als überraschend, überwältigend, unerwartet bezeichnet werden kann.

Als die ersten PCs auf den Markt kamen und einige durchschnittliche Monatsgehälter verschlangen, konnten wir uns – jedenfalls als normaler Verbraucher – nicht vorstellen, dass wir mit diesen Geräten einmal auf Informationen auf der anderen Seite des Globus zugreifen könnten. Als die ersten Suchmaschinen entstanden, konnten sich die Menschen genauso wenig vorstellen, in größerem Umfang selbst Inhalte in dieses Internet einzubringen. Das Web 2.0 hat uns dies ermöglicht. Soziale Medien erlauben es uns heute, alle möglichen Informationen so gut wie an jedem Ort dieser Welt jetzt sofort für andere sichtbar zu machen. Dass sich nun Maschinen mit Maschinen vernetzen, ein Netzwerk entsteht, in welches Daten von Sensoren, Maschinen, Fahrzeugen und natürlich weiterhin auch von Menschen einfließen, dadurch neue Daten entstehen, neue Erkenntnisse, neue Möglichkeiten, auch das war uns zu Beginn des Web 2.0 noch nicht klar.

Inzwischen wissen wir, dass dies die aktuelle Entwicklungsstufe ist, die natürlich auch noch einige Zeit benötigt, um sich voll zu entfalten. Wir wissen heute noch nicht, was letztendlich alles tatsächlich mit diesem Internet der Dinge an Neuem entstehen wird. Wir kennen noch nicht alle Ideen, die sich die Menschen rund um den Erdball ausdenken werden, um dieses Internet der Dinge zu nutzen. Wir wissen noch nicht, was mit all diesen vielen Daten konkret geschehen wird, welchen Nutzen wir aus Big Data ziehen werden, und auch die Gefahren sind uns nur schemenhaft klar. Aber es ist uns in den letzten Monaten oft schmerzhaft bewusst geworden, dass sie in großem Umfang bestehen.

An dieser Stelle die Frage zu formulieren, was denn nach dem Internet der Dinge kommt, ist nun tatsächlich eine Mischung aus Spekulation, Science-Fiction, Ahnung, sichtbaren Trends, formulierten Zielen von IT-Spezialisten und Forschern, die wiederum Hoffnung macht, aber auch Bedenken mit sich bringt. Das Wünschenswerte schaffen, das Unerwünschte vermeiden. Darauf läuft es auch in Zukunft hinaus.

Die nächsten Evolutionsstufen des Internets werden die virtuelle Welt und die reale Welt weiter miteinander verknüpfen und verschmelzen. Während heute Menschen mit Menschen, Menschen mit Maschinen und zunehmend Maschinen mit Maschinen kommunizieren, ist davon auszugehen, dass die Technologie, die uns bereits so nah an die Haut gerückt ist, noch näher kommt, an den Körper und in den Körper integriert wird.

In der Robotik werden Exoskelette entstehen, die es gehbehinderten oder gelähmten Menschen ermöglichen werden, wieder zu laufen. Diese Geräte bilden eine Art äußeres Skelett um den Körper, stützen ihn, unterstützen ihn, machen ihn kräftiger. Die Entwicklung dieser Exoskelette stammt, wie so oft, aus dem militärischen Bereich. Amerikanische Soldaten nutzen bereits derartige Roboter, um große Lasten über längere Strecken leichter tragen zu können. An der Universität Berkeley wurden erste Exoskelette mit Querschnittsgelähmten getestet, erfolgreich.

Die Menschmaschine

Die Entwicklungen des Internets der Dinge und der Robotik werden uns jedoch außerdem eine Reihe weiterer menschlicher Ersatzteile zu bieten haben. Dazu gehören hochleistungsfähige Prothesen und Implantate, zum Beispiel für die Augen, so dass Sehbehinderte wieder sehen können. Nicht nur in der Industrie entwickeln sich Cyber-Physical Systems, wir könnten selbst solche werden.

Während aktuell die Computertechnologie in unsere Hosentaschen und Jackentaschen gewandert ist, wird sie sich als Nächstes zunehmend in unserer Kleidung befinden, wie die Beispiele gezeigt haben, als Nächstes auf unsere Haut tätowiert werden, um in der nächsten Stufe noch weiter miniaturisiert in unserem Körper integriert zu werden. Das ist denkbar, und weil alles Denkbare früher oder später auch tatsächlich umgesetzt wird, wird es definitiv so kommen. Daran besteht keinerlei Zweifel.

Intelligenter Cyber-Organismus

Das Internet der Dinge wird außerdem zu einem immer intelligenteren und eigenständigen Cyber-Organismus werden. Bereits in einem Interview im Jahr 2006 mit den beiden Google-Gründern sagte Sergej Brin, dass es deren Ziel sei, einen Supercomputer zu bauen, der die Leistungsfähigkeit eines HAL 9000 hat, dem Bordcomputer des Raumschiffs auf der Reise zum Jupiter in dem Science-Fiction-Klassiker „2001– Odyssee im Weltraum". Dieser Bordcomputer hat eine Intelligenzstufe erreicht, die der des Menschen extrem nahe kommt. Der den Menschen, was den Zugriff auf Wissen angeht, weit übertrifft. Und nicht nur das, er scheint bereits Gefühle zu entwickeln. Da ist es wieder, das Uncanny Valley.

Da dieser auf den ersten Blick so nette und hilfreiche Computer nach und nach die an Bord befindlichen Astronauten tötet, gelingt es dem verbliebenen einzigen Besatzungsmitglied in letzter Minute, den Computer nach und nach herunterzufahren. Die Einschränkung, die nun die Google-Gründer machen, ist die, dass sie diese Leistungsfähigkeit eines Computers realisieren wollen, jedoch ohne den Systemfehler, den Bug, den HAL 9000 im Film hatte. Diesen „Superwatsongooglehal" müsse man dann nur noch über einen dem Menschen implantierten Chip mit dem Internet verbinden. Willkommen im Internet der Menschmaschinen. Willkommen im Metaversum, in dem die Grenzen zwischen Realität und Virtualität, zwischen Mensch und Avatar verschwimmen.

Übrigens ist die Bezeichnung HAL 9000 eine Anspielung auf einen der größten IT-Konzerne dieser Welt. HAL ist jeweils im Alphabet um einen Buchstaben verrutscht. Wenn Sie sich das ABC nun vor Augen führen, kommen Sie auf IBM.

Alea iacta est

Das Internet der Dinge stellt einen wesentlichen Schritt auf dieser Reise dar. Die Richtung ist eingeschlagen. Wie lange der Weg tatsächlich dauert und welche Meilensteine darauf auf uns warten, mit denen wir heute noch nicht rechnen, die wir nicht einmal erahnen können, oder welche Umwege es geben wird, ist unklar. Das Raumschiff fliegt, ob mit oder ohne uns. Oder um es mit Asterix zu sagen: Alea iacta est.

Die Studierenden der Dualen Hochschule Baden-Württemberg (DHBW) Heidenheim, Studiengang Wirtschaftsinformatik

Weitere Informationen zum Studiengang finden Sie unter:
http://www.dhbw-heidenheim.de/Wirtschaftsinformatik.99.0.html

Sonja Bertsch

Daniel Eisele

© Springer Fachmedien Wiesbaden 2015
V. P. Andelfinger, T. Hänisch (Hrsg.), *Internet der Dinge,*
DOI 10.1007/978-3-658-06729-8

Matthias Graichen

Stefan Hauber

Nikolaus Ilg

Serkan Karatas

Kevin Köth

Patrick Lis

Michael Mayr

Dominik Peukert

Matthias Ritter

Garrit Walker

Fabian Wildermuth